本报告得到国家自然科学基金面上项目"多中心群网化中国城市新体系的决定机制研究"（71774170）、国家自然科学基金面上项目"基于互联网大数据和重复交易法的中国城市住房价格指数编制研究"（71774169）、中国社会科学院国情调研重大项目"房地产调控政策及其效果"（GQZD2020010）及中国社会科学院哲学社会科学创新工程项目"新型城镇化与房地产发展"的资助。

ANNUAL REPORT ON DEVELOPMENT
OF HOUSING MARKET IN CHINA
（2020-2021）

智库中社
年度报告
Annual Report

中国住房
发展报告

（2020-2021）

楼市调控：
迎来曙光再出发

顾　问◎闫坤 何德旭 夏杰长

主　编◎倪鹏飞

副主编◎高广春 邹琳华 李超 姜雪梅 徐海东

中国社会科学院财经战略研究院
中国社会科学院城市与竞争力研究中心

中国社会科学出版社

图书在版编目（CIP）数据

中国住房发展报告.2020-2021：楼市调控：迎来曙光再出发/倪鹏飞主编.
—北京：中国社会科学出版社，2021.12
（中社智库年度报告）
ISBN 978-7-5203-9454-3

Ⅰ.①中…　Ⅱ.①倪…　Ⅲ.①住宅经济—经济发展—研究报告—中国—
2020-2021　Ⅳ.①F299.233

中国版本图书馆 CIP 数据核字（2021）第 269898 号

出 版 人	赵剑英
策划编辑	周　佳
责任编辑	张冰洁
责任校对	闫　萃
责任印制	王　超

出　　　版	中国社会科学出版社
社　　　址	北京鼓楼西大街甲 158 号
邮　　　编	100720
网　　　址	http://www.csspw.cn
发 行 部	010-84083685
门 市 部	010-84029450
经　　　销	新华书店及其他书店

印　　　刷	北京明恒达印务有限公司
装　　　订	廊坊市广阳区广增装订厂
版　　　次	2021 年 12 月第 1 版
印　　　次	2021 年 12 月第 1 次印刷

开　　　本	710×1000　1/16
印　　　张	16.25
插　　　页	2
字　　　数	258 千字
定　　　价	88.00 元

凡购买中国社会科学出版社图书，如有质量问题请与本社营销中心联系调换
电话:010-84083683

主要编撰者简介

倪鹏飞，经济学博士，中国社会科学院城市与竞争力研究中心主任，中国社会科学院财经战略研究院院长助理、研究员、博士生导师，城市与房地产经济研究室主任。中宣部文化名家暨"四个一批"人才，国务院特殊津贴专家。主要致力于城市经济学、房地产经济学、空间金融学、竞争力经济学等研究。主编和专著《中国城市竞争力报告》《全球城市竞争力报告》《中国住房发展报告》系列著作40余部，在 Urban Studies，Cities，《中国社会科学》和《经济研究》等权威杂志上发表论文百余篇。代表作《中国城市竞争力报告 No.1》获孙冶方经济科学奖著作奖（第十一届）。

汪红驹，经济学博士，中国社会科学院财经战略研究院研究员、博士生导师，综合经济研究部主任。主要研究领域为经济周期、宏观结构模型、货币金融政策等。主持和参与多个科研项目。在《经济研究》《经济学动态》《世界经济》《财贸经济》等杂志发表文章多篇。获孙冶方经济科学奖论文奖一次，数次获得中国社会科学院优秀对策信息奖一、二、三等奖。

邹琳华，经济学博士，中国社会科学院财经战略研究院副研究员。大数据房价指数（BHPI）创办人，跨机构学术协作研究平台——住房大数据联合实验室主要发起人。中国社会科学院财经战略研究院、中国社会科学院城市与竞争力研究中心住房大数据项目组组长。主持国家自然科学基金面上项目等多项课题，出版专著《中国房地产周期波动区域差异研究》。

高广春，经济学博士，中国社会科学院财经战略研究院副研究员。主要研究领域：住房金融、商业银行经营与管理。在《财贸经济》《城市发展研究》《国际经济评论》等杂志发表论文40余篇，独著、合著、合作译著十余部，参与国家、省部级课题，金融机构委托课题，企业委托课题和地方政府委托课题20余项。

郭宏宇，经济学博士，外交学院国际经济学院副教授、国际金融系副主任、硕士生导师。研究领域为财政理论、投行理论、中非经济外交。参与国家社科基金、保监会等课题十余项，独立出版专著一部，合作出版专著与编著十余部，发表学术论文50余篇。

姜雪梅，日本东北大学信息科学博士，现就职于中国社会科学院财经战略研究院。主要研究方向为房地产经济、城市经济学、住房社会保障。出版专著和译著各一部，并参与《中国住房发展报告》等16部论著的撰写，发表20多篇论文。作为核心成员参与国家社科基金重大项目，教育部、住建部委托课题和地方政府委托课题。

李超，经济学博士，中国社会科学院财经战略研究院副研究员。主要研究领域为区域经济学、城市与房地产经济学。在《中国社会科学》《经济研究》等期刊上发表论文30余篇，专著以及参编著作20余部，主持和参与国家社科基金项目以及其他部门委托课题数十项。先后五次获得省部级以上学术奖励，决策要报曾获得党和国家领导人重要批示。

冯明，清华大学经济学博士，中国社会科学院财经战略研究院副研究员、综合经济研究部副主任。主要研究领域为：宏观经济学、金融学、货币财税政策、经济史等。在中英文核心期刊发表学术论文20余篇。著有《经济学的尺度：中国经济转型期的宏观现象与微观基础》《石油之眼：洞察中国与世界经济新格局》等著作。

蔡书凯，浙江大学管理学博士，安徽工程大学经济管理学院副院长、教授、硕士生导师，致力于农业经济、区域经济方面的研究。主持国家社科基金、教育部人文社科项目、中国博士后基金等科研课题20余项；在《中国农村经济》《经济学家》等主流经济学杂志发表论文50余篇；独立出版学术专著1本（获国家出版基金资助），参与撰写学术专著15本。

丁如曦，经济学博士，现就职于西南财经大学经济学院，主要研究领域为区域与城市经济、房地产经济。先后参与国家社会科学基金重大招标项目等国家级、省部级课题十余项，主持完成中央高校基本科研业

务费项目等 2 项。参编《中国城市竞争力报告》《中国住房发展报告》6
部，合作完成并出版中英文著作 3 部。在《中国工业经济》《财贸经济》
等刊物发表学术论文十余篇。获省部级科研成果一等奖等。

沈立，南开大学管理学学士、经济学硕士，中国社会科学院研究生
院经济学博士，主要从事城市经济学、产业经济学和房地产经济学研究。
《中国城市竞争力报告 No. 15》副主编，先后参与国家自然科学基金项
目、中央及地方委托课题多项，在《经济研究》《社会科学研究》等期刊
发表文章多篇。

彭旭辉，华中科技大学经济学博士，中国社会科学院财经战略研究
院在站博士后。主要致力于区域与城市经济学、房地产经济学等方面的
理论与实证研究。先后主持和参与包括国家自然科学基金面上项目在内
的多项纵、横向课题。多次参与撰写《全球城市竞争力报告》《中国住房
发展报告》等专著及研究报告。

徐海东，经济学博士，现就职于中国社会科学院财经战略研究院。
在核心期刊发表论文 8 篇，并在《经济日报》《经济参考报》等主流报刊
上合作发表相关文章 6 篇。《中国城市竞争力报告 No. 17》副主编，作为
核心成员参与编写《中国城市竞争力报告 No. 16》《全球城市竞争力报
告》《中国住房发展报告》等著作 6 部。

刘尚超，中国社会科学院研究生院经济学博士，现就职于中国指数
研究院，任研究项目副总监，主要研究方向是城市基础设施与房地产
企业。

杨杰，经济学博士，2015 年毕业于中国社会科学院研究生院，曾于
国土资源部（现自然资源部）信息中心和建信信托研究部从事研究工作，
现就职于中邮人寿保险股份有限公司规划建设部，从事战略研究分析。

刘伟，中国社会科学院国家金融与发展实验室特殊资产研究中心副
主任，北京立言金融与发展研究院普惠金融研究所所长，主要研究方向
为房地产金融、普惠金融。

中国社会科学院财经战略研究院
城市与房地产经济研究室简介

　　中国社会科学院财经战略研究院城市与房地产经济研究室现有专职研究人员 6 名，主要研究领域为城市经济与房地产经济。其前身是在原国务委员、中国社会科学院院长李铁映的倡导下于 1999 年成立的城镇住宅研究室，2003 年更改为现名。2009 年，研究室被纳入中国社会科学院重点学科建设工程。

　　近年来，研究室在城市竞争力、城市化、城市产业集群、城市营销、房地产市场结构、房地产周期、住房金融、住房公共政策、土地经济、住房证券化、住房保障等领域进行了较为深入的研究，并处于国内较为领先的地位，部分研究成果在国际上也产生了较大的社会和学术影响。《中国城市竞争力报告 No. 1》获孙冶方经济科学奖著作奖，是中国社会科学院重要的学术品牌之一。《全球城市竞争力报告》定期在英国出版并面向全球发行，成果备受关注。作为国内首个房地产相关国家社科基金重大课题的研究支撑机构，研究室在中国房地产发展对策研究方面也取得了重要突破。成立十多年来，研究室先后与海外近 20 个国家的高校、科研机构和学者开展学术交流，并在部分研究项目上建立了合作机制。

　　研究室的目标是发展成为城市与房地产研究领域的国内重要中心，同时进一步扩大国际交流、国际合作，并提高国际学术影响力。

中国社会科学院城市与竞争力
研究中心简介

　　中国社会科学院城市与竞争力研究中心是2010年4月26日成立的一个有关城市与竞争力的院级非实体研究中心。中国社会科学院财经战略研究院研究员倪鹏飞任中心主任。中心主要由中国社会科学院财经战略研究院城市与房地产经济研究室和城市竞争力课题组的研究人员组成，同时邀请国内外专家学者以不同的形式参与研究。

　　近年来，中国社会科学院的这支研究团队在城市与竞争力方面做了许多的创新探索，关于中国城市竞争力的研究获得了孙冶方经济科学奖，关于中国住房发展的研究获国家重大社科基金支持，多项要报成果得到中央领导批示，获中国社会科学院对策信息特等奖和一等奖。《中国城市竞争力报告》等已经成为中国社会科学院重要的学术品牌，在国内外产生十分广泛的影响，进一步确立了中国社会科学院在这些领域的全国领先地位，也为中央及地方政府的相关决策提供了参考。中心还组织和联合全世界的城市竞争力研究专家，成立全球城市竞争力项目组，与联合国人类住区规划署、世界银行集团及世界著名城市学者开展相关领域的高端合作，举办城市竞争力国际论坛，扩大了中国社会科学院在这些国际学术领域的话语权和影响力。

　　中心的主要任务是组织国内外各界相关研究人员，开展城市经济、城市管理、城市化、城市竞争力、房地产经济、房地产金融相关的学术研究，发表城市与房地产相关的研究论文、出版专著和研究报告；开展国内外学术交流，组织中心学者进行国际学术访问；组织国内外相关领域专家、城市市长等各界人士召开城市竞争力国际论坛以及相关学术会议；与相关单位开展合作研究、社会实践、专项调研等活动；接受国内外政府、企业、非政府组织等的委托，开展相关的政策和战略咨询研究；举办高级研修班等多种形式的培训，培养学以致用的学术和城市管理人才。

中国社会科学院竞争力模拟实验室简介

      中国社会科学院竞争力模拟实验室是中国社会科学院院级重点实验室之一，是中国社会科学院城市与竞争力研究中心成员经过对城市与竞争力十余年的跟踪研究，建立的涵盖国家竞争力、城市竞争力、城市联系度、教育竞争力、人才竞争力、商务环境、住房发展等多个方面的大型综合模拟实验室。实验室的数据库目前已经拥有数百项指标的数据，样本包括世界主要国家和地区的 500 个城市，中国的 300 个城市，是全球有关城市与竞争力的最重要数据库之一。与此同时，实验室开启构建并使用城市与房地产大数据。

      实验室联合国内外专家悉心总结，综合中国社会科学院城市与竞争力研究中心多部著作及十余年的调研成果，制作了包含数百个经典案例的城市与竞争力案例库。

目　　录

第一部分　总体报告

第一章　中国住房发展总报告(2020—2021)

　　——楼市调控:迎来曙光再出发 ·················· (3)

一　回顾过去:前后"V"形变化,空间分化减弱 ············ (3)

二　总体判断:结果比较理想,特征不同以往 ············ (15)

三　主要原因:新冠肺炎疫情强烈冲击,各方韧性应对 ········ (19)

四　未来展望:总体延续平稳,潜力提前释放 ············ (28)

五　对策建议:瞄准五个关键,实施重点突破 ············ (31)

第二部分　宏观背景报告

第二章　世界经济与住房市场形势分析与预测 ·········· (41)

一　2019—2020年全球经济与住房市场形势分析 ········· (42)

二　2020—2021年全球经济与住房市场形势预测 ········· (61)

第三章　中国宏观经济报告

　　——完善跨周期宏观调控,迎接"十四五"新发展格局 ····· (67)

一　国际经济发展基本走势 ···················· (68)

二　中国宏观经济运行态势与特征 ················ (70)

三　当前需要重点关注的突出问题 ················ (77)

四 2021 年主要经济指标预测 ⋯⋯⋯⋯⋯⋯⋯⋯⋯⋯⋯（83）

五 政策建议 ⋯⋯⋯⋯⋯⋯⋯⋯⋯⋯⋯⋯⋯⋯⋯⋯⋯（84）

第三部分 市场主体报告

第四章 中国住房企业发展报告 ⋯⋯⋯⋯⋯⋯⋯⋯⋯⋯（91）

一 2020 年中国住房企业发展状况回顾 ⋯⋯⋯⋯⋯⋯（91）

二 2020 年中国房地产企业发展存在的问题 ⋯⋯⋯（102）

三 中国住房企业发展展望 ⋯⋯⋯⋯⋯⋯⋯⋯⋯⋯⋯（105）

四 促进住房企业保持平稳健康发展的对策建议 ⋯⋯⋯（106）

第五章 中国住房需求主体分析与预测 ⋯⋯⋯⋯⋯（109）

一 2019—2020 年住房需求主体分析 ⋯⋯⋯⋯⋯⋯（109）

二 未来住房需求走势预测 ⋯⋯⋯⋯⋯⋯⋯⋯⋯⋯⋯（118）

三 相关政策建议 ⋯⋯⋯⋯⋯⋯⋯⋯⋯⋯⋯⋯⋯⋯⋯（119）

第六章 中国住房地方政府形势分析与预测 ⋯⋯⋯（123）

一 地方政府行为回顾 ⋯⋯⋯⋯⋯⋯⋯⋯⋯⋯⋯⋯⋯（124）

二 2020 年地方政府行为的亮点 ⋯⋯⋯⋯⋯⋯⋯⋯（130）

三 存在的问题 ⋯⋯⋯⋯⋯⋯⋯⋯⋯⋯⋯⋯⋯⋯⋯⋯（133）

四 地方政府行为预测 ⋯⋯⋯⋯⋯⋯⋯⋯⋯⋯⋯⋯⋯（136）

五 对策与建议 ⋯⋯⋯⋯⋯⋯⋯⋯⋯⋯⋯⋯⋯⋯⋯⋯（138）

第四部分 主要市场报告

第七章 中国重点城市住房市场分析与预测 ⋯⋯⋯（145）

一 核心城市房价连续上涨,一线城市领先 ⋯⋯⋯⋯（145）

二 核心城市住房租金季节性回升后再度回落,房价与
住房租金的"剪刀差"扩大 ⋯⋯⋯⋯⋯⋯⋯⋯⋯（150）

三 市场预测:房价结构性上涨,房地产调控有针对性趋严 ⋯⋯（155）

四 政策建议 ⋯⋯⋯⋯⋯⋯⋯⋯⋯⋯⋯⋯⋯⋯⋯⋯⋯（156）

第八章　中国住房土地市场报告 ·············· （158）

　一　2019—2020 年住房土地市场运行情况 ·············· （158）

　二　当前住房土地市场存在的主要问题 ·············· （174）

　三　2021 年我国住房土地市场展望 ·············· （176）

　四　政策建议 ·············· （178）

第九章　中国住房金融发展报告 ·············· （180）

　一　现状分析 ·············· （180）

　二　问题分析 ·············· （192）

　三　政策建议 ·············· （196）

第五部分　公共政策报告

第十章　中国住房市场监管报告 ·············· （201）

　一　中国住房市场监管政策分析 ·············· （201）

　二　中国住房市场监管现状与问题 ·············· （204）

　三　中国城市住房市场监管指数分析 ·············· （206）

　四　政策建议 ·············· （214）

第十一章　中国住房社会保障报告 ·············· （216）

　一　2020 年中国住房保障的主要措施现状分析 ·············· （216）

　二　2021 年中国住房保障的预测 ·············· （221）

　三　问题与挑战 ·············· （222）

　四　政策建议 ·············· （223）

第十二章　中国住房宏观调控报告 ·············· （226）

　一　2019—2020 年住房宏观调控政策及效果 ·············· （226）

　二　住房宏观调控存在的问题与未来挑战 ·············· （235）

　三　政策建议 ·············· （238）

第一部分　总体报告

第 一 章

中国住房发展总报告（2020—2021）

——楼市调控：迎来曙光再出发

倪鹏飞　丁如曦　徐海东

一　回顾过去：前后"V"形变化，空间分化减弱

（一）时间演变：急速下降后转向边际递减式回升

1. 价格：全国住房价格增幅经历下降、回升和企稳的过程

以当月商品住宅销售额除以销售面积来粗略估算当月商品住房平均销售价格（以下简称住房价格或房价），2019 年 10 月房价平均为 9173.6元/平方米，同比增长 9.8%。随后房价增幅经历下降、回升和企稳的过程（见图 1-1），房价平均水平突破万元大关。截至 2020 年 11 月，全国

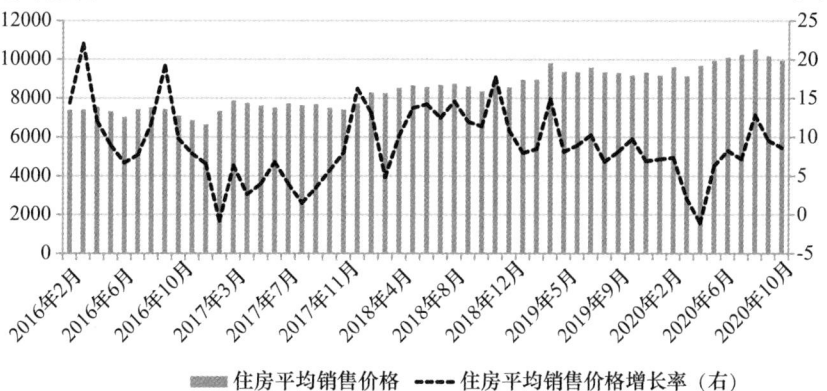

图 1-1　全国商品住房平均销售价格及增长率变动

资料来源：Wind 资讯。

房价平均为 10071 元/平方米，同比增长 7.9%。

2. 供求：住房销量创造新高，住房开发量增速有升有降

第一，在需求方面，月度住房销售面积增长率波动较大，总体保持由降转升的恢复态势，水平创造新高。图 1－2 呈现全国商品住房当月销售面积及增长率变动情况，其中受新冠肺炎疫情影响，2020 年 2 月住房销售面积同比下降最大，降幅达 39.2%，5 月开始同比增幅转正，个别月份还出现两位数同比增速的情况。反映出住房销售面积变化幅度大，总体上稳中有升。2020 年 1—11 月，全国商品住房累计销售面积为 13.3 亿平方米，超过了 2019 年 1—11 月（13.1 亿平方米）和 2018 年 1—11 月（12.9 亿平方米）的累计销售面积，分别为 2018 年全年（14.8 亿平方米）和 2019 年全年（15.0 亿平方米）商品住房销售面积的 89.9% 和 88.7%。疫情状态下，全国商品住房销售面积增长创造了新高。

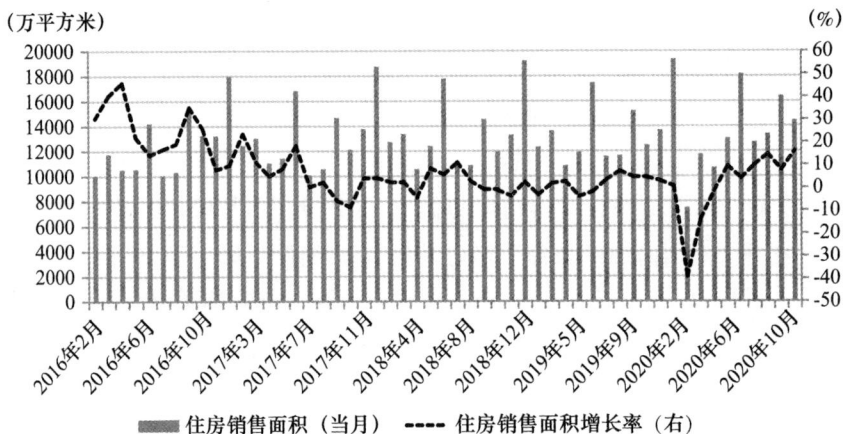

图 1－2　全国商品住房销售面积及增长率

资料来源：Wind 资讯。

第二，在供给方面，住房新开工面积、施工面积与竣工面积经历从骤降到波动性恢复的过程。新开工面积和施工面积反映未来的住房供给，属于潜在供给。2019 年 10 月新开工面积、施工面积当月增长率分别为 27.6%、25.2%，此后增幅整体下滑。2020 年 2 月新开工面积当月值同比增幅跌至低谷，达 -44.4%；3—5 月的同比增幅分别为 -10.96%、

-2.82%、-0.95%，尽管保持为负，但下滑幅度逐渐收窄。施工面积方面，2020年3—5月当月值同比增幅一直为负，其中3月下滑幅度最大。进入6月以后，住房施工逐步恢复，6—9月施工面积当月值同比保持两位数增长，表明住房施工加快恢复。2020年2月以来，反映现实有效供给的住房竣工面积当月值同比增速有正有负，其中2月住房竣工面积大幅下滑，同比增长率为-24.25%，是2019年7月以来的最低值。此后住房竣工面积总体恢复增长，但不同月份的增速变化相对较大。2020年10月，住房新开工面积、施工面积和竣工面积同比增幅分别为4.51%、-2.08%和8.46%（见图1-3），明显低于2019年同期的27.60%、25.02%和18.82%。总体来看，受新冠肺炎疫情以及停工停产的影响，住房建设与供给出现大幅下滑。而后续随着疫情防控形势的好转和复工复产，住房供给保持整体恢复态势。

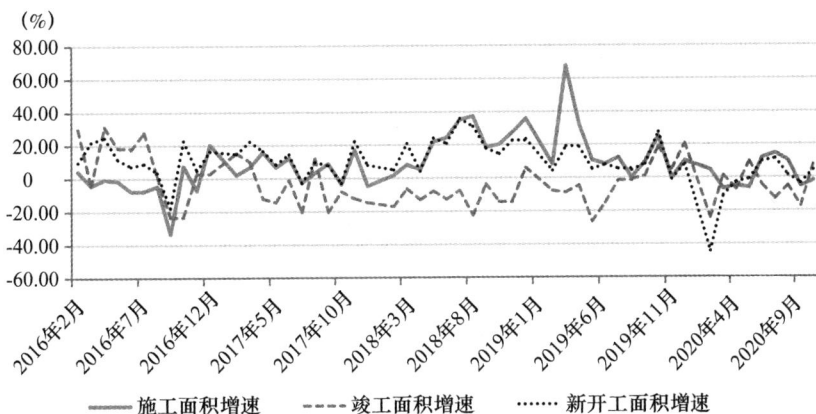

图1-3　住房新开工面积、施工面积和竣工面积当月同比增长率变动

资料来源：Wind资讯。

第三，住房待售面积有所增加，同比增幅呈现倒"U"形变动。回顾上一年度，住房待售面积从2018年10月的2.6亿平方米逐月递减至2019年10月的2.2亿平方米，同比增速由-18.40%变动至-12.90%（见图1-4），反映出住房待售面积逐月下降，但下降幅度有所减缓。到2020年，住房待售面积扭转了连续下降的趋势，2月出现逆势上扬，达到2.5亿平方米，同比增速为1.9%。2020年3月以来，住房待售面积开始出现持续下降，由 3 月的 2.5 亿平方米下降到 10 月的 2.2 亿平方米，同比增速由 3 月的 2.3% 下降到 10 月的 -0.5%。2020 年住房待售面积呈倒"U"形变动，表明待售住房经历疫情冲击下的短暂积存升高后，随着经济社会和住房交易正常活动的恢复，又迈进逐步去化的正常轨道。

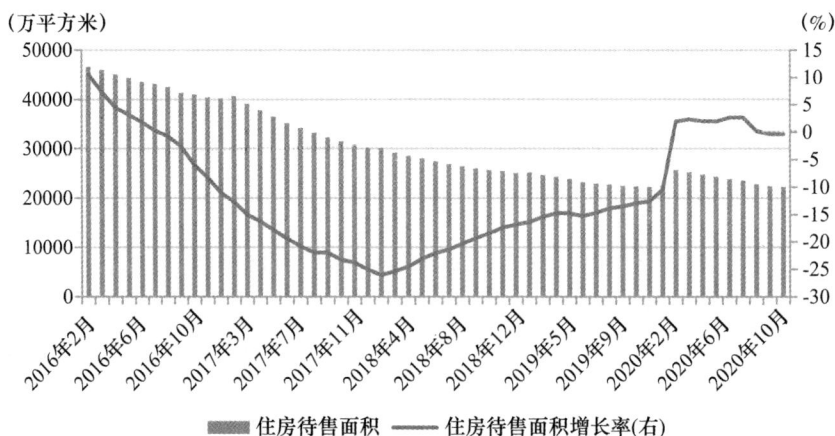

图 1-4　住房待售面积及增长率变动

资料来源：Wind 资讯。

3. 投资：经历从骤降到稳步恢复性增长的过程，对经济增长的贡献较大

第一，全国住房开发投资额增幅呈现"V"形变动。住房开发投资当月完成额同比增长率从 2019 年 10 月的 12.56% 下滑至 2020 年 2 月的 -15.99%。2020 年 3 月之后，出现恢复性增长。3—10 月，住房开发投资当月完成额同比增速分别为 1.78%、7.22%、7.59%、10.53%、12.44%、12.06%、11.54%、14.27%。总体来看，2019 年 10 月至 2020 年 10 月住房开发投资额波动较大，先出现大幅下滑，后恢复增长（见图 1-5）。

第二，住房开发投资对经济恢复性增长具有重要贡献。2020 年年初，受新冠肺炎疫情的影响，正常的住房开发投资和经济社会活动受到严重冲击，1—2 月全国住房开发投资完成额出现大幅下滑。与此同时，季度经济增长也出现了历史性负增长，2020 年第一季度经济增长 -6.8%。进

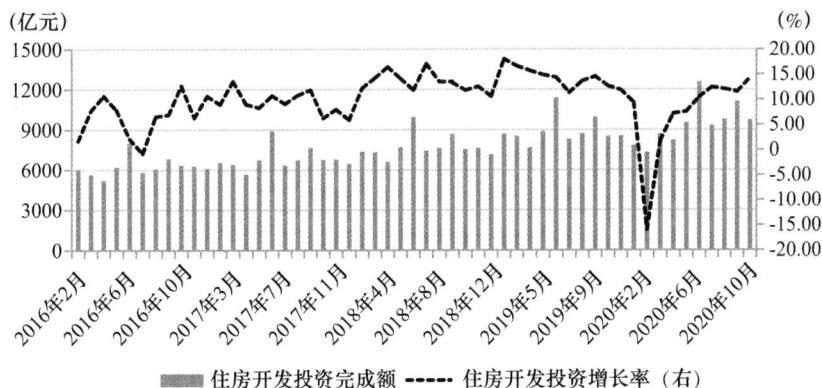

图 1-5　住房开发投资完成额及增长率

资料来源：Wind 资讯。

入第二季度，随着复工复产和住房开发投资活动的逐步恢复，全国住房开发投资额当月值在 4 月、5 月、6 月的同比增长率分别为 7.22%、7.59%、10.53%，恢复到正常水平。相应地，国民经济在第二季度也出现了恢复性正增长，增长率为 3.2%。进入第三季度，全国房地产开发投资当月值在 7—9 月保持两位数增长。在房地产开发等投资的带动下，经济增速在第三季度进一步回升，增长率达到 4.9%。总体来看，2020 年经济增速与住房开发投资保持同步变动态势，对于稳投资、促增长发挥了重要作用。另外，考虑到房地产业与建材、家具、金融等产业关联性高，带动性强，住房开发投资对经济增长的实际贡献可能还要更大。

4. 租赁：受疫情冲击较大且恢复缓慢，城市层级性分化比较明显

相对而言，住房租赁市场受疫情冲击影响较大。根据中国房地产测评中心数据，全国租赁交易价格指数由 2018 年 9 月的 1045.2 逐渐降低到 2018 年 11 月的 1037.1，后又上升到 2019 年 7 月的 1042.7，随后逐渐上升到 2020 年 5 月的 1044.3，保持温和上升，反映出全国总体住房租赁市场平稳回温。但在 2020 年 5 月后，全国住房租赁价格指数逐月微幅下降，由 5 月的 1044.3 下降到 11 月的 1040.8，表明疫情对住房租赁市场的冲击相对较大，市场恢复相对缓慢，后劲减弱。分层级城市来看，一线城市住房租赁价格指数由 2019 年 11 月的 1123.0 上升到 2020 年 5 月的 1124.4，然后又逐渐下降到 2020 年 11 月的 1117.6，反映出一线城市住房

租赁市场回温过程中波动明显。与之相反的是，二线城市住房租赁价值指数则保持下降态势，由 2019 年 11 月的 1001.5 下降到 2020 年 11 月的 991.9（见图 1-6）。呈现了疫情冲击下全国住房租赁市场整体遇冷，不同层级城市间"冷热不均"，分化明显。

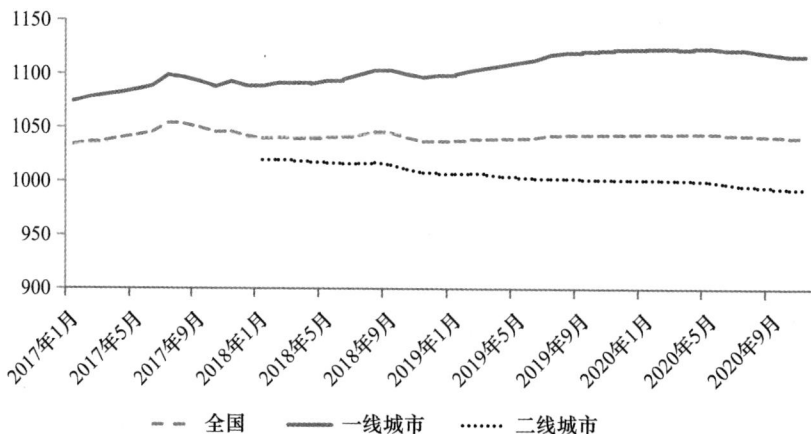

图 1-6 中国城市住房租赁价格指数变动

资料来源：Wind 资讯。

（二）空间变化：房价空间分化总体有所减弱

1. 总体降温明显，空间演变趋缓

第一，总体上涨城市数量和上涨速度低于 2019 年同期。从全国 276 个地级及以上城市二手房价格的同比增长来看，2019 年 11 月共有 192 个城市同比增速为正，到 2020 年 11 月有 180 个城市二手房价格同比增速为正（见图 1-7），上涨城市的数量低于 2019 年同期水平，且二手房价格同比增速的平均值（4.27%）低于 2019 年同期的平均水平（5.02%）。从二手房价格同比增速的变动来看，2020 年 11 月有 152 个城市的同比增速低于 2019 年同期的同比增速，占到 276 个城市的一半以上。

第二，总体房价水平的空间分布演变比较平缓。从 2018 年 11 月、2019 年 11 月和 2020 年 11 月 276 个城市二手房价格的核密度图来看（见图 1-8），房价水平呈现明显的右偏态分布，表明房价差异比较严重，只有极少数城市处于房价较高水平区间。从 276 个城市 2019 年 11 月到 2020

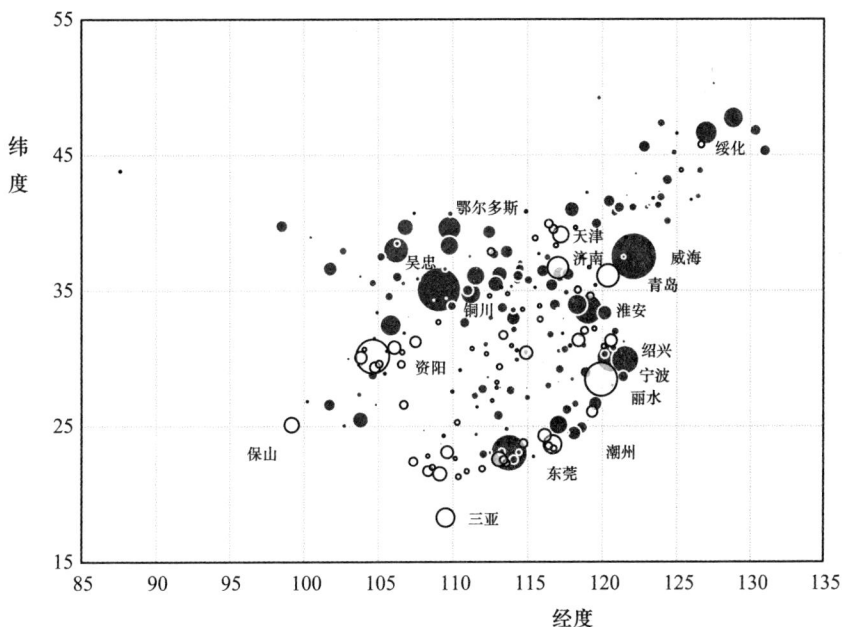

图 1－7　2020 年 11 月 276 个城市二手房价格同比增长分布

注：空心圈表示同比增长率为负，实心圈表示同比增长率为正，且圆圈面积越大，表示同比增长率绝对值越大。

资料来源：中国社会科学院城市与竞争力研究中心城市与房地产大数据库。

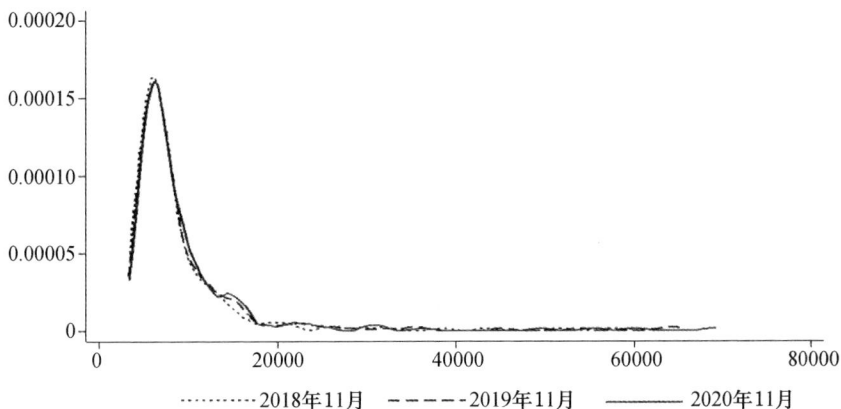

图 1－8　中国地级及以上城市房价（二手房价格）核密度图

资料来源：中国社会科学院城市与竞争力研究中心城市与房地产大数据库。

年11月房价总体分布格局的变化看，核密度曲线呈现高度重叠的特征，反映出这段时间内城市房价绝对水平的分布动态整体比较稳定。

2. 一二线城市房价增速微幅回升，三四线城市房价增速有所收窄

一线城市房价水平大幅领先。无论是新建住房价格，还是二手房价格（见图1-9），一线城市的平均房价大幅高于二线、三线和四线城市，是四线城市的数倍。而且一线城市二手房价格平均水平要显著高于新建住房平均价格水平，呈现了调控从严背景下新房与二手房价格"倒挂"的现象。巨大的房价水平差异，反映出不同层级城市住房市场间差异突出。

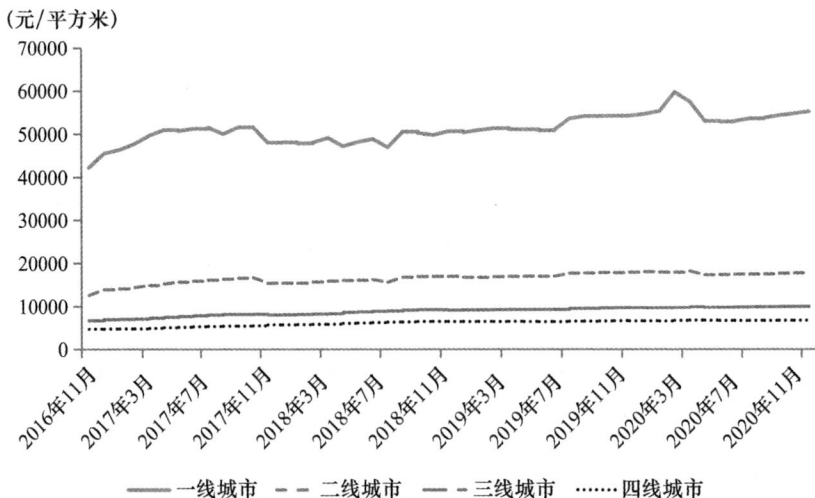

图1-9 不同层级城市二手房价格变动

资料来源：中国社会科学院城市与竞争力研究中心城市与房地产大数据库。

一二线城市二手房价格增速先缓慢下降再微幅上升，三四线城市二手房价格增速有所回落。从2017年11月至2020年11月不同层级城市二手房价格同比变化率来看（见图1-10），一线、二线、三线和四线城市二手房价格增长率总体呈现下降趋势，其中一线和二线城市房价增长率先缓慢下降后再稳步回升，尽管这两类城市房价变化趋势比较接近，但一线城市二手房价格的恢复性上涨比二线城市更快。三线和四线城市二手房价格增长率缓慢下降，且变动比较接近。总体来看，一二线城市和三四线城市之间二手房价格的增速差异有所缩小。

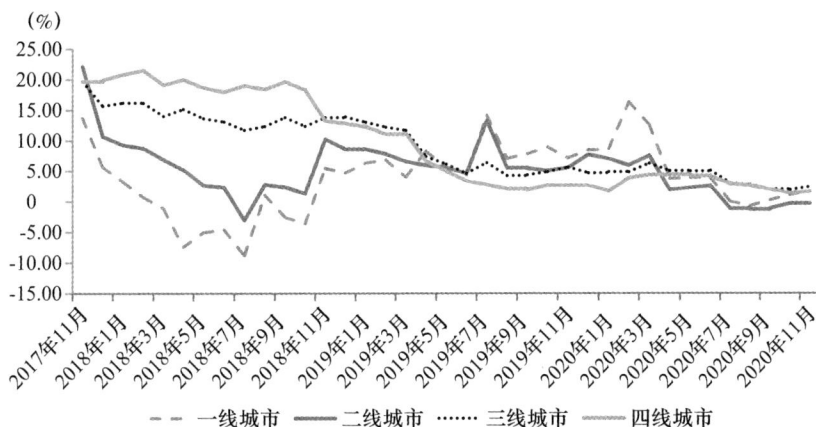

图1-10 不同层级城市二手房价格同比增长率变动

资料来源：中国社会科学院城市与竞争力研究中心城市与房地产大数据库。

从276个地级及以上城市新建住房价格同比变化率来看（见图1-11），2020年1—11月，一线城市呈现持续微幅下降的趋势。二线、三线和四线城市新建住房价格同比增幅变化皆较小，且差异较小。其中，二线城市2020年3月、4月同比增幅为负，5月以来一直保持着正增长，但增幅较低，均未超过2%。四线城市同比增幅始终为负，但下降幅度随着时间的推进有所缩小。

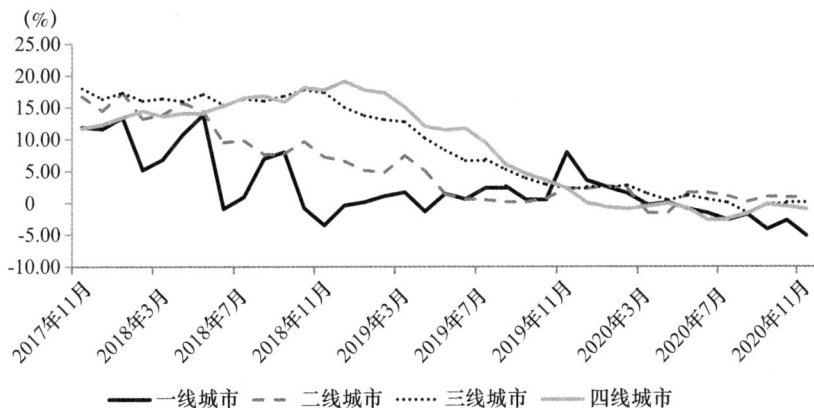

图1-11 不同层级城市新建住房价格同比增长率变动

资料来源：中国社会科学院城市与竞争力研究中心城市与房地产大数据库。

3. 房价水平区域差异大，东部地区领先，中西部地区并进，东北地区靠后

第一，东部地区房价大幅领先。就二手房价价格来看，2019 年 10 月东部、中部、西部和东北地区城市房价平均每平方米分别为 14425 元、7204 元、7325 元和 5717 元，2020 年 11 月分别增长至 14653 元、7327 元、7305 元和 5901 元。在此期间，东部地区房价绝对水平大幅领先，中部地区和西部地区非常接近，约为东部地区房价均值的一半，东北地区房价平均水平在这四大区域中最低（见图 1 - 12）。

（元/平方米）

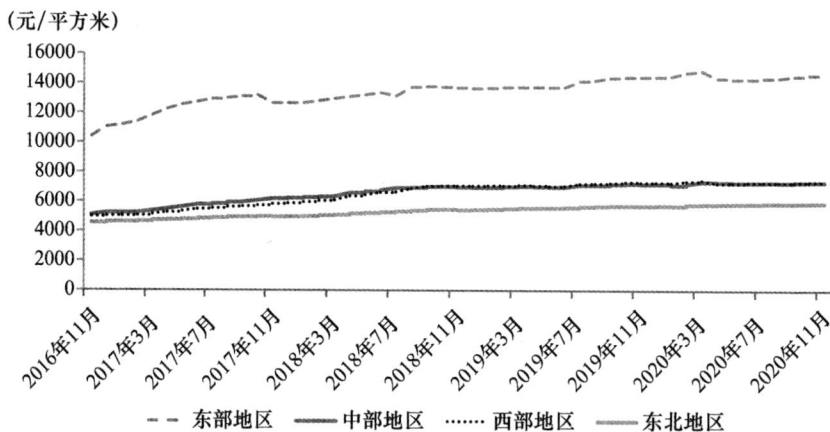

图 1 - 12 各区域二手房价格平均水平

资料来源：中国社会科学院城市与竞争力研究中心城市与房地产大数据库。

第二，南北方房价水平差异依旧突出。按照城市维度，从南北向考察住房价格的空间分化格局，发现中国城市住房价格的"南高北低"差距显著。2020 年 11 月，北方地区除北京、天津 2 座城市外，其余城市房价普遍低于 20000 元/平方米。南方地区则与北方明显不同，深圳、上海、厦门、三亚、广州、杭州、南京、苏州等多个城市房价水平高于 20000 元/平方米，其中深圳、上海和厦门超过了 40000 元/平方米。中国城市房价水平的"南高北低"分化格局与中国城市经济竞争力"南强北弱"、经济发展南北差距扩大密切相关。

第三，四大区域平均房价同比增速均有所收窄。2019 年 11 月到 2020

年 11 月，东部地区平均房价增速变动总体比较平稳，由 2019 年 11 月的 5.38% 下降至 2020 年 11 月的 1.52%，下降了 3.86 个百分点。中部、西部和东北地区平均房价的增速皆有所收窄（见图 1-13），分别由 3.05% 下降到 1.97%、由 3.45% 下降到 0.15%、由 5.34% 下降到 3.82%，分别下降了 1.08 个、3.30 个、1.52 个百分点。

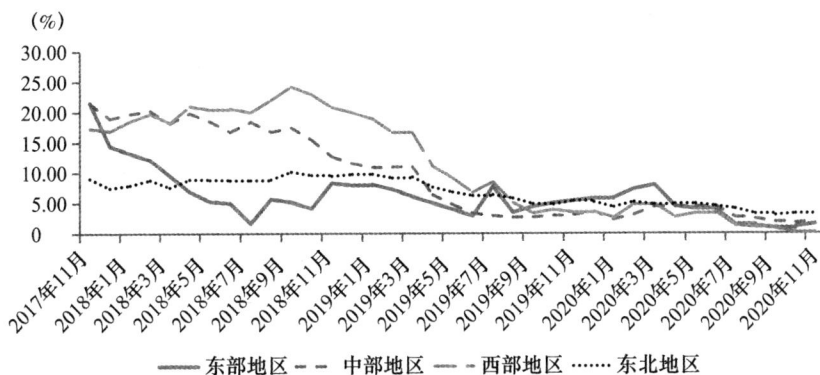

图 1-13　中国四大区域二手房平均价格的同比增长率变动

资料来源：中国社会科学院城市与竞争力研究中心城市与房地产大数据库。

4. 城市群房价增速总体放缓，中心城市增速有所收窄

第一，城市群与非城市群城市间房价差异稳定，城市群总体增速放缓。比较来看，城市群房价水平显著高于非城市群房价水平。[①] 2019 年 11 月至 2020 年 11 月，城市群平均房价是非城市群平均房价的 1.6 倍，而且二者的差异比较稳定。从同比增速来看（见图 1-14），2019 年 11 月以来，城市群房价同比变动先升后降，后续降幅逐渐变窄，增速总体放缓。而非城市群房价同比变动比较平稳，并于 2020 年 4 月反超城市群房价同比增幅。说明房价同比增速变动在城市群与非城市群出现了新变化。

第二，城市群中心城市房价水平显著高于非中心城市。从 2020 年 11 月的数据来看，城市群中心城市房价普遍高于非中心城市（见图 1-15），

---

① 在无特别说明的情况下，城市群分析部分的房价是指二手房价格。

(%)

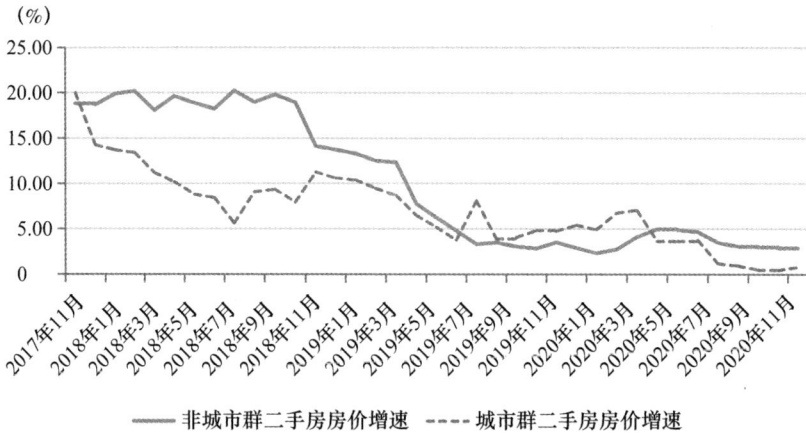

图 1-14 城市群—非城市群城市房价同比变化率

资料来源：中国社会科学院城市与竞争力研究中心城市与房地产大数据库。

其中京津唐城市群、珠三角城市群、琼海城市群、长三角城市群、武汉城市群 5 个城市群中心城市房价是非中心城市房价的 3 倍以上。

（元/平方米）

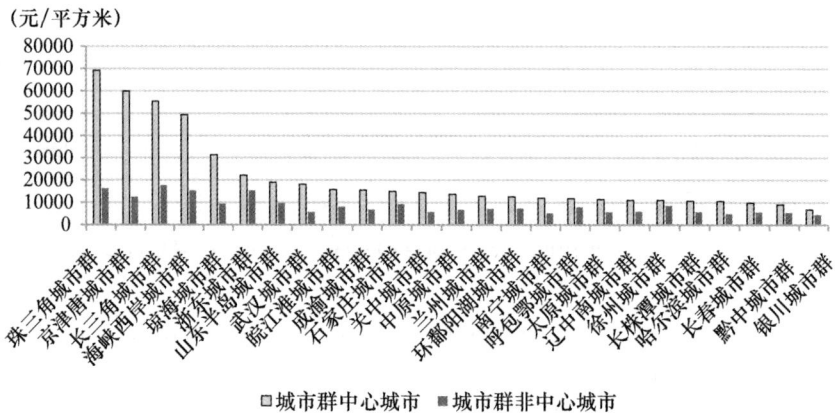

图 1-15 2020 年 11 月城市群中心城市与非中心城市房价比较

资料来源：中国社会科学院城市与竞争力研究中心城市与房地产大数据库。

第三，城市群中心城市房价同比增速回落，非中心城市房价增速有升有降，不同类型城市群表现存在差异。相比于 2019 年 11 月绝大多数城市群中心城市房价同比增速为正的情况，2020 年 11 月大多数城市群中心城市房价同比增速为负,少数城市群如长三角城市群、珠三角城市群、浙东城市群等中心城市房价同比增速为正,但增幅明显低于 2019 年同期(见图 1-16)。从非中心城市来看,2020 年 11 月,除少数城市群如浙东城市群、南宁城市群、京津唐城市群等外,大多数城市群非中心城市房价同比增速为正,且个别城市群非中心城市房价增速快于 2019 年同期。城市群内部不同类型城市住房价格涨幅的差异,进一步凸显了新冠肺炎疫情冲击下中国住房市场时空运行的复杂动态。

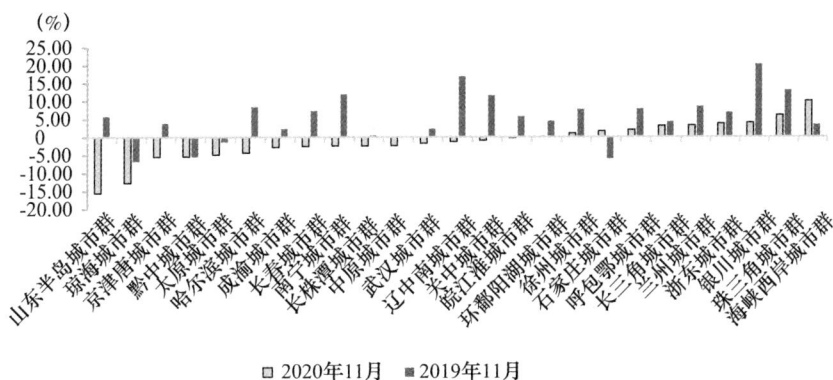

□ 2020年11月　■ 2019年11月

图 1-16　中国 25 个城市群中心城市房价同比增速比较

资料来源:中国社会科学院城市与竞争力研究中心城市与房地产大数据库。

二　总体判断:结果比较理想,特征不同以往

虽然经历了百年未有的外部冲击,但在党中央的正确领导下,保持调控定力,落实"一城一策",楼市实现了时间上的稳步恢复和空间上的逐步收敛,同时支撑了"六稳""六保"。

(一)可喜的成绩:楼市稳定并对"六稳""六保"发挥关键性作用

第一,市场恢复基本符合预期。商品房和住房销售再创历史新高。2020 年 1—11 月,全国商品房和住房累计销售面积皆超过 2019 年的同期水平,同比增长率分别为 1.3% 和 1.9%。房地产和住房开发投资恢复到

中高速水平，2020 年 1—11 月房地产投资和住宅投资同比增长分别为 6.8% 和 7.4%。此外，住房库存开始下降，房价上涨保持相对平稳。

第二，在严重外部冲击下实现快速恢复。2020 年中国住房市场在疫情冲击下经历 1—2 月的剧烈下降后，开始快速回升，由负转正，保持同比降幅边际递减、同比增幅快速恢复态势。

第三，空间分化的势头有所趋缓。多个来源渠道的数据显示：2020 年 5 月以来，一线城市房价较快上涨，二线城市房价稳步上涨，三线城市相对平稳，四线城市略有回调，表明不同层级城市楼市分化依然存在，但空间分化有所减弱。

第四，总体风险有所下降。相比于之前房地产市场高涨、风险逐步积聚的年份，本年度随着住房市场经历从下降到收敛性恢复增长的过程，市场总体风险有所下降。

第五，对"六稳""六保"贡献较大。房地产产业关联多、产业链条长，资产规模大，涉及经济社会面广。开发投资由负转正并恢复至中高速增长水平以及房价保持平稳运行，对于稳投资、稳金融发挥了重要作用。同时，房地产开发、销售等活动的恢复及其对相关经济社会活动的带动，对于减缓就业压力、缓解财政支出压力都起到了很大的支撑作用。

（二）潜在的隐忧：风险、错配和挤出的问题没有根本解决

第一，炒房还没有被完全控制。2020 年 1—10 月，房地产开发企业到位资金同比增长 5.5%，比 1—9 月提高 1.1 个百分点。个人按揭贷款与定金及预收款同比恢复幅度出现差异。此前，两项指标变动几乎同步，但 1—5 月前者同比增长 -0.9%，后者同比增长 -13%；1—10 月个人按揭贷款同比增速为 9.8%，定金及预收款同比增速为 4.3%，这反映投资需求占比增加和杠杆购房比例扩大。一些城市出现贷款炒房现象。国家统计局数据显示，2020 年 11 月，全国 70 个大中城市中有 44 个城市二手房价格环比上涨，高于 10 月的 39 个。

第二，楼市风险总体仍比较大。本书课题组测算，全国城市房价收入比 2019 年平均高达 9.1。西南财经大学中国家庭金融调查与研究中心的数据显示，全国城市住房空置率 2017 年高达 21.4%，2018 年居民家庭债务收入比增至 86.9%，2019 年 174 家房企加权平均净负债率达到历史

最高值91.37%。这些指标都明显高出合理区间，而且局部地区和城市更加严重。楼市仍是经济金融的重要风险源。

第三，住房与人口分布错配加剧。2003—2018年，城市新增人口的92.22%集中于城市群和都市圈；但2002—2017年，房地产销售仅69.62%在都市圈和城市群区域，反映出住房和人口分布存在错配。一些非热点城市，非城市群、非都市圈内的中小城市，由于不在调控视线的直接范围内或重点关注对象内，过去两年出现楼市过热现象。在当前疫情冲击、经济放缓、需求下降的情况下，空置和库存开始暴露。随着人口从农村和非都市圈向都市圈城市群转移，这一错配将加剧。大城市住房供需矛盾和住房问题依然比较突出。

第四，租赁市场的问题层出不穷。除了存在之前屡禁不止的市场秩序混乱和一些老问题，比如热点大城市租房资源供给短缺、租赁住房品质较差、租赁金融乱象较多、租售不同权、税费负担较重等之外，还涌现出租赁企业垄断涨价、"爆雷"事件频发、保障性租赁房基础设施和公共服务不配套等新问题。特别是疫情冲击下租赁市场遇冷，市场需求缩减或推迟，长租企业出租率下降，违约率提升，现金流普遍吃紧，资金断裂风险增加。全国多个城市出现多家住房租赁企业因"高进低出""长收短付"导致"爆雷"的问题。

第五，房地产挤出效应有所增加。楼市较好表现发挥正向贡献的同时，也存在一些负面影响。首先是对消费的挤出。疫情冲击之下，一边是快速复苏回暖的房价，而另一边则是迟迟难以回升的消费。其次是对投资的挤出。疫情冲击下房地产投资的快速恢复和崛起，对其他有些固定资产投资形成一定的挤出。最后是仍在阻碍结构调整。房地产过度发展扭曲实体经济发展，进而影响整个国民经济结构的调整。

（三）新兴的特征：住房市场从剧烈波动增长转向恢复性平缓波动增长

第一，增长周期长度未变，但波动幅度更加平缓。在城市化加速阶段，住房市场总体处于上升中，存在增幅升降的短周期。从2003年以来，这一周期一直是2—3年。从主要变量的增量看，自2015年4月以来已经经历了40多个月的最长上升周期。但从主要变量的增幅看，2016年9月到 2018 年 12 月经历了一个完整的降升周期，2019 年开启了新一轮的增幅下降周期。2020 年年初受新冠肺炎疫情的影响，住房市场出现了较大幅度的下降；但随着疫情防控和经济社会正常运行秩序的恢复，住房市场逐步回升，但总体升降波动正变得相对平缓。

第二，季度变化始终存在，但变动幅度更为平缓。从 2000 年开始，楼市季节变化一直存在，2015 年后季度变化相对平缓。多数情况与季节相符，少数情况逆季节而动。2018 年中国房地产经历了春暖、夏热、秋凉、冬冷的四季转变，2019 年经历了春暖、夏凉、秋凉、冬暖的转变，2020 年经历了春寒、夏暖、秋冬回温的转变。

第三，空间分化从持续转向交替，从城市转向都市圈城市群。2017 年之前房价在区域、城市等级和城市群内外持续分化，但 2017—2018 年房价空间分化出现了逆向变化，且空间差异较大，不过 2019 年房价在区域、城市等级和城市群内外再度呈现分化。进入 2020 年，由于不同地区和城市住房市场抵御外部冲击的能力和自我恢复能力的差异，不同地区和城市住房市场的空间分化有所减弱，一线、二线、三线、四线城市均出现平涨平跌。表明房地产市场从一线、二线、三线、四线城市间的分化转向城市群都市圈之间以及与非都市圈城市群间的分化。

第四，房地产投资增长在下降一个台阶后总体稳定。在 2013 年之前，房地产投资保持较长一段时间的两位数甚至 20% 左右的高速增长，且波动幅度较大。但在 2014 年之后下降至一个新台阶并保持 7%—10% 的次高速增长，这一增长区间自 2016 年以来已保持了四年，且相对平缓。2020 年年初受新冠肺炎疫情冲击，房地产开发投资在 1—2 月出现断崖式下滑，但随后降幅逐渐收窄并回升为正，保持在一个比较平稳的运行水平。2020 年 1—11 月，全国房地产开发投资同比增速为 6.8%，其中住宅开发投资为 7.0%，表现为回升趋稳。

第五，房价增长与经济增长从相背而行转向相向而行。2000—2018 年，房价总体领先经济增长的波动，从而与经济增幅在同一时点相背而行。但自 2018 年之后，房价增幅与宏观经济增幅开始相向而行，进入同步下降的通道。特别是 2020 年，房价与经济整体保持同步涨落的节奏与步态。

三　主要原因：新冠肺炎疫情强烈冲击，各方韧性应对

经济发展过程中的外部冲击大多是在一定宏观经济环境下偶然发生，冲击下的政府主体都会采取一定政策应对措施，由此产生与外部冲击交叠的效应，而对经济运行带来不同的结果。基于外部冲击—宏观环境—政策应对—楼市反应的逻辑思路，将之前的三要素扩展为四要素分析框架（见图1-17），在具体分析逻辑上做些细致区分：外部冲击方面，根据外部冲击的特点区分为直接冲击和间接冲击；宏观环境方面，根据时间长短区分为短期经济环境和长期经济背景；政策应对方面，主要区分为宏观经济政策和楼市调控政策；楼市的反应状况和经济机制，分别从楼市的短期状态和长期趋势两个方面展开分析。

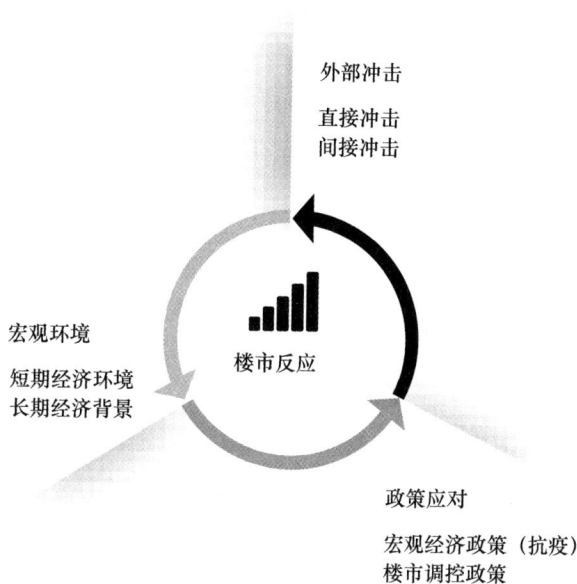

图1-17　楼市分析框架

（一）新冠肺炎疫情状况影响楼市全面剧降及收敛性恢复

新冠肺炎疫情具有多重冲击属性。新冠肺炎疫情是百年不遇的重大

传染病事件，相对于中国楼市，新冠肺炎疫情属于经济系统内外的多重冲击。

第一，通过三种途径影响楼市。疫情导致中国城市经济与楼市按下"暂停键"，经济下滑导致楼市刚性需求下降或延后。疫情传播扩散与国外城市疫情发生，使得国外经济受到冲击，并且境外疫情输入的回传影响随时都可能发生。外部经济暂停则从经济体系内部、从国外间接对中国城市经济产生负面影响，进而对楼市产生多重影响。

第二，直接导致楼市"V"形变化。疫情冲击下，宏观经济阶段性触底，并随着疫情防控与复工复产的统筹推进逐渐恢复。住房发展与此保持同节奏变动，也经历触底回升的过程。2020年第一、第二、第三季度GDP同比增长率分别为－6.8%、3.2%和4.9%（见图1－18），其中第一季度GDP增速是1992年中国开始公布季度GDP数据以来最低数值，也是首次出现季度增速为负值的情况。与此同时，住房开发投资（当月值）也于2020年2月触底，同比增速为－16.0%。随着复工复产和宏观经济恢复，住房开发投资增速逐步回升，3—5月的同比增速分别为1.78%、7.22%和7.59%，6—11月均保持着两位数的同比增速。

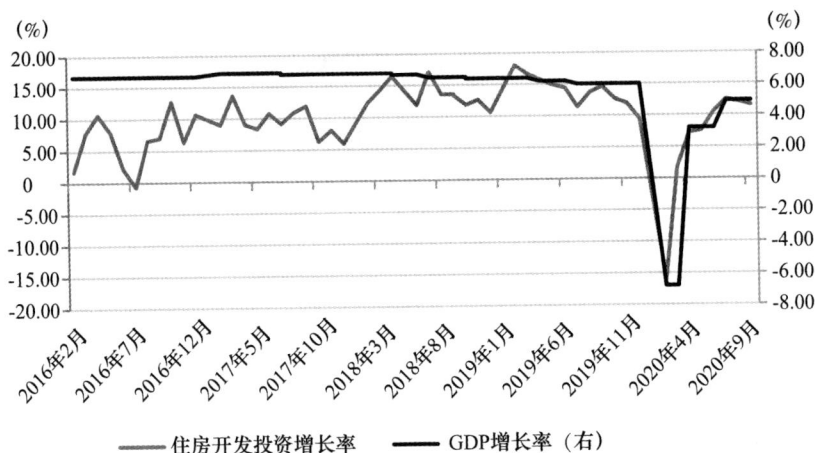

图1－18　住房开发投资和GDP增长率

资料来源：Wind资讯。

第三，直接导致空间格局重塑。受疫情发生及扩散传染影响，过去比较繁荣的中部地区出现"塌陷"。从四大区域比较看，在住房开发投资和销售上，中部地区下滑最为严重，恢复也最慢。2020 年 1—6 月，中部地区房地产住宅开发投资和商品房销售面积同比增长分别为－2.9%、－14.4%，在四大区域中下滑幅度最大。2020 年 1—11 月，中部地区房地产住宅开发投资和商品房销售面积同比增速分别为 5.0% 和－1.4%，相比之前虽有好转，但增速明显低于其他地区和全国平均水平。

第四，导致具体需求变化不一。刚性需求尤其是农民工、新市民的置业需求因收入和就业下降而受到了影响，但改善性住房需求相对旺盛，商品房成交套均面积稳步提升。2017 年第四季度至 2018 年第三季度，十大城市商品房成交套均面积为 108.9 平方米，2018 年第四季度至 2019 年第三季度上升为 111.7 平方米，而 2019 年第四季度至 2020 年第三季度则稳定在 111.9 平方米。此外，疫情也使得房地产成为投资避险地甚至投资的稀缺资产，热点城市投资投机需求存在，住房依然炙手可热。

（二）经济基本面决定楼市的收敛性恢复

第一，宏观经济放缓但城市化仍处在加速期。中国经济处于增长速度持续下行的阶段，疫情的暴发及其全球流行对宏观经济造成较大、较持久的不利影响。但中国的城市化和长期的收入增长决定住房需求依然强劲，进而决定综合预期稳定向好。

第二，互联网和电商发展对各类物业影响不一。由于实体经济增速下滑，以及互联网和电商对传统购物营销和办公模式带来的巨大冲击，近年来物业类需求出现了持续分化态势。随着新冠肺炎疫情在国内外的影响进一步持续，办公楼和商业营业用房的使用率和需求量出现锐减趋势。2020 年 1—10 月，全国住宅销售面积同比增长 0.8%，而办公楼销售面积同比下降 14.5%，商业营业用房销售面积同比下降 14.0%。

第三，经济基本面的差异决定楼市区域分化。住房市场发展离不开经济基本面的支撑，城市的 GDP、人口规模和人均收入等因素是决定住房需求的核心因素。基于全国 276 个地级及以上城市房价与城市 GDP、常住人口规模、人均收入的关系来看，它们分别皆呈现出明显的正相关关系。这些基本面因素对住房发展和房价具有十分重要的支撑作用，但也存在一些城市的房价与基本面因素出现偏离或偏离较大的情况。部分地区投资投机需求的涌动催生出楼市恢复过程中的局部过热。投资客资金根据市场供需特征在不同城市和区域之间轮动转换，许多核心城市和城市群如粤港澳大湾区成为本周期内投资投机性购房需求追逐的重点，部分城市出现了过热苗头。

总之，经济基本面因素直接影响住房需求，一些人口规模和经济规模较大、居民收入水平较高的城市，具有较强的高房价支撑能力，而且抵御外部冲击的能力或受到外部冲击后的恢复能力较强，表现出较强的韧性。随着一些城市人口规模和经济的进一步增长，加之金融"嫌贫爱富"的刺激与带动，包括房价在内的很多变量或将出现异速增长的情况。而另外一些人口外流、经济增速持续下滑的城市，将面临住房需求萎缩、房价增长停滞或持续下滑的情形。这种由经济基本面和非基本面因素叠加影响以及在空间维度上的差异，将决定住房市场的空间新分化。从2019年1月至2020年10月部分城市二手房价格同比增长的运行差异上就能看出这种新动向与新分化（见图1-19），即使同为一线城市，房价增长动态也存在一定的差异性。

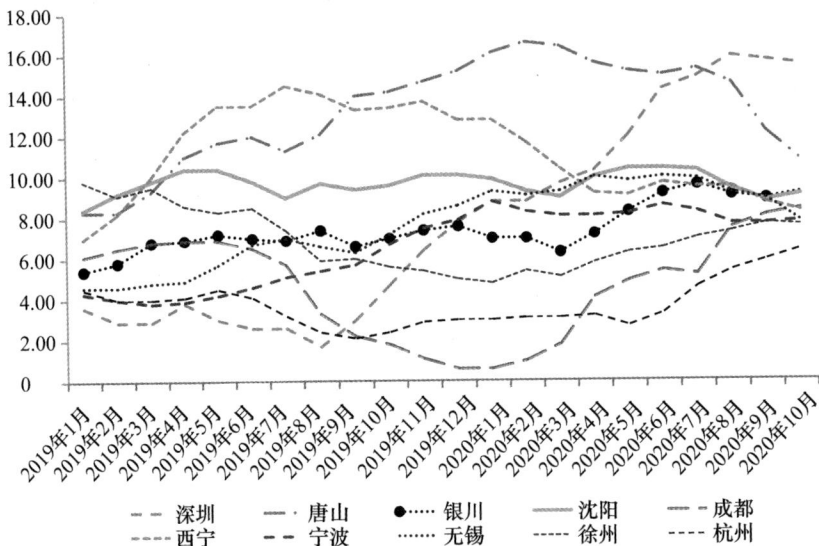

图1-19 全国70个大中城市中二手房价格同比涨幅排名
前10的城市房价同比增长率差异

资料来源：国家统计局。

(三) 政策与制度影响楼市收敛性恢复

第一, 抗击疫情的政策措施果断有力。中央果断出手一系列政策措施, 地方贯彻执行, 疫情迅速得到了有效控制并取得决定性胜利。中央和地方层面疫情防控和复工复产的统筹有序推进, 为楼市恢复创造了基本条件。

第二, 宽松的宏观政策以及监管漏洞对楼市产生了外溢效应。尽管相关部门精准施策、采取定向宽松的政策, 但由于监管制度不可避免的缺陷, 资金一定程度渗透到楼市, 进而支持了楼市的恢复。监管持续从严, 但宽松的货币环境使资金仍向房地产市场外溢, 表现为开发企业资金来源增长远高于开发投资增长。此前严控违规资金流入房地产市场的限贷政策, 在部分热点城市实质上已被突破。

第三, 基础制度没有彻底改变, 决定炒房的动力仍在。由于激励炒房的土地制度、财税制度、金融制度没有根本改变, 一些制度机制缺陷与政策漏洞的存在, 决定了激励各方通过地价、房价上涨以实现多赢的利益机制没有彻底改变, 居民、企业、中介等经济主体投资投机房地产的利益冲动与炒房动力依然存在。

第四, 上政策与下对策博弈导致总体稳定局部波动。一方面, 中央层面始终坚持调控总基调不变, 不将房地产作为短期刺激经济的手段。2020 年 7 月, 中央层面召开房地产工作座谈会, 强调要坚持问题导向, 高度重视当前房地产市场出现的新情况新问题, 时刻绷紧房地产调控这根弦, 坚定不移地推进落实好长效机制。2020 年 8 月, 住建部召集沈阳等六个城市政府及所在省 (自治区) 住房和城乡建设厅负责人, 在北京召开部分城市房地产工作会商, 强调要毫不动摇坚持 "房子是用来住的, 不是用来炒的" 定位, 确保实现稳地价、稳房价、稳预期目标; 另一方面, 调控执行力度在时空上存在差异。在前期疫情冲击下, 地方层面出台了不少纾困政策, 一些地方政府变相 "救市", 加大土地拍卖力度, 减弱了行政调控力度, 多措并举救助开发企业, 导致部分城市过热。之后受到中央层面问责, 部分城市收紧或升级了调控政策。

（四）住房用地供求变化和空间差异助推楼市收敛性恢复

第一，地价快速上涨带动房价上涨。土地购置面积的下降和土地成交价款的上升使得地价出现较大幅度的上涨，且一些城市"地王"又现。在土地供求双方的博弈下，2020年年初以来当月土地成交价款出现较大幅度的波动，2月同比增速下滑幅度较大，但3月态势扭转，同比增速由负转正，4月进一步爆发式增长，5—10月，当月土地成交价款同比增速始终为正，个别月份增速较高。土地购置面积的下降和土地成交价款的上升，集中体现为土地价格的快速攀升。2020年7—10月，当月土地价格出现了一个快速上涨的过程。相应地，住房价格受土地价格的催涨，也出现了较快幅度的攀升（见图1-20），当月房价同比增速在8—10月分别为12.82%、9.54%和8.62%。

（元/平方米）

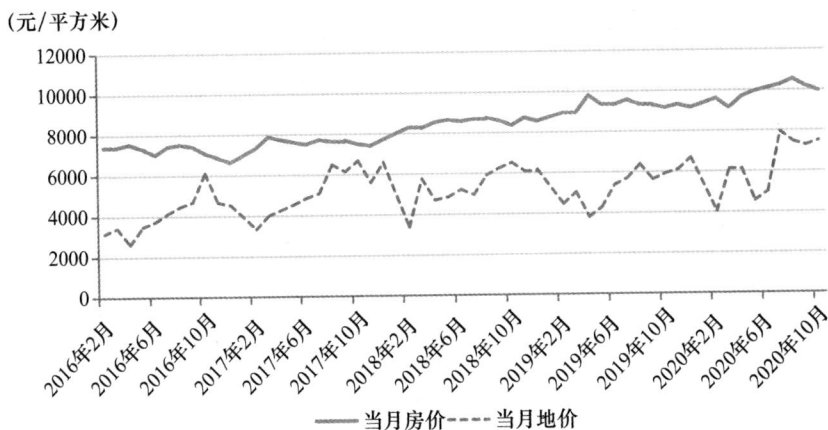

图1-20　房价与地价的变化

资料来源：Wind资讯。

第二，土地购置面积下降导致住房供应下降。2020年受疫情冲击，当月土地购置面积在2—3月出现同比下滑，在4—6月出现同比增幅为正的恢复性增长，但在7—10月，当月土地购置面积同比增速又下滑，出现了负增长，2020年1—10月全国房地产开发企业土地购置面积增长率为-3.3%。在住房销量下降、资金链紧张、回款难等综合因素的影响下，房地产企业拿地不再积极；而随着上述紧张状况的改善，开发商的拿地积极性也有所提升，房地产开发投资也会相应提升。

第三，土地区域差异影响住房区域差异。具体到城市层面，对于不同地区、不同规模、不同类型的城市，由于土地供给条件、土地供给约束程度、地方财政对土地的依赖程度等存在差异，以及土地市场的供求矛盾程度或错配程度不一，在受到外部冲击加之自身结构调整，其住房市场运行就表现出一定的差异性，进而引发住房市场的空间新分化。大城市土地市场供求矛盾依然突出。

（五）资金松紧变化和空间差异直接影响楼市收敛性恢复

第一，宽松的货币政策环境支持了房地产信贷增长。2019 年第二、第三、第四季度，房贷平均利率分别为 5.53%、5.55% 和 5.62%，逐季度上升。进入 2020 年后，信贷政策有所松动，房贷平均利率在 2020 年第一、第二和第三季度分别为 5.60%、5.42% 和 5.36%，逐季度微幅下降（见图 1-21）。在房贷整体趋紧、局部松动、房贷利率有所下调的背景下，商业性房地产贷款余额一直保持着 10% 以上的增长率。

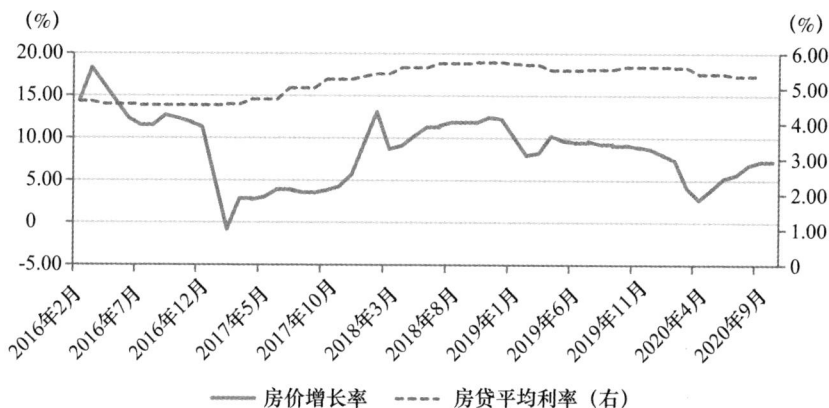

图 1-21　房价增长率的房贷平均利率变动

资料来源：Wind 资讯。

第二，开发企业资金来源与住房销售面积变动保持高度的相关性。2020 年 2—10 月，当月住房销售面积和开发资金来源增速同步由负转正，保持比较一致的增长步调（见图1－22）。2020年10月住房销售面积当月同比增速为15.98%，开发企业资金来源同比增长14.5%。加之房企为加快资金回笼推出促销活动，住房改善型需求比例出现稳步提升态势，助力楼市恢复。在以上情况下，开发企业减缓资金压力，加快了销售量价恢复，以及投资开工的恢复，也避免了破产倒闭。住房销售放缓、下降会导致开发企业资金回笼放慢和流动性紧张，进而导致开发商预期由乐观转向悲观；而住房销量增长，会使开发商资金压力得到一定的缓解，开发资金来源得到一定的保障，开发商预期及行为有所转变。

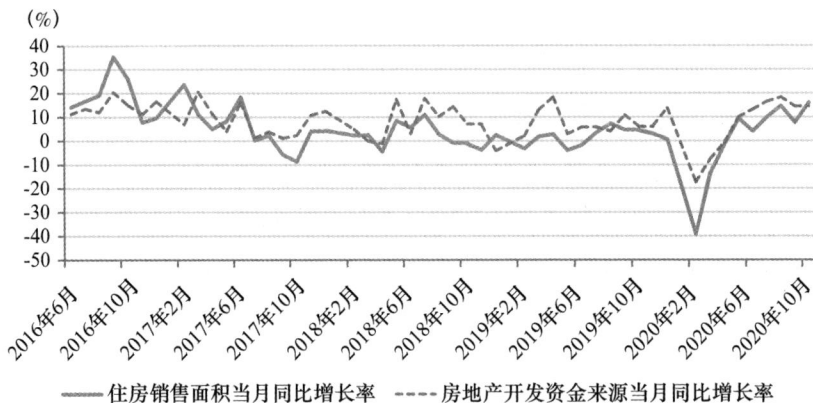

图1－22　住房销售面积与资金来源增长率

资料来源：Wind资讯。

第三，土地购置面积与开发资金来源增长保持比较同步的变动态势。2019年10月至2020年10月，反映开发企业拿地行为的土地购置面积增长经历了一个由断崖式下滑再逐步恢复上升的变动过程（见图1－23）。房地产开发企业的拿地积极性及具体行动随着其资金链的紧张状况、回款难易程度等因素的变动而变动。

第四，住户部门对房价的预期和购房意愿经历一定下探后开始回升。受2020年年初新冠肺炎疫情的严重冲击，居民对房价上涨的预期有所下降并有探底趋向，后续随着疫情防控形势好转和复工复产等经济社会秩序的逐步恢复，居民对于房价上涨的预期也开始回升（见图1－24）。从居民的购房意愿来看，2019年第四季度至2020年第三季度，居民的购房

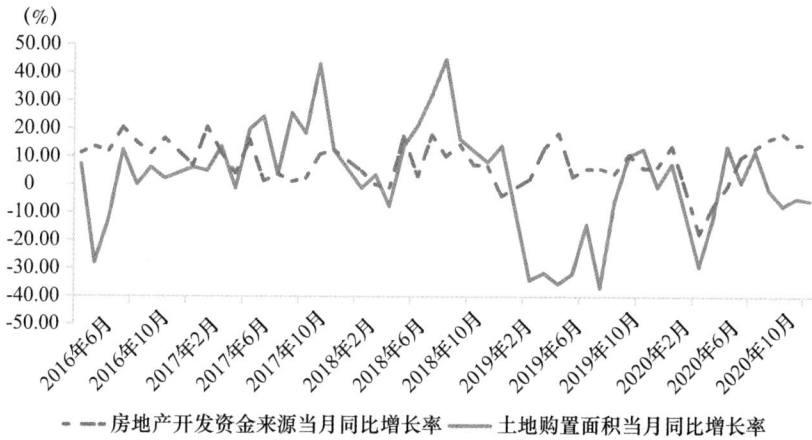

图 1 - 23　房地产开发资金来源增长率与土地购置面积增长率

资料来源：Wind 资讯。

意愿先缓慢下降后逐渐上升。显示出居民对房价上涨的预期以及购房意愿在缓慢恢复和提升，受这种预期及行为的影响，2020 年第三季度住房市场继续保持平稳恢复增长态势。

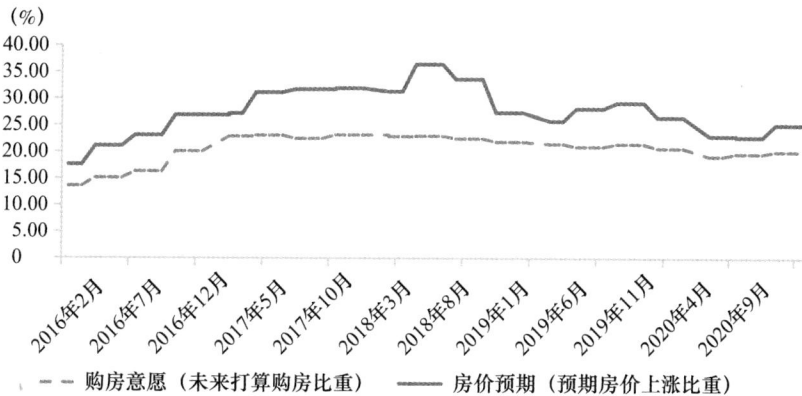

图 1 - 24　居民购房意愿及房价上涨预期变化

资料来源：中国人民银行。

四 未来展望：总体延续平稳，潜力提前释放

综合研判，预计2021年中国楼市将继续延续平稳恢复的态势，预计2021年房地产租赁市场将有所改观，保障性租赁市场的步伐也将进一步加大。

（一）在没有重大政策转向和新的外部冲击的情况下，2021年总体有望延续平稳

从总体上看，在没有重大政策转向和新的外部冲击，以及2021年国内外疫情显著好转是一个大概率事件的情况下，"三道红线"和资金监管从严会导致房地产企业降价促销、加快销售，预计2021年商品住房销售面积同比增幅或将保持不变并再创历史新高；与此同时，由于改善型需求会继续增加，刚性需求也会得到释放，在供给和需求的作用下，预计2021年全年商品住房价格同比增幅可能会下降，同比增幅可能在5%左右。此外，虽然2021年租赁住房建设和老旧小区改造可能会增加投资，但"三道红线"和资金监管从严，以及开发企业投资的动力和能力下降带来的消极影响，最终可能会导致2021年房地产开发投资同比增速下降，持续在7%左右。预计2021年，房地产租赁市场将有所改观，保障性租赁市场的步伐也将进一步加大。

从时间上看，受2020年基期的影响，2021年上半年将保持恢复性增长，各月同比增幅将从2—4月的剧增，到5—6月的高增，再到6月以后的平稳增长。各季度、各月之间各项指标恢复存在差异和波动性。

从空间上看，空间分化经历阶段性缩小后有可能随着局部异动而有所扩大。中心城市、都市圈和城市群复苏较好甚至会出现过热的现象，其他城市复苏较慢，部分城市或将陷入衰退。

从风险上看，市场风险有望进一步下降，但仍有大起大落的风险。首先，楼市风险总体仍比较大。其次，宏观经济形势不乐观。再次，房地产调控与市场主体博弈在时空上具有上下交替和此起彼伏的特点，从而决定存在波动趋势。最后，楼市预期复杂、敏感、多变，楼市"灰犀牛"如影随形地存在。

华房价格指数最新预测预警结果显示：在整体经济趋势没有重大变化和没有重要政策出台的前提下，在 2020 年第四季度到 2021 年第三季度的预测时间段内，受 2020 年第一季度疫情的冲击及月度数据基数变小的影响，2021 年第一季度和第二季度的房价指数（同比）会迅速增高，然后开始下降变为较高速增长，到 2021 年第三季度将维持稳定波动（见图 1–25）。

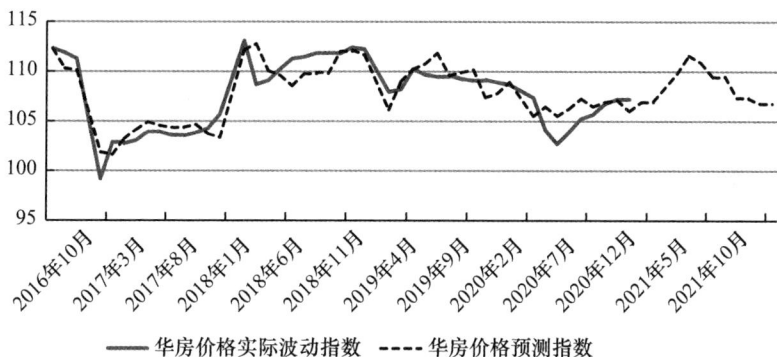

华房价格实际波动指数　----华房价格预测指数

图 1–25　2020 年 9 月预测华房价格指数 2020 年 10 月—2021 年 9 月趋势

资料来源：中国社会科学院城市与竞争力研究中心城市与房地产大数据库。

华房投资指数最新预测预警结果显示：在整体经济趋势没有重大变化和没有重要政策出台的前提下，在 2020 年第四季度到 2021 年第三季度的预测时间段内，全国房地产投资增速在 2021 年第一季度和第二季度会呈现先迅速上升后下降的趋势，到 2021 年第三季度将会趋于稳定（见图 1–26）。

（二）"十四五"时期结构性潜力强劲

从总体上看，长时期住房市场总体过剩，其中结构性过剩将较为严重，但结构性潜力仍然存在。

从时间上看，原来预估的在 2025 年出现住房绝对拐点，即住房销售额绝对量下降，可能会提前。虽然总量可能下降，但是基数较大，住房需求、供给和投资的总量仍然较大。原因：一是城镇住房存量 2025 年可能达到人均 45 平方米。二是预计 2025 年人口总量将出现绝对下降。三是

(%)

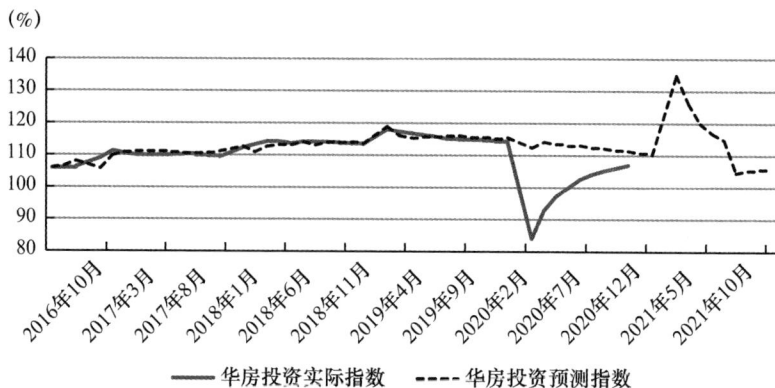

图1-26 华房投资指数预测预警趋势

资料来源：中国社会科学院城市与竞争力研究中心城市与房地产大数据库。

预计2025年常住人口城镇化率将达到66%左右，户籍人口城镇化率将达到51%左右。农村最后一代青年人口大部分将完成进城和购房的目标，新生人口将主要集中在城市，之后农村人口向城市转移将逐步放缓。

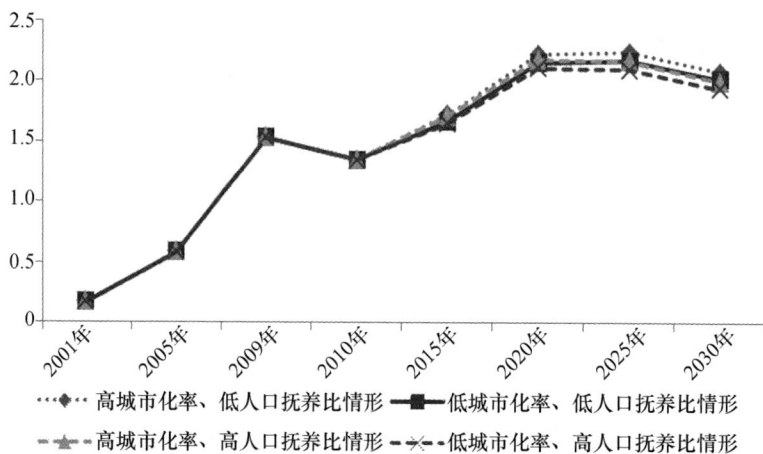

······高城市化率、低人口抚养比情形　　—■—低城市化率、低人口抚养比情形
－▲－高城市化率、高人口抚养比情形　　----高城市化率、高人口抚养比情形

图1-27 城镇住房需求的情景模拟

资料来源：李超、倪鹏飞、万海远《中国住房需求持续高涨起来：基于人口结构视角》，《经济研究》2015年第5期。

从家庭类型上看，虽然高收入家庭住房可能已经出现过剩，但中低收入群体的住房需求，尤其是保障性住房需求要弥补的缺口还很大。新市民的刚需、部分改善性需求和老城改造的重置需求还有较大的潜力。

从空间类型上看，存在四类机会区域：一是人口集中流入的地区，比如大都市圈和城市群的次中心、周边大中小城市和小城镇；二是人口众多、经济发达的二线城市及周边区域城市；三是人口众多、经济发展快速和快速交通沿线的中西部三四线城市；四是拥有独特的环境、文化、旅游、休闲与养老资源的城市。同时，存在四类风险区域：城市群以外的收缩型城市和城镇、资源枯竭城市、欠发达的四五线及以下城镇、边境偏远城市。

从物业类型上看，中国房地产发展将从数量发展转向质量发展：智能、绿色、多功能、品牌化趋势和特征将越来越明显。第一，城市更新过程中的旧房和老区改造。第二，小区房地产服务。第三，智能房地产家居。第四，房地产专业服务。

从风险上看，楼市存在的风险也不容忽视。一些城市的房价过高和另一些城市空置率过高并存，住房市场的结构性矛盾依然存在。

五　对策建议：瞄准五个关键，实施重点突破

"十三五"时期，中国楼市经历了不平凡的发展历程：2016—2017年，楼市创造了局部过热的历史奇迹，并经历了从惊心动魄到转危为安。2018年是中国住房分配货币化改革开启20周年，改革让中国楼市行稳致远。2019年，中国楼市及调控进入中流击水阶段，中央层面保持定力，从容应对。2020年，经历新冠肺炎疫情大流行冲击，楼市前后呈现"V"形变化，并恢复平稳增长，展现了中国住房发展和经济发展的强大韧性、潜能与活力。

站在"十三五"和"十四五"时期的交汇点，面对楼市的机遇与挑战、韧性与潜能、问题和风险，中国楼市调控将具有承上启下的重要意义：迎来曙光再出发。有关楼市调控的系统性政策建议，《中国住房发展报告（2019—2020）——楼市调控：中流击水应从容》已经详细设计，本次报告的建议分为5个方面。

（一）建立体系化和定量化的政策基准以强化精准、有效调控

未来几年处在楼市调控的关键期和机遇期。要紧紧抓住房地产调控的最后机遇窗口期，坚持"房住不炒"的定位，"稳房价、稳地价、稳预期"的目标，"因城施策"的原则，保持房地产调控政策的连续性、一致性和稳定性；将房地产调控上升到国家战略高度、政治高度；坚持持续调控不动摇，绝不能"叶公好龙"，绝不能功亏一篑，绝不能前功尽弃。同时注意调控策略，把握好调控力度和节奏。根据市场环境，向房企、地方政府等相关主体极限施压，倒逼其转型。为了阻止"炒"而不误伤"住"，应在总结长沙等城市成功经验的基础上，制定一套体系化和定量化的政策措施基准，支持考核调控。各城市的政策及力度可以参考基准和围绕基准，进行"因城施策"操作。

第一，定量化各项具体政策目标及力度的有效边界。首先，住房需求政策与监管边界"1250"。将限购扩展至全区，本地单身限购一套，本地家庭有条件限购两套，外地人有条件限购一套。限售时间以 5 年为临界点。住房需求监管零漏洞、零容忍。其次，住房供给政策与监管边界"8310"。新房可用成本 + 税金 + 利润（利润率不高于 8%）测算。商品房的交易价、登记价、评估价"三价合一"。商品住房库存去化周期保持在 1 年左右。住房供应监管零漏洞、零容忍。再次，住房用地政策与监管边界"4410"。价格端是最高地价不超过总房价的 4 成。需求端是每宗地从开发到预售时间不得超过 4 年。供应端是在总量及结构上实际可供土地储备规模应保持在近期 1 年左右土地销售规模。土地监管零漏洞、零容忍。再者，住房金融政策与监管边界"3510"。各金融机构的房地产贷款存量占总贷款存量不高于 3 成。两套及以上首付比例 5 成以上至全款。两套及以上贷款利率基于基准利率上浮 1 成以上。金融监管零漏洞、零容忍。最后，住房税收政策与监管边界"5520"。契税按 5% 顶格征收。5 年内交易全额征收增值税。非唯一住房及唯一住房 5 年内交易按房价 2%（或转让所得20%）顶格征收个人所得税。对疑似炒房征税应做到零遗漏。

第二，合缝化各项政策目标及有效边界的组合。让各种政策目标及力度的有效边界相互之间始终处于无缝密合状态。首先，契合化各项具

体施策与政策边界。各城市具体"因城施策"要与发展环境及城市基本面相契合，以差异化的政策及力度与差别化的发展和背景相契合，达到政策目标所需要的有效边界。其次，闭合化各项政策及有效边界的组合。将各项具体政策的有效边界组合在一起，实现整个限炒政策体系达到单层甚至多层"密封"。再次，最优化各项政策及有效边界的组合。将部分金融和财税政策决策权下放给城市政府，支持城市政府逐步实现由经济手段主导来接替行政性的限炒政策，通过识别并对应炒房程度动态调整首付、贷款利率以及各种税率，既有效地支持住又抑制炒。最后，机制化各项政策及有效边界的联动。将人口流入规模及增速与住房供应、土地供应、信贷规模及增速挂钩。将商品住房价格、库存比例、空置率、人均面积、住房存销比与土地、资金的供应挂钩。将房价涨幅与房地产交易相关税收税率挂钩。实现住房、人口、土地、金融和税收五策的机制化联动。

（二）规划并构建以都市圈为主体的全国住房空间体系

住房空间体系是经济社会及住房体系的重要内容。都市圈、城市群已经是中国城镇化空间发展的主体。大都市圈是地方化住房市场的基本空间单元。在当前住房、公共产品以及建设用地等空间错配加剧的情况下，尤其需要从空间层面规划住房发展的未来。

第一，构建以都市圈为单元和主体的地方和全国住房空间体系。统筹制定都市圈一体化的地方和全国住房发展规划和战略，促进以都市圈为单元的住房市场一体化和统筹发展，并建立以都市圈为单元的地方和全国住房监管与调控体系。要把住房的空间规划纳入国土空间规划中，基于未来人口分布和变化主要向各都市圈、城市群流动的科学预判，配套建立全国住房的都市圈体系。并根据未来可能的需求目标以及现有存量的变化，来确定未来5年甚至15年各类住房供给增量的合理布局。与此同时，建立全国都市圈与非都市圈、都市圈之间住房与人口增减、土地指标增减和住房资金增减的联动机制，保证住房供需在空间上动态匹配。

第二，围绕住房构建以都市圈为主体的公共产品空间体系。建立与住房绑定的、以都市圈为单元的基础设施建设一体化和公共服务均等化制度，将住房供给与公共产品的供给挂钩。给予租购住房家庭在都市圈落户及都市圈内市民均等待遇，同时将公共服务及其设施相对均衡地在都市圈范围内布局，尤其将中心城区的优质公共服务向周边转移和辐射。构建与住房绑定的、以都市圈为单元的全国基础设施和公共服务体系，调整全国性公共产品的空间布局，将全国性功能的重大公共服务与基础设施布局在若干大都市圈，以更加有效地向都市圈及其周边区域和全国的人口提供科技、教育、文化、医疗、交通、信息、能源等方面的公共服务和基础设施。

第三，围绕住房构建以都市圈为主体的建设用地空间体系。建立都市圈内人口、住房与土地指标挂钩的制度，并根据中心城市郊区和周边城市提供新增住房和接纳增量人口的规模，配给相应的增量土地指标。

第四，探索以都市圈为主体的住房、土地、公共产品一体化长效机制。都市圈里边涉及拥有相对独立的财政和经济利益的各个城市，各个行政单位都有相对独立的财政和经济利益。因此，一体化就会涉及利益的损失和获得的问题。应尊重市场主体的最优空间配置选择，按照公平交换的市场原则，将住房与建设用地指标、公共产品供给绑定在一起，以机制化方式予以解决。就土地资源环境供给、基础设施与公共服务供给以及税收分享，签订都市圈的住房、公共服务和土地一体化相关协议。

（三）加快开征房地产税以带动长效机制建设

要从根本上实现"房子是用来住的"，确保房地产稳健发展。务必要按照党中央的战略部署，深化相关基础性制度改革，加快构建稳健发展的长效机制。开征房地产税具有多重意义，应系统谋划并切实推进。建议在一些热点城市和炒房屡禁不止的城市率先加快试点，争取在"十四五"时期开征房地产税。

第一，开征房地产税的总体思路。首先，立法先行，加快立法，让各地政府根据房地产市场的时机征税。其次，充分授权，地方主责。充分授权地方政府根据法律确定总体框架，结合各地发展水平、市场形势等，确定征收的具体时间、税率、税基、起征点、减免以及配套方案。最后，逐步推进，水到渠成。采取渐进策略，从对象、范围、力度和速度等方面，不断扩大和加码。

第二，开征房地产税的总体方案。实行仅对新交易或者过户（包括赠与和继承）的非经营性住房家庭开征房地产税制度，而对拥有存量房但暂不进行交易和过户的住房家庭暂不征收房地产税。

第三，开征房地产税的总体框架。税率可定为 0.5%—3%；税基可定为房产原值一次减除 40%—60% 后的余值；在范围上仅对完全产权的城镇住房进行征收；在起征点上可制定人均面积 40—50 平方米、户均面积 50—60 平方米两个标准；对于老弱病残孤等贫困或者特殊困难家庭，目前拥有较大面积住房的，制定明确政策标准予以减免。对于征收的房地产税；在用途上地方政府仅用于满足教育、治安等公共基础服务。

第四，建立开征房地产税的配套措施。鉴于房地产税收及征管存在的问题，在开征房地产税的同时，要改革税制结构，取消城镇土地使用税和城市维护税（含教育附加税），统一家庭个人与企业单位的经营性房地产税与新开征的房地产税，建立随持有期限累退的所得税征收制度，建立差异化的住房租赁所得税减免制度。

第五，建立开征房地产税的保障措施。房地产税开征不仅涉及利益调整，而且涉及一个强势群体遭受一定损失的利益调整。一方面，开征房地产税的建议已经遭遇到了强烈抵抗，一些代言人要么质疑征税的合理性，要么渲染征税带来的风险性，要么裹挟不明真相的普通居民（事实上普通居民住房拥有都在起征点以下），未来征收房地产税存在遭遇抵抗的可能性；另一方面，一些相关的立法部门和实施部门也存在着畏难情绪。与此同时，还可能会导致市场的过度反应。为此建议：建立房地产税开征的适应性预期，避免房地产税开征引起市场过度恐慌；凝聚开征房地产税的最大共识，明确房地产税对经济转向高质量和可持续发展的重大意义；建立房地产税缴纳的约束机制，不仅对欠缴和不缴纳税款的纳税人做出经济惩罚，而且将其纳入社会信用体系的不良信用名单，使其在一系列社会经济活动中受到一定的限制。

（四）启动实施"租售结合"的新市民安居工程

第一，建立"租售结合"的住房体系。"租售结合"是从宏观层面强调两种方式互相补充，共同解决住房问题。从微观上强调租售转化，即又租又买，或者先租后买，也可以先买后租。其一，自有自住是主体。

尽管个别国家的租赁比例较高，但全球住房自有率提升是总体趋势。我国以自有住房为主体已成为不可逆转的事实。而且"居者有其屋"可以促进"有恒产者有恒心"，对于国家的稳定繁荣具有重要基础作用。其二，租赁住房十分重要。一方面，对于低收入和流动性强的家庭和个人，需要一直的租赁住房满足需求；另一方面，对于年轻家庭和个人，对于新迁徙的家庭和个人，对于有暂时性特殊区位需求的家庭和个人，微观上可能在一定时期需要租赁住房满足需求，但宏观上总有需要租赁住房满足的需求。综合而言，租赁住房主体是需要给予不同程度帮助和支持的群体，对经济社会的包容性发展十分重要。

第二，实施"322"新市民安居工程。城镇化终究是人的城镇化，人的居住和就业是城镇化的核心问题。居住与公共服务权利联系最紧密，在新市民较多的大城市，将其住房解决与大都市圈建设、城市更新结合起来，实施"322"新市民安居工程（或称新安居工程）。首先是三个潜力。"十四五"时期住房的潜力（也即问题和缺口）主要在三个方面：空间潜力（大都市圈外围和城市群的中小城市）、业态潜力（旧房改造、老城更新）、人群潜力（刚需和改善型需求）。这三个潜力的主体和重点是新市民，即农民工和新就业年轻人口。其次是两个空间。将这三个潜力（问题和缺口）结合起来就落在两个空间，即大都市周边和城市主城区内。一方面，在大城市中心城区周边的都市圈的范围内，通过一定的政策优惠建设和收购符合安居工程标准的住房，用于新市民租购，同时配套和完善相关的基础设施和公共服务；另一方面，将旧房改造和老城更新与新市民租购结合起来，充分利用城中村产生的新的存量房进行出租。在上述两个空间，均可职住一体化地解决新市民住房问题。最后是两种形式，即购买和租赁。有鉴于前述理由，笔者认为对于新市民购房是主体，但是短期内租房十分重要。有关购买住房，各地可以借鉴之前安居工程及棚户区改造的经验模式。无论租售都应结合落户条件的情况，在稳定就业创业、税收、社保缴纳的连续性方面制定合理门槛标准和轮候制度。

第三，重点健全新市民租赁住房体系。保障性租赁房是新市民的落脚地，健全体系尤为重要。首先，开辟四条房源，存量租赁为主。通过建、购、储、认四个渠道解决租赁住房来源。对于保障性租赁住房，建设一批公租房很有必要，但是大规模建设存在困难，没有必要。鉴于目前空置存量住房已经较多，建议主要通过购买旧房作为公租房出租、收储社会闲散房源配租，以及让保障对象从市场上租赁由保障部门认可并补贴租金的住房。其次，构建两大平台，健全市场体系。目前住房租赁市场存在各种乱象，主要是信息不对称和监管不严导致。互联网平台技术和电商模式为解决这一问题提供了条件和思路。应利用这一技术和模式，加快构建租赁住房在线信息和交易平台，同时建立与之相连接的政府交易合同备案和交易监管平台，尝试探索出租和承租家庭直接交易模式。再次，促进租售同权，保护供需权利。新市民为城市做出了贡献，理应获得均等的公共服务，让租购住房在享受公共服务上具有同等权利。与此同时，还应加快完善法规条例，保护承租人的租赁权或对租赁房屋的使用权。最后，支持公司经营，反对市场垄断。建立专业化和规模化的租赁公司，开展收储和自持住房经营。从理论上看，将有利于降低成本、提高效率以及便于监管。但近年来出现资本驱动，一些公司通过大规模收储垄断市场进而提高房租，同时不断的"模式创新"潜藏和已经暴露了严重的风险。因此，政府应完善市场和金融监管，支持企业发展的同时要反对市场垄断。

第四，完善保障性租购住房的保障机制。安居工程的租房和购房由于存在保障性质，要实现租售价格低于市场价格，需要对土地、基础设施甚至公共服务进行公益投入。需要在全市甚至都市圈的背景下进行统筹，充分考虑相关各单位、各部门、各区镇的投入和损失，建立成本分摊和损失补偿的机制，让参与各方共同分担成本、合理补偿损失，从而调动各地区、各部门的积极性，进而使租购住房供给与需求在空间、品类、配套、服务等方面实现匹配。

（五）探索建立以住房公积金为主体的政策性住房金融体系

应针对解决现实问题之急和顺应未来发展之需，借鉴国际经验，通过"一举三得"住房公积金制度的改革，完善政策性住房金融体系。

第一，改革现行的住房公积金基础制度，构建完善住房公积金基础制度体系。建立基于工资收入的职工缴交与单位补贴反向相关的制度，以保证制度的保障性、均衡性和公平性。尽快完善住房公积金异地存取和转移接续制度，实现住房公积金管理中心的全国联网。尽快建立不同机构、地区和期限的住房公积金有偿借用机制，加快扩大住房公积金缴交制度在单位和个人中的覆盖面，完善住房公积金的收益分配制度。

第二，改建住房公积金管理体制，建立政策性住房金融融资机构。鉴于目前的管理体制给住房公积金带来诸多的限制和积弊，建议进行体制再造。调整住房公积金管理委员、住房公积金管理中心及商业银行的关系，建立以住房公积金业务为基础的政策性住房金融机构，即全国公积金银行股份集团公司。具体思路如下：改革住房公积金管理中心为住房公积金银行，构建并明确界定住房公积金银行多元化的股权结构，将原来委托给商业银行的金融业务回归给住房公积金银行，建立并逐步完善对住房公积金银行的双重监管制度，建立全国住房公积金银行协会和住房公积金银行界市场。

第三，以住房公积金为主体框架，建立政策性住房金融体系。塑造政策性住房金融的五个主体：各地政府的保障性住房管理中心，中低收入居民（包括住房公积金缴交和非缴交职工），住房公积金银行及其他政策性、互助性金融机构，政策性抵押贷款担保和保险机构，住房抵押贷款证券的机构投资者；健全政策性住房金融的三个市场：住房公积金等政策性住房融资的一级市场、住房公积金等抵押贷款证券化的二级市场和住房公积金贷款及证券化的抵押保险市场。尽管住房公积金缴交是政策性住房金融的重要来源，但是考虑到包括非缴交职工在内的保障性住房开发和租购的资金需求量大，仅有的住房公积金存量和流量可能难以满足"应保尽保"。因此，政策性住房金融需要借助市场并利用住房公积金银行放大其保障功能。应重点突破以下几点：拓展住房公积金银行的服务功能和服务范围，建立政策性住房抵押贷款担保和保险公司，健全和充实各地住房保障管理中心开发和运营保障房的融资功能，探索多种补充性的政策性住房金融工具。

第二部分 宏观背景报告

第 二 章

世界经济与住房市场形势分析与预测[①]

郭宏宇

2019—2020 年，新冠肺炎疫情对全球经济造成了巨大且持续的冲击，本已趋向低迷的全球经济在疫情的冲击之下极度低迷。除中国之外，主要经济体的经济增速转为负值。总的来看，其影响已经可以和 2008 年的国际金融危机相提并论。但是，新冠肺炎疫情的冲击和 2008 年的国际金融危机存在巨大的区别，此次危机直接作用于实体经济，进而扩散至整个经济体系，而不是在金融领域发生并扩散。其结果是实体经济受到非常明显的冲击，而主要发达经济体的金融市场却因货币政策的跟进而出现了较为明显的反弹。总的来看，全球经济步入经济周期低谷，疫情则进一步加剧并延长了经济低谷。实体经济与金融市场的背离使得全球住房市场在短期内并未受到抑制，其调整主要是地域结构上的，因实体经济的下挫而影响到全球主要贸易通道上的住房市场，发达经济体的住房市场则得益于宽松的货币政策。预计 2020—2021 年，新冠肺炎疫情并不会因疫苗的出现而迅速退却，全球经济仍将继续低迷，但低迷的幅度会有所收窄。全球住房市场则因处于住房市场周期的上升阶段和货币政策的扩张而进一步发展，尤其是主要发达经济体的住房市场会呈现较强的上升势头，但是全球主要贸易通道上的住房市场则会因全球实体经济的持续下挫而继续低迷。中国对全球住房市场的影响，更多地体现在全球实体经济的唯一引擎上，对主要贸易伙伴的住房市场起到较强的拉动作用。

[①] 如非特别说明，本章有关中国的表述仅限大陆地区，不含香港、澳门和台湾地区。

一 2019—2020 年全球经济与住房市场形势分析

（一）全球经济形势：金融危机余波、经济周期低谷与新冠肺炎疫情三座大山

2019—2020 年的全球经济面临百年未有的特大冲击，按照国际货币基金组织（IMF）的预测，2020 年的全球经济增速很可能降至 −4.67%，与之相比，2009 年的全球经济增速仅下滑至 −1.99%，其冲击强度可想而知（见表 2 −1）。2020 年的全球经济巨幅下滑是三个冲击叠加的结果。一是 2008 年国际金融危机的余波。尽管人们认为金融危机已经结束，但是全球经济始终未能恢复较高的增速。2011—2019 年，全球经济的反弹屡屡受挫，无论是国际货币基金组织还是世界银行的统计口径显示，经济短周期繁荣阶段的增速都大幅落后于金融危机之前的局部峰值。这表明 2008 年国际金融危机对全球经济呈现长期影响，其余波持续存在。二是全球经济短周期的低谷。在经历 2017 年的局部峰值之后，全球经济已经在 2018—2019 年持续下滑，2020 年正位于 4 年左右的经济短周期的低谷位置。三是新冠肺炎疫情的影响。发达经济体对疫情的漠视最终造成了新冠肺炎疫情在全球范围的大流行，使得疫情从局部风险扩大为全球范围的系统性风险。

表 2 −1　　　　　2000—2020 年部分年度的世界 GDP 增长率　　　（单位：%）

	2000 年	2004 年	2006 年	2009 年	2010 年	2012 年	2017 年	2018 年	2019 年	2020 年
IMF 数据	4.22	4.03	3.98	−1.99	4.13	2.48	3.30	3.07	2.42	−4.67
世界银行数据	4.39	4.41	4.38	−1.67	4.30	2.52	3.26	3.04	2.48	—

注：（1）基于不变价与市场汇率计算，与之前年份相比有所调整；（2）IMF 发布的 2020 年经济增速为预测值。

资料来源：IMF 网站（World Economic Outlook）、世界银行网站（World Development Indicators）。

新冠肺炎疫情的冲击直接作用于实体经济，无论发达经济体还是发展中经济体都难以独善其身。除亚洲和非洲的部分新兴经济体和发展中

经济体之外，全球各个经济体的经济增速呈现负值。全球主要经济体中，仅中国保持正增速增长。[①] 疫情对经济的冲击与疫情传播有着不同的模式。疫情的传播是从若干散点扩散；疫情的经济冲击则是直接阻断了商品流通的渠道，从而同时作用于产业链条的各个环节。因此，尽管新冠肺炎疫情的传播大致集中在美国和欧洲，但是其经济影响却迅速传导到新兴和发展中经济体，使得新兴和发展中经济体的经济增速下滑幅度远远大于2008 年国际球金融危机时的下滑幅度，并且其下滑幅度与发达经济体相近，而不是像 2008 年国际金融危机时那样有较大差异（见图 2－1）。

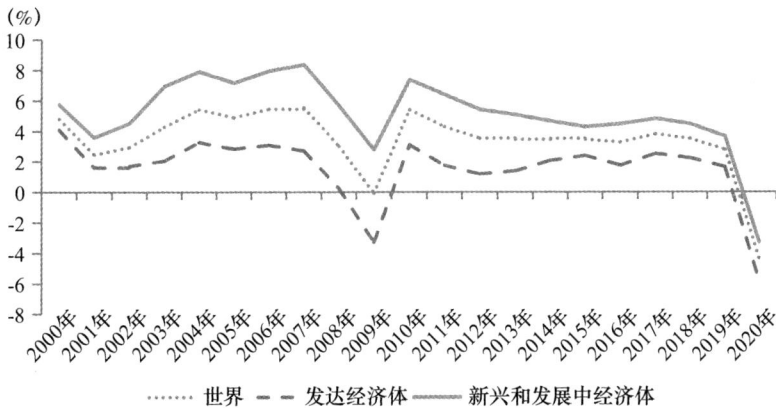

图 2－1　全球 GDP 年度增长率对比

注：（1）基于不变价和购买力平价计算；（2）2020 年经济增速为预测值。

资料来源：IMF：World Economic Outlook Database，October 2020。

　　在主要的新兴和发展中经济体中，中国有着与其他经济体截然不同的走势。尽管在 2020 年第一季度，作为新兴和发展中经济体代表的金砖国家普遍出现经济增速的断崖式下跌，但是到 2020 年第二季度，中国的经济增速便显著回升，其他金砖国家的经济增速则仍然下降（见图 2－2）。中国经济的这一走势更接近于主要发达经济体，表明在新冠肺炎疫情之下，中国的经济与主要发达经济体呈现出更紧密的联系。

　　在新冠肺炎疫情之下，主要发达经济体的经济走势极为相似，均在

---

① IMF，"World Economic Outlook：A Long and Difficult Ascent"，October，2020.

(%)

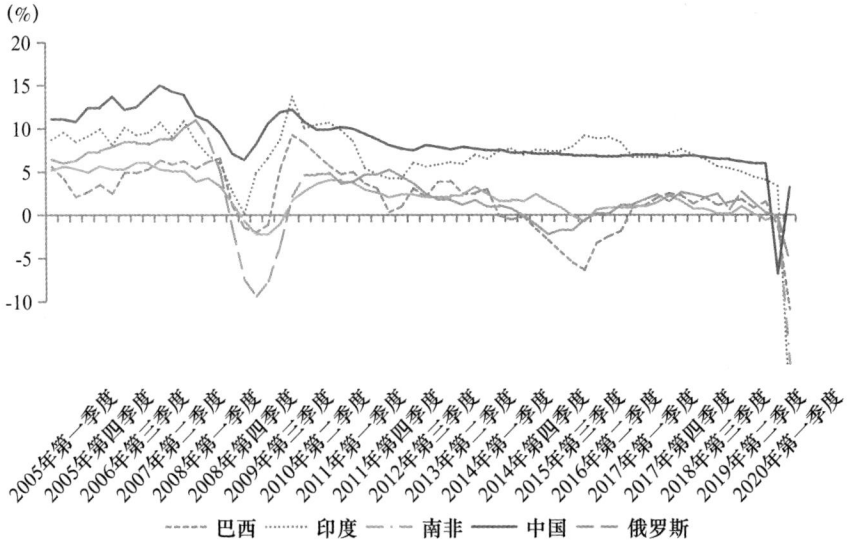

图 2-2 金砖国家国内生产总值季度增长率

资料来源：OECD 网站。

2020 年第三季度出现反转。尽管经济增速仍然为负，但是已经出现明显的回升趋势。经济增速的这一反转变化与中国相似，但是滞后了一个季度（见图 2-3）。与 2008—2009 年相对照，可以发现发达经济体的经济增速在危机期间总是有着相近的走势，不再呈现分化，发达经济体的宏

(%)

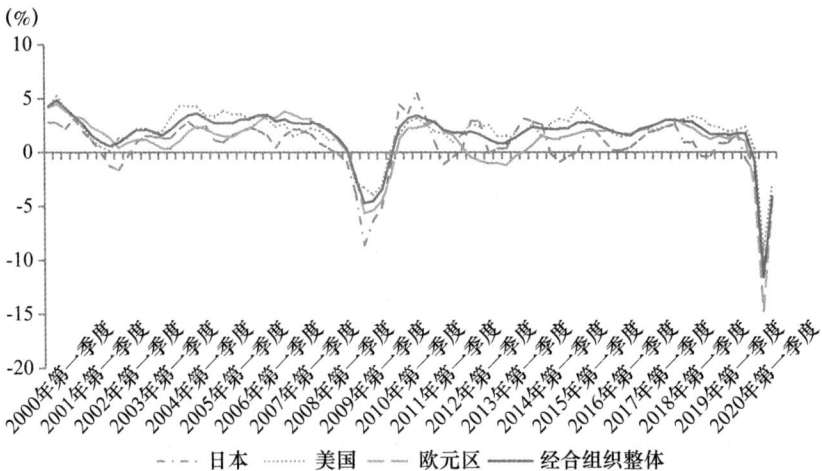

图 2-3 主要发达经济体国内生产总值季度增长率

资料来源：OECD 网站。

观政策也将逐步趋同。

总体来看，新冠肺炎疫情与金融危机余波、经济周期低谷相叠加，对全球经济造成百年未有的冲击。在冲击之下，发达经济体与新兴经济体的差距将进一步扩大。但是，全球产业链也会进一步向主要经济体集中。中国与发达经济体之间的经济联系则会变得更加紧密。

2019—2020 年，全球物价水平延续既有的走势，新冠肺炎疫情所带来的货币扩张并未产生明显的通货膨胀压力。对新兴和发展中经济体而言，通货膨胀水平仍处于相对高位，但低于 2008 年金融危机之前的水平，并且预测 2020 年的通货膨胀水平还略有回调。对发达经济体而言，通货膨胀水平明显下降，但是仍延续 2008 年金融危机以来的波动模式，新冠肺炎疫情带来的冲击并不明显（见图 2 - 4）。这意味着全球通货膨胀仍然更多地由新兴和发展中经济体承受，也说明新冠肺炎疫情对全球的价格体系并未造成大的影响。

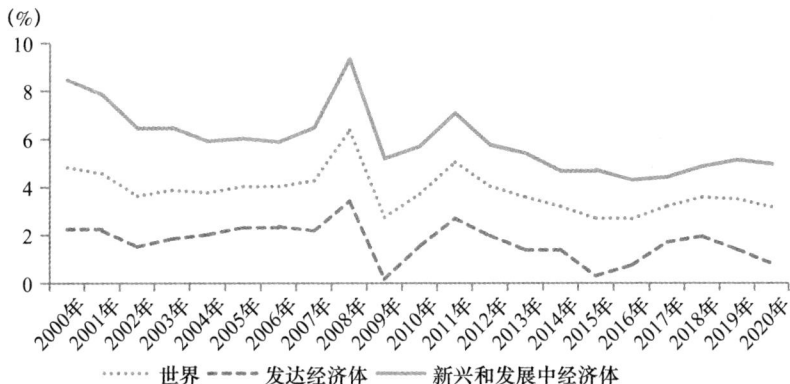

图 2 - 4 各类经济体消费价格指数增长对比

注：2020 年数据为 IMF 给出的估计值。

资料来源：IMF：World Economic Outlook Database，October 2020。

发达经济体的物价走势在 2020 年出现分化。在此之前，尽管幅度大小有所差异，但是主要发达经济体的物价走势大体一致。从 2020 年下半年开始，日本、美国与欧洲地区的物价走势开始出现明显背离：日本、美国的消费价格指数增速持续下降，英国与欧元区的消费价格指数增速则显著回升（见图 2 - 5）。

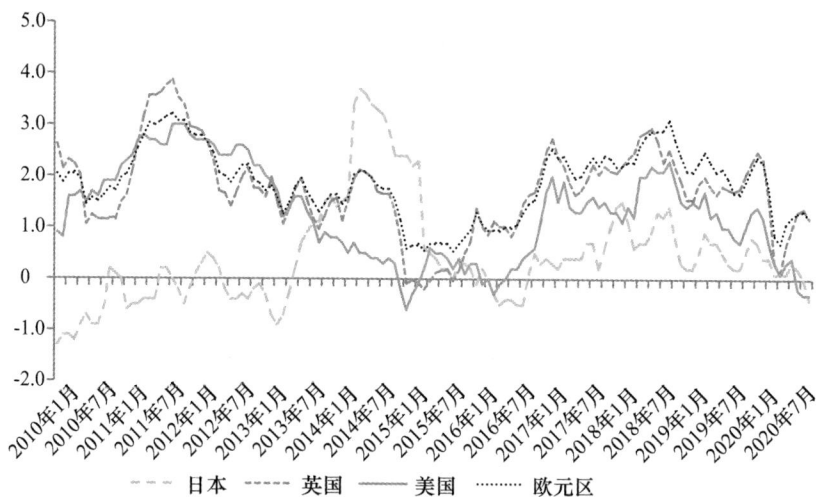

图2-5 主要发达经济体消费价格指数同比增长

资料来源：OECD网站。

新兴经济体的物价走势逐步趋同。在金砖国家中，中国、巴西和南非的消费价格指数增速在2019—2020年有着非常相似的走势，印度也有相似的走势，但是幅度大于以上三个经济体，俄罗斯的消费价格指数增速走势则在2020年下半年开始和其他金砖国家趋同（见图2-6）。但是，

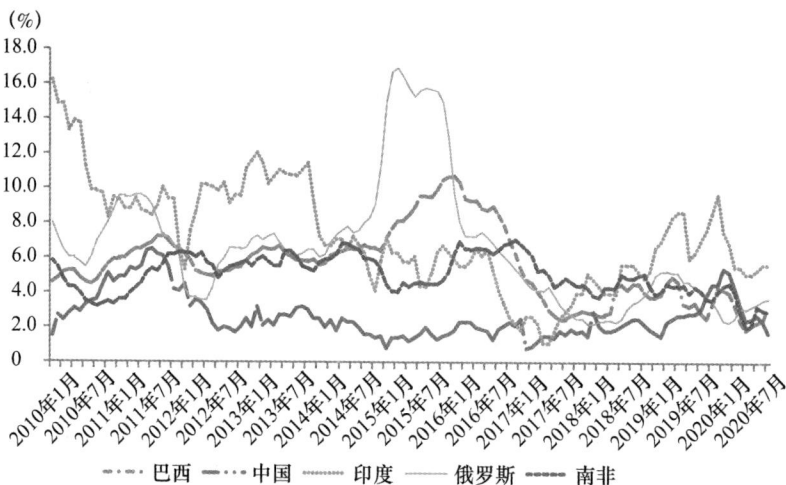

图2-6 金砖国家消费价格指数同比增长

资料来源：OECD网站。

相对于其他金砖国家，俄罗斯和印度承担着更大的通货膨胀压力。

新冠肺炎疫情直接作用于实体经济，对就业有着巨大的冲击。但是，发达经济体所受的冲击更为显著，核心发达经济体（G7）的失业率在2020年4月一度超过9%，以金砖国家为代表的新兴经济体失业率则仅仅小幅上升。这表明对于当前的全球经济，发达经济体的实体经济脆弱性要高于代表性的新兴经济体。

2020年4—5月，核心发达经济体（G7）的失业率甚至高于发达经济体的平均水平。之后，就业开始回升，但是截至2020年10月，其失业率仍处于较高水平，与2014—2015年大体相当（见图2－7）。总体来看，核心发达经济体受到的冲击较大，但是其恢复能力也高于一般的发达经济体。

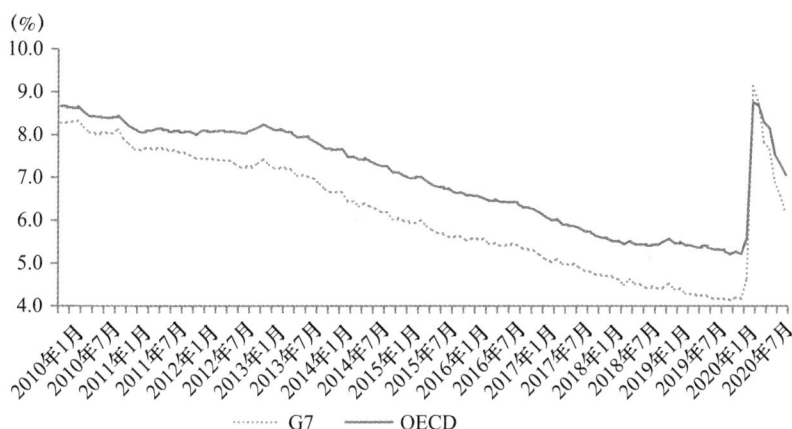

图 2 － 7　OECD 国家整体与 G7 的月平均失业率对比

资料来源：OECD 网站。

新兴和发展中经济体之间差异巨大，其就业水平与变动趋势也差异巨大。在新冠肺炎疫情的冲击之下，虽然主要新兴经济体的就业水平大多未出现大幅度变化，但是仍有一些新兴经济体（如南非）失业率大幅攀升（见图2－8）。这一差异体现出"经济依附"与"经济联系"之间的差别。经济依附性较强的经济体，在发达经济体的失业率大幅攀升时，其失业率也随之大幅攀升；如果自身有较强的增长动力甚至内部需求，其就业就具有较强的自我调节能力，即使发达经济体的失业率大幅攀升，其仍然可以将自身的失业率压至较低的水平。

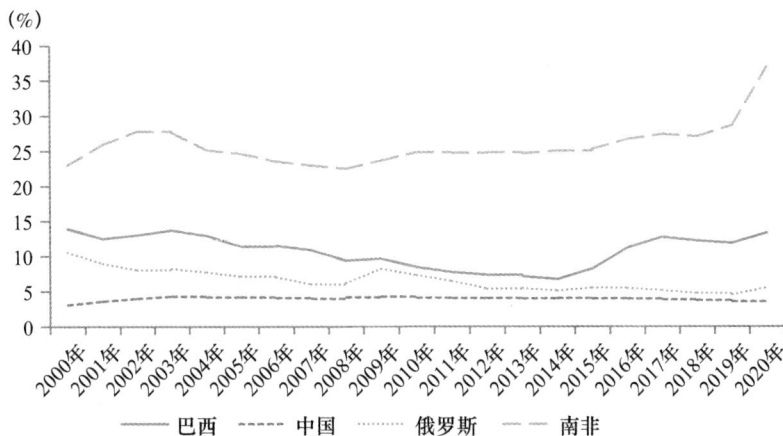

图2-8 巴西、中国、俄罗斯与南非的年平均失业率

注：2020年的数据为IMF的预计值。

资料来源：IMF网站。

新冠肺炎疫情对实体经济造成的冲击直接体现在国际贸易上。2019—2020年，全球贸易大幅下降。部分经济体的贸易降幅甚至大于2008年国际金融危机时期。与2008年国际金融危机不同的是新冠肺炎疫情对贸易冲击的时间窗口较短，并且各经济体的贸易降幅差异较大（见图2-9、图2-10）。这表明新冠肺炎疫情对全球实体经济的冲击存在结构上的差异，并且全球贸易的恢复是比较快的。

新冠肺炎疫情进一步抑制了跨国投资行为，导致2020年全球资本流动急剧下降。根据联合国贸易和发展会议发布的《2020年世界投资报告》，2019年的全球外国直接投资（FDI）流量小幅增长3%。虽然幅度很小，但是连续三年的全球FDI下降趋势已经得到扭转。全球FDI的这一回升趋势在2020年被彻底打断，根据联合国贸易和发展会议发布的《2020年世界投资报告》，2020年全球FDI流量降幅将接近40%。全球FDI能否继续回升，更多地取决于新冠肺炎疫情是否能在短期结束。对全球FDI而言，新冠肺炎疫情后续发展的不同态势对其有着不同的影响。

(%)

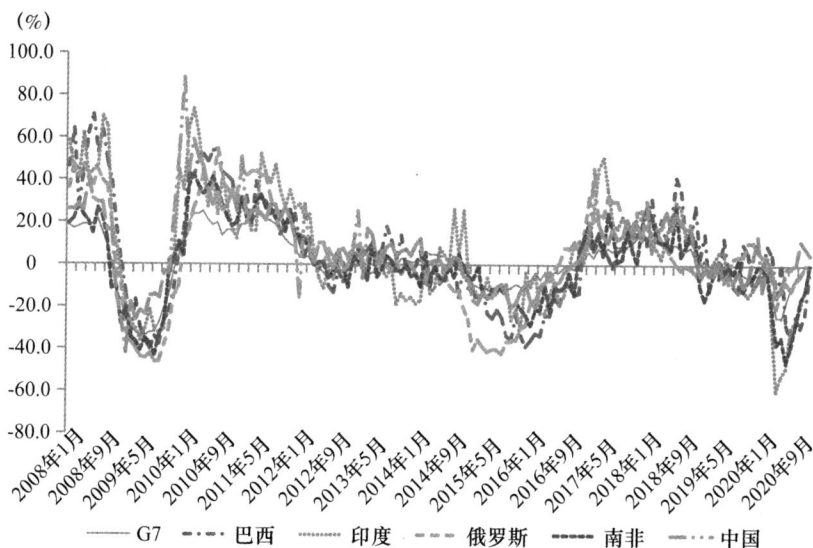

图 2 - 9　金砖国家与 G7 进口额月度同比增长对比

资料来源：OECD 网站。

(%)

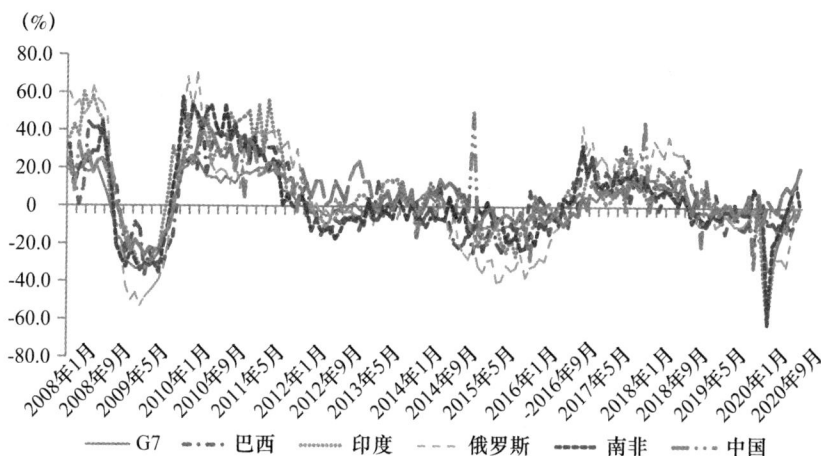

图 2 - 10　金砖国家与 G7 出口额月度同比增长对比

资料来源：OECD 网站。

如果在短期内结束，那么疫情仍可视为对全球经济的短期冲击，只不过造成当前国际生产体系变革的延续。但是如果疫情长期持续至固定资产的更新决策周期，那么新的固定资产投资决策将不得不针对疫情作出适应性调整，从而导致更大规模的投资需求。在疫情全球范围大流行的背景之下，脱离国际分工体系对于隔绝疫情并没有很大的意义，更有价值的是将疫情控制的国际协作融入国际生产体系变革之中，其影响将具有长期性，并带来跨国投资的更大需求。

疫情之下，发达经济体不得不大规模刺激经济，导致更大规模的货币扩张。其中，美国的利率水平急转直下，接近零利率，日本与欧元区则继续维持极低的利率水平与负利率（见图 2－11）。极低的利率水平降低了发达经济体对资本的吸引力，也是导致全球资本流动在 2020 年急剧下降的直接原因之一。

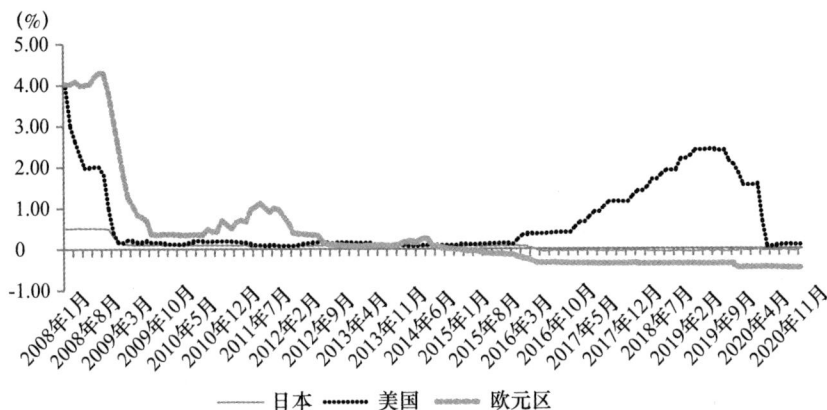

图 2－11　日本、美国、欧元区的基准利率

注：利率为银行间市场隔夜拆借利率，其中欧元区为隔夜拆借利率平均指数。

资料来源：OECD 网站。

新兴和发展中经济体的利率水平也在 2019—2020 年呈下降趋势，与发达经济体的利差显著降低，降低了对资本的吸引力。这是新兴经济体对发达经济体的货币扩张政策进行跟随的结果。但是，金砖国家的利率水平大致以中国的利率水平为底线（见图 2－12）。对此的解释是中国作为新兴经济体中国别风险最低的经济体，如果其他新兴经济体的利率水平低于中国，那么在全球范围的资本流入竞争中将无法覆盖国别风险所要求的风险回报。

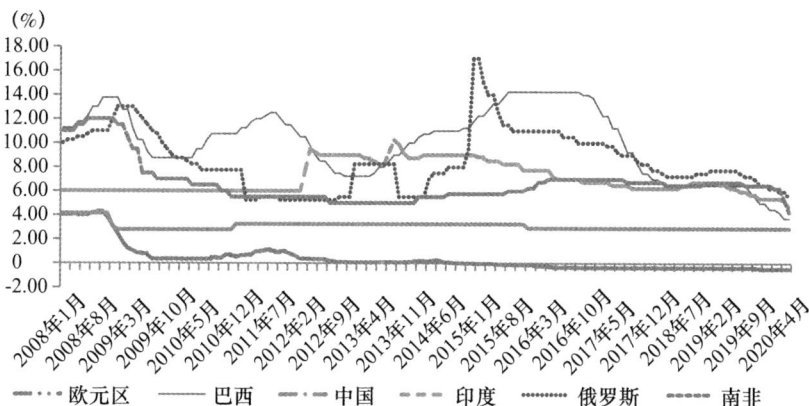

图 2 - 12　金砖国家与欧元区的基准利率对比

注：巴西为联邦基金利率，中国为央行贴现率，印度为央行贴现率，俄罗斯为联邦再融资利率，南非为贴现率。

资料来源：OECD 网站。

总体来看，2019—2020 年的全球经济发展趋势主要受新冠肺炎疫情的冲击，这一冲击直接作用于实体经济，其传导速度甚至大于国际金融危机时期。是否具有长期影响则取决于新冠肺炎疫情在 2021 年能否得到控制。如果未能有效遏制疫情，那么当前国际生产体系的变革可能进一步加剧。

（二）全球住房市场形势：疫情不改大势，重心移向欧美

2019—2020 年，全球住房市场最令人感到意外的是几乎未受到疫情的大幅冲击，部分发达经济体的住房市场甚至直接扭转了颓势。按照全球住房市场 3—4 年的周期，2019—2020 年的全球住房市场正处于局部低谷期，并开始步入回升阶段。与之前的短周期相比，此次短周期低谷阶段的全球房价增速并没有非常明显的下挫，表明全球住房市场已经基本走出 2008 年国际金融危机的影响，进入较平稳的时期。2020 年的新冠肺炎疫情在短期内没有对全球住房市场的回升趋势产生冲击，莱坊（Knight Frank）全球房价指数显示，全球住房价格在 2020 年上半年仍有较高的增长率，高于近十年以来的平均水平（见图 2 - 13）。

欧美发达经济体成为此轮短周期中住房市场回升的双中心，并且欧

(%)

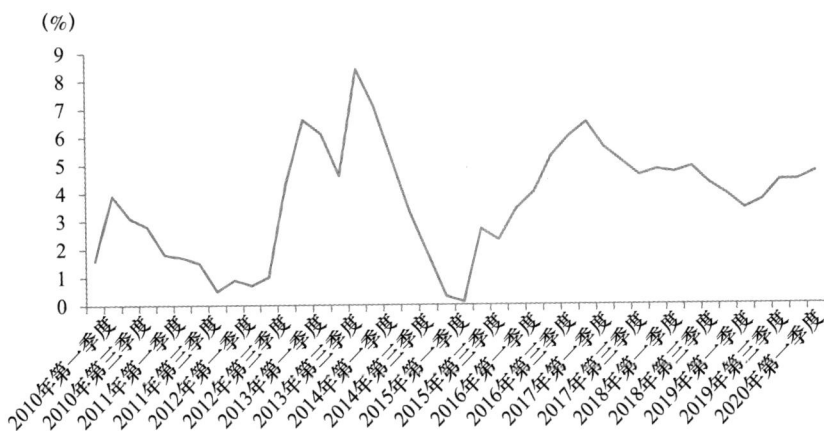

图 2-13 全球房价季度同比增长率

注：全球房价取莱坊（Knight Frank）全球房价指数。

资料来源：Knight Frank Residential Research。

洲住房市场的回升趋势更为显著。分区域来看，西欧、中欧、东欧、北欧的住房市场均有较高的增速，南欧则整体低迷，只有希腊等国家在度过债务危机之后重拾较快的上升势头。美洲的住房市场则呈现南、北美的巨大差别，北美洲的住房市场普遍繁荣，南美洲的住房市场则非常低迷。大洋洲的住房市场虽然在 2019 年非常繁荣，但是在 2020 年步入低迷，尤以澳大利亚的住房市场下挫更为显著。亚洲地区的住房市场普遍低迷，除日本住房市场保持持续增长以及中亚部分国家取得意料之外的大幅上涨之外，大部分国家和地区呈低迷状态，其中，中国香港地区和印度的房价下挫更具有代表性（见表 2-2）。

表 2-2　　　　　**世界各大洲典型国家和地区的房价变动趋势**　　　　（单位：%）

区域		国家/地区	季度同比增长率		季度环比增长率
			2020 年第二季度	2019 年第二季度	2020 年第二季度
美洲	北美	加拿大	5.9	0.5	3.2
		美 国	4.5	3.1	1.3
		墨西哥	5.8	9.2	1.2
	南美	巴 西	0.8	0.2	0.6

续表

区域		国家/地区	季度同比增长率		季度环比增长率
			2020 年第二季度	2019 年第二季度	2020 年第二季度
欧洲	北欧	瑞　典	5.2	0.2	1.5
		挪　威	2.3	2.1	3.2
		冰　岛	6.7	2.0	1.5
	中欧	德　国	6.8	5.0	0.3
		奥地利	5.2	7.3	3.0
	西欧	英　国	3.5	0.9	1.4
		法　国	5.0	3.0	1.9
	南欧	意大利	1.7	-0.8	0.9
		西班牙	0.3	4.4	-0.8
		希　腊	6.9	3.9	2.0
	东欧	俄罗斯	8.1	6.9	1.4
亚洲	东亚	中国	4.9	10.9	1.5
		中国香港	-2.8	2.7	1.6
		韩　国	1.3	3.2	0.5
		日　本	3.7	4.3	4.1
	中亚	土耳其	25.7	1.7	11.2
	东南亚	马来西亚	1.8	1.3	-0.3
		印度尼西亚	1.6	1.5	0.3
		新加坡	0.4	1.4	0.4
	南亚	印　度	-1.9	7.7	-1.6
大洋洲		新西兰	9.1	4.9	-4.1
		澳大利亚	6.1	-0.6	-2.0
非洲		南　非	0.7	4.0	0.7

注：法国、德国、希腊、意大利、日本、西班牙、瑞典、英国、美国为 2020 年第一季度数据，马来西亚为 2019 年第四季度数据。

资料来源：Knight Frank 2020 年第二季度全球房产价格指数研究报告。

　　欧洲住房市场的繁荣集中体现在德国、法国和英国这三个核心经济体。德国的住房市场呈现长期繁荣趋势，在 2008 年国际金融危机之后，住房价格指数保持着不断增长的势头。在之前年度报告中，我们已经强调了移民、租金管制政策和货币政策扩张对住房市场长期繁荣的推动作用。2020 年,更加值得注意的是住房市场并未受到新冠肺炎疫情的冲击。住房市场价格指数的短期回调发生在 2019 年前三个季度,从 2019 年第四季度开始,德国的住房市场价格指数增速便持续上升,并且在 2020 年未被愈演愈烈的新冠肺炎疫情打断。这意味着德国的住房市场价格在新冠肺炎疫情之下仍保持加速增长态势(见图 2 – 14)。法国住房市场的发展呈阶梯特征,其住房价格分别经历了 2013—2015 年的低迷期和 2017—2019 年的稳定低速增长期,从 2019 年第四季度开始,出现和德国住房市场相类似的加速增长趋势(见图 2 – 15)。住房市场变化最大的是英国。2014—2019 年,英国住房市场价格增速持续下降,但是在 2019 年第四季度之后,住房市场价格增速持续上升(见图 2 – 16)。由于德国、法国和英国的住房价格加速上升阶段均发生在 2020 年疫情之后,所以可以认为新冠肺炎疫情不但未冲击欧洲主要经济体的住房市场,反而成为住房市场的助推器。新冠肺炎疫情之所以未对欧洲住房市场产生冲击,有以下两个原因:一是西方发达经济体倾向于将新冠肺炎疫情视为经济的短期冲击,而住房市场的供给与需求均属于长期决策,使得新冠肺炎疫情的影响被忽视;二是新冠肺炎疫情导致国际资本流动放缓,而各经济体的货币扩张政策又向宏观经济中注入大量资金,这些资金涌入住房市场,推动住房市场价格的快速攀升。

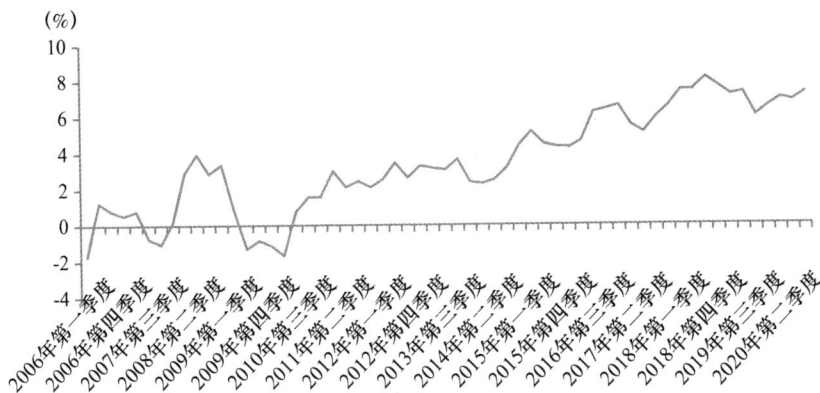

图 2 – 14 住房价格指数季度同比增长率

资料来源:http://sdw. ecb. europa. eu。

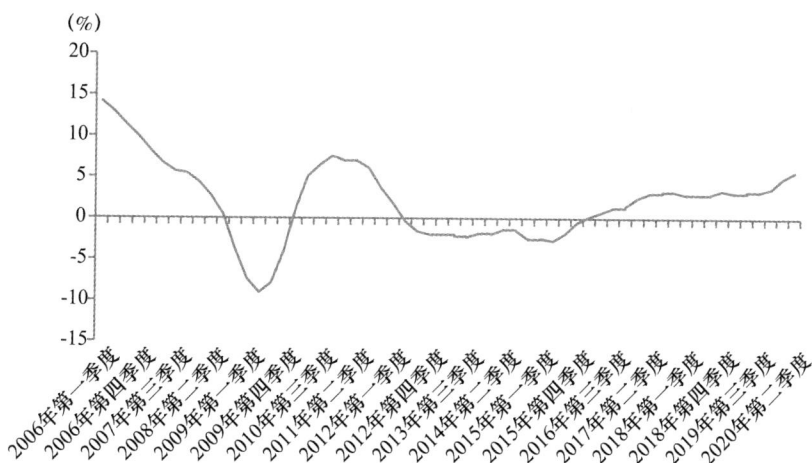

(%)

图 2－15　法国住房价格指数季度同比增长率

资料来源：http：//sdw. ecb. europa. eu。

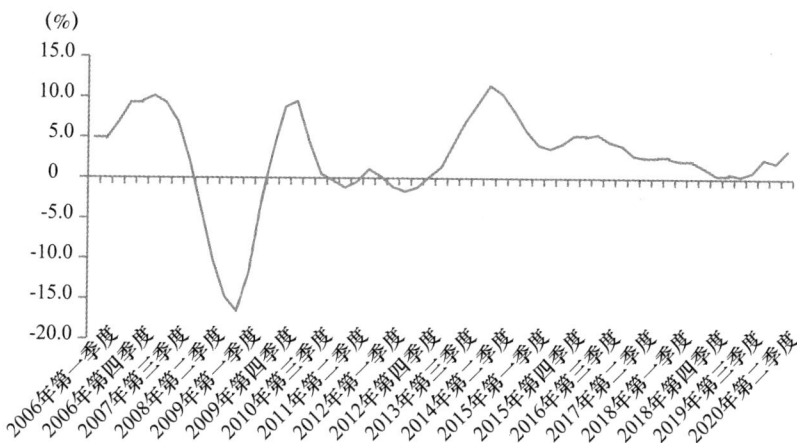

(%)

图 2－16　英国住房价格指数季度同比增长率

资料来源：https：//www. nationwide. co. uk/。

　　北美住房市场同样在新冠肺炎疫情的冲击之下快速增长。2014 年以来，美国住房市场价格增速的波动远小于 2008 年国际金融危机时期，保持着大致稳定的增速，直至 2019 年开始出现长期波动特征。但是这一波动特征被新冠肺炎疫情打断，从 2020 年 6 月开始，美国的住房市场价格增速急剧上升，截至 2020 年 9 月，其急剧上升趋势仍然持续，并达到

2008 年国际金融危机以来的月度同比增速最高点（见图 2 – 17）。与之相似，加拿大住房市场价格增速在 2019 年 4 月触底之后回升，并且在 2020 年保持快速回升的态势，仅在 2020 年 7 月略有回调（见图 2 – 18）。北美住房市场的发展同样表明，新冠肺炎疫情不但未能抑制住房市场的发展，反而对住房市场的发展有巨大的推动。与欧洲市场相似，这同样是疫情导致的宽松货币政策大量注入资金，而资本又难以在疫情之下大量向境外转移的结果。

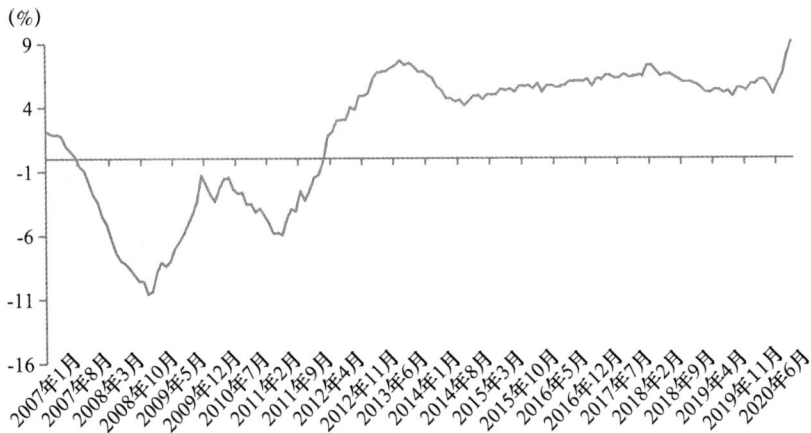

图 2 – 17 美国住房价格指数月度同比增长率

注：房屋购买价格指数（purchase-only index），经季节调整。

资料来源：FHFA 网站。

亚洲住房市场与欧美发达经济体有着完全不同的走势。除日本与部分中亚经济体之外，大多数亚洲经济体的住房市场处于低迷状态。由于亚洲的多数经济体依赖于国际资本流入，所以在新冠肺炎疫情期间，住房市场因缺乏资金支持而处于非常低的增速。印度住房市场整体处于低迷状态，从 2017 年第二季度开始，印度住房市场的增速一改之前的周期起伏模式，进入持续下降趋势（见图 2 – 19）。印度住房市场的低迷可以视为"废钞"政策以来高度不确定的货币政策的结果，使得资金缺少进入住房市场这一流动性较差市场的动力。国际资本对住房市场的排斥经历了较长时期，所以 2020 年新冠肺炎疫情导致的国际资本流动放缓并未对印度住房市场造成显著冲击，其住房市场价格增速仍在较低水平徘徊。

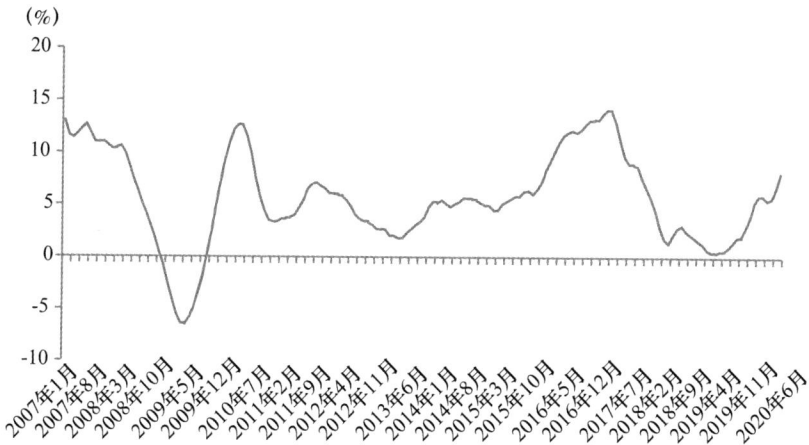

图 2 - 18　加拿大 11 城市综合住房价格指数月度同比增长率

资料来源：http：//housepriceindex. ca/Default. aspx。

日本的住房市场则与欧美相似，在新冠肺炎疫情的冲击之下反而上升，并在 2020 年 5 月达到局部峰值。① 从 12 个月移动平均得出的长期趋势来

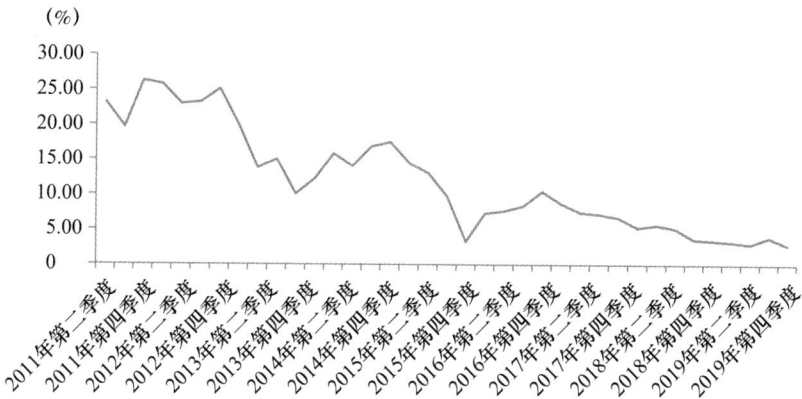

图 2 - 19　印度住房价格指数季度同比增长率

注：2020 年第二季度为初步统计数。

资料来源：印度统计局网站 https：//dbie. rbi. org. in/。

————————

① 2020 年 1 月，日本的住房市场价格月度同比增速达到 55.2% 。但是，这一增速在新冠肺炎疫情全球暴发之前，与新冠肺炎疫情没有直接关联。

看，日本的住房市场价格增速在新冠肺炎疫情暴发之后维持着上升趋势（见图2-20）。中国香港地区作为全球住房市场的传统焦点，自2019年以来便处于低迷状态。这一低迷状态不同于之前中国香港住房市场的历次短周期低谷，呈现较长期的持续特征（见图2-21）。这意味着中国香港地区的住房市场已经进入新的发展阶段，并且在境外势力的持续破坏之下，很难在短期内恢复之前的高涨状态。

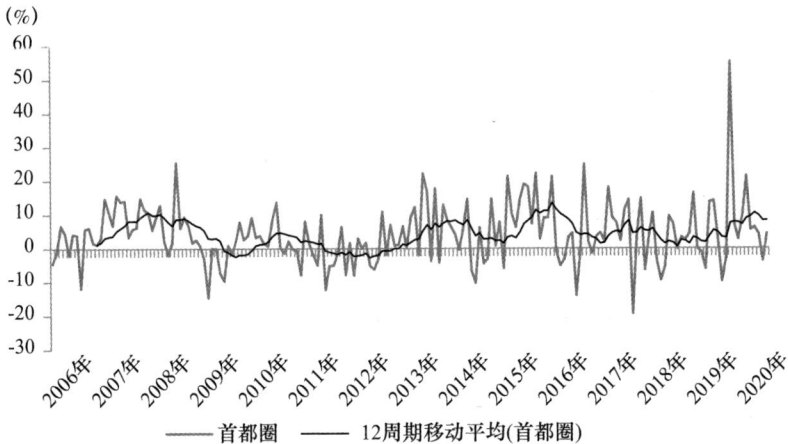

图2-20 日本首都圈新建住宅每平方米单价同比增长率

注：首都圈 = 东京都 + 神奈川县 + 埼玉县 + 千叶县。

资料来源：日本土地综合研究所网站 http://www.lij.jp/。

　　总体来看，2019—2020年的全球住房市场整体呈现"两分"状态，一方面是发达经济体住房市场的繁荣，另一方面是新兴和发展中经济体住房市场的低迷。新冠肺炎疫情造成的货币政策扩张和国际资本流动放缓成为塑造全球住房市场结构的主导力量。因为货币扩张由发达经济体率先引起，国际资本流动放缓也导致全球资本在发达经济体滞留，所以全球发达经济体的住房市场普遍发展较好。新冠肺炎疫情所造成的经济之外的影响也对发达经济体的住房市场产生正向推动，如发达经济体较好的医疗卫生条件。新兴和发展中经济体的住房市场则在新冠肺炎疫情的冲击之下处于不利地位，总体上呈低迷状态。

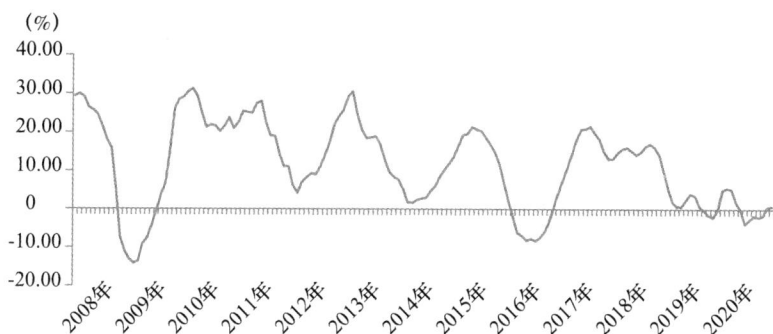

图 2 - 21 中国香港私人住宅售价指数月度同比增长率

注：指数的基期为 1999 = 100。2020 年 8—10 月的指数为临时数字。

资料来源：根据差饷物业估价署网站（http：//www. rvd. gov. hk/）数据计算。

（三）中国住房市场的全球定位：中国与全球住房市场的关联度弱化

2019—2020 年，影响全球住房市场的中国因素仍主要是高净值人群的购房需求。与之相比，中国房地产业对全球住房市场的影响几乎可以忽略。

房地产业的对外投资在中国对外投资中的比重并不高。2019 年，中国房地产业的对外投资并购为 1.5 亿美元，仅占全部对外投资并购的 0.44%；对外投资流量为 34.2 亿美元，仅占全部对外投资流量的 2.50%；房地产业对外投资存量为 776.1 亿美元，占全部对外投资存量的 3.53%（见表 2 - 3）。虽然后两项指标较 2018 年有所上升，但是并非对外投资的重点或优势行业。加上住房市场并非中国房地产业主要进入的市场，所以房地产业的对外投资至少在短期内难以对全球住房市场产生显著的影响。

表 2 - 3　　　　2019 年中国房地产业对外投资与全部对外投资比较

（单位：亿美元，%）

	房地产业	全部行业	房地产业所占比重
对外投资并购	1.5	342.8	0.44
对外直接投资流量	34.2	1369.1	2.50
对外直接投资存量	776.1	21988.8	3.53

资料来源：《2019 年度中国直接对外投资统计公报》。

相对而言，中国高净值人群的海外置业对全球住房市场的影响更为显著。在之前年度报告中，我们已经分析了海外置业行为对局部地区住房市场的拉动作用和当地政府作出的应对措施。但是，中国海外置业的影响正在减弱。

中国高净值人群的海外置业投资已经过了高涨期，正在逐渐减弱。美国房地产经纪人协会的报告显示，境外居民在美国住房市场的置业行为于 2017 年达到顶峰，之后便迅速下降，到 2019 年便仅有高峰年度的一半左右，2020 年进一步降至一半以下。与之相应，中国的海外置业规模也在 2017 年达到峰值，并且其下降速度大于境外居民置业规模的整体下降速度，在 2019 年便已不足高峰年度的一半（见表 2 - 4）。无论从绝对规模还是相对规模来看，中国高净值人群的海外置业影响力都在下降。与之相比，来自其他经济体的置业规模下降幅度较小，部分经济体甚至有所增加。澳大利亚的情况与之类似，在前四位移民来源地中，中国的移民数量在 2017—2018 财年之后呈明显减少趋势（见表 2 -5），对住房市场的影响力也大幅减弱。

表 2 - 4　　　美国住房市场前五位海外置业资金来源地的置业规模

（单位：亿美元）

	中国	加拿大	墨西哥	印度	哥伦比亚	全部国家与地区
2010 年	112	171	65	50	5	660
2011 年	70	131	42	51	6	664
2012 年	120	159	65	52	6	825
2013 年	128	118	36	39	5	682
2014 年	220	138	45	58	5	922
2015 年	281	114	49	79	9	1039
2016 年	273	89	48	61	12	1026
2017 年	317	190	93	78	10	1530
2018 年	304	105	42	72	12	1210
2019 年	134	80	37	42	8	779
2020 年	115	95	58	54	13	740

注：（1）中国置业人群包括中国大陆、中国香港地区与中国台湾地区的置业者；（2）2010—2015 年包括部分商业房地产数据。

资料来源："International Transactions in U. S. Residential Real Estate"，https：//www. nar. realtor/research-and-statistics/research-reports/international-transactions-in-u-s-residential-real-estate。

表 2 - 5　　　　　　　澳大利亚前五位移民来源地的移民数量　　　（单位：人）

	印度	中国	尼泊尔	菲律宾
2010—2011 财年	9230	17680	740	9620
2011—2012 财年	18760	15510	2080	14550
2012—2013 财年	23670	22580	3180	14210
2013—2014 财年	33340	30800	7310	12830
2014—2015 财年	38400	39070	6410	12430
2015—2016 财年	40860	45480	7970	13000
2016—2017 财年	49730	50020	14880	13590
2017—2018 财年	55860	44610	21000	12620
2018—2019 财年	68840	29290	23100	16990

资料来源：www. abs. gov. au。

2019—2020 年，全球住房市场对中国房地产市场的影响较弱。供给方面，2019 年中国房地产开发企业到位资金中的外资仅为 176 亿元，较 2017 年增长 62.7%，但是仍仅占全部房地产开发企业到位资金的 0.1%。[①] 考虑到在新冠肺炎疫情之下，全球资本流动放缓，跨国投资对流动性的要求也会增加，以及中国住房市场的严格监管，外资通过非正规渠道进入中国住房市场的规模也会下降。因此，外资几乎不会对中国住房市场产生显著的影响。需求方面，中国对外籍人员购房仍然监管严格，外籍人员购房对中国国内住房市场需求的影响很微弱。

二　2020—2021 年全球经济与住房市场形势预测

（一）2020—2021 年全球经济形势预测：回升乏力，受制于第二波疫情

对于 2020—2021 年的全球经济，主要国际机构持乐观态度。2020 年 10 月，国际货币基金组织在《世界经济展望》报告中预测 2021 年的全球经济增速可以达到 5.2%。这一增速与 2008 年国际金融危机发生之后的经济增速反弹大致相当，同样建立在经济急剧下挫之后的补偿增长之上。

①　《2019 年 1—12 月份全国房地产开发投资和销售情况》，2020 年 1 月 17 日，国家统计局网站，http：//www. stats. gov. cn/tjsj/zxfb/202001/t20200117_ 1723389. html。

　　从经济前景指标来看，无论是新兴经济体还是发达经济体，2019—2020 年的经济前景指标都与 2008—2009 年有着相似的走势。但是，在时间跨度上，新冠肺炎疫情的冲击要小于 2008 年金融危机的冲击，工业信心指标下降的时间更短，恢复得也更快（见图 2－22、图 2－23）。

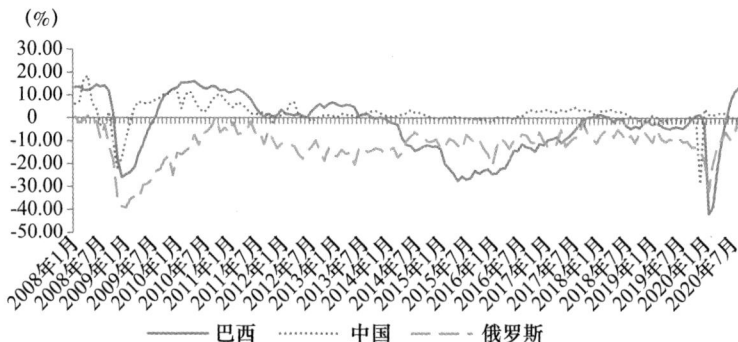

图 2－22　巴西、中国和俄罗斯的工业信心指标

　　注：采用制造业的工业信心指标（Confidence Indicators），按 OECD 方法计算，经季节调整。中国 2019 年 9—11 月数据空缺。

　　资料来源：OECD 网站。

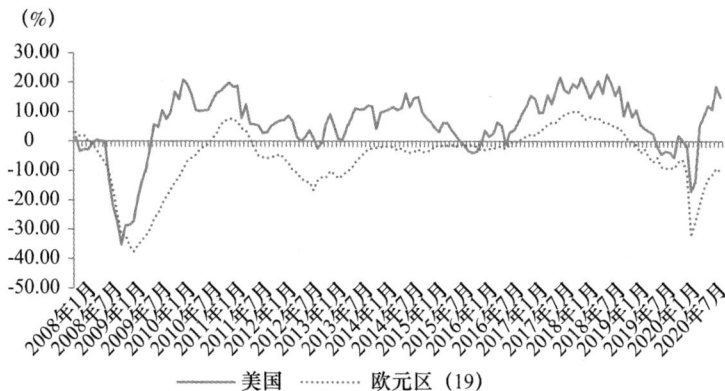

图 2－23　美国与欧元区的工业信心指标

　　注：采用制造业的工业信心指标，按 OECD 方法计算，经季节调整。

　　资料来源：OECD 网站。

　　但是，以上结论是基于 2020 年第二季度全球经济增长好于预期的事实，而第二季度发达经济体强行重启经济正是全球疫情愈演愈烈的主要原因。问题的关键在于如何认定新冠肺炎疫情对经济产生冲击的模式。与 2008 年国际金融危机相对比。2008 年国际金融危机的主要风险源是美国政府向证券市场注入过多的政府信用，虽然是以公共期望的方式注入不同类别的次级贷款衍生债务，但是其风险的爆发是一次性的，即风险一次暴露，之后只是如何消化风险。2020 年的新冠肺炎疫情，每次均是因为疫情过于严重而采取"封城""停产"等措施，并在疫情暂时缓解之后解除封锁措施。因此，2020 年前三季度的全球经济增长和信心指标仅是对上半年全球各经济体应对新冠肺炎疫情的措施的反应，而非新冠肺炎疫情在 2020 年冬季再次暴发之后的反应。

频发的"黑天鹅"事件是抑制全球经济复苏的另一个重要原因。在《中国住房发展报告（2019—2020）》中，我们认为"黑天鹅"事件的频繁出现正是全球经济缺乏复苏基础的表现。截至 2020 年下半年，全球疫情形势仍然严峻，没有达到拐点的迹象。全世界将希望寄托在疫苗之上，但是新型冠状病毒的变异与疫苗研发中的政治因素一直威胁着新型冠状病毒疫苗的研发与推广。因此，新冠肺炎疫情至少在 2021 年上半年仍然难以得到有效控制，而对全球公共事件的担忧会进一步促进国际生产体系变革，并引发全球范围的更多经济冲突。

综上，2020—2021 年的全球经济很可能不会出现预期的较大幅度回调，而是在疫情的回潮和全球主要经济体经贸摩擦中再一次下挫。

在全球经济的整体下挫进程中，新兴和发展中经济体所受的冲击将更加显著。首先，在疫情冲击之下，中国境内产业链条的境外转移变得缓慢，使得国际生产体系更加依赖中国，从而将中国与西方经济体之间的联系变得更加紧密。紧密的联系并不意味着经贸摩擦的减少，反而会因为争夺国际生产体系的核心控制权而变得更加激烈。同时，其他新兴和发展中经济体在国际生产体系中地位下降，导致经济增速的进一步下挫。其次，各国的货币扩张幅度会进一步扩大，主要国际货币会进一步贬值，新兴和发展中经济体所积累的国际储备价值下降，对疫情所造成的经济冲击的承受能力进一步下降。最后，新兴和发展中经济体的进口与出口在新冠肺炎疫情冲击之下有着不同的表现。不同于 2008 年国际金融危机期间出口与进口变化幅度均比较接近的特征，疫情期间的出口下挫与复苏幅度比较接近，进口的下挫与复苏幅度则存在较大的差异（见图 2-9、图 2-10），这导致新兴和发展中经济体在贸易顺差或逆差上存在较大差异，这种差异会促使新兴和发展中经济体相互竞争，给区域经济合作的发展带来更大的压力。

总的来看，2021 年的全球经济增速很可能不如国际货币基金组织预测的那样乐观。在此进程中，新兴和发展中经济体的受损尤为突出，但是中国会在此冲击下独善其身，取得较好的经济成绩。

（二）2020—2021 年全球住房市场预测：欧洲、北美加速上涨，其余地区持续低迷

基于 2020 年全球住房市场的表现，新冠肺炎疫情对发达经济体住房市场起到促进作用。据此，我们认为 2020—2021 年的发达经济体住房市场仍会在疫情之下有着较好的表现，并带动全球住房市场发展，新兴和发展中经济体的住房市场也会延续 2020 年的走势而持续低迷。

欧洲的住房市场格外受益于货币政策扩张和国际资本流动的放缓。本来，随着欧债危机的结束，欧盟的货币政策存在收缩的动力，但是在疫情的威胁之下，欧洲央行推出了大规模的量化宽松计划，并继续执行负利率政策，英国在 2021 年进行量化宽松并推出负利率的可能性也大大增加。这些量化宽松的措施都在向经济和金融体系注入大量的资金，并在整体上降低了欧洲的利率水平。而在全球资本流动因疫情而放缓的背景之下，金融体系必须增加长期资产的价格，以在长期和短期的资产配置中取得平衡。因此，住房市场的相关金融工具，包括住房本身便成为新的资产配置中的较好选择。一方面，住房及相关金融资产整体上具有较长的期限，且经过前段时期的危机冲击之后，住房市场的泡沫已经大致排出，住房及相关金融资产成为风险相对较低的长期资产；另一方面，随着利率水平的下降，住房及相关金融资产的折现价值上升。这都使得欧洲住房市场更具备吸引力，构成较长时期繁荣发展的基础。

北美的住房市场则存在着较大的不确定性。首先，货币政策扩张和国际资本流动放缓的状况同样适用于北美。但是，对美国住房市场而言，国际资本流动放缓是把"双刃剑"，可能导致美国住房市场的危机爆发。美国的货币扩张需要有一个宣泄的出口。在 2008 年国际金融危机时期，

量化宽松政策将金融体系中过度注入的国家信用由证券转移至美元，并通过美元输出的方式将国家信用导向全球经济体系。在此过程中，仅有资金上的处罚而没有金融监管上的根本变革，导致金融危机的金融机构不但没有得到彻底的整治，反而取得了更快的发展。在新冠肺炎疫情之下，美国推出了更大规模的量化宽松计划，但是所见的只是美国股票市场的巨幅波动与应声上涨，这表明在新一轮量化宽松政策之下，美国缺少输出美元并转嫁危机的足够通道。在此影响下，虽然美国住房市场价格也快速攀升，但是产生泡沫的可能性也大幅增加，泡沫破裂的风险也进一步增大。其次，住房租赁市场和住房按揭市场的支付问题日益严峻。新冠肺炎疫情导致大量美国居民失业，失去房租和房贷的支付能力，尽管联邦和地方政府层面均出台了"延缓驱逐令"，但是这些政策不可能无限期地持续。如果无力支付房租和房贷的居民被大量强制驱逐，那么住房租赁和住房按揭市场便存在崩溃的可能。最后，新冠肺炎疫情导致的额外成本已经开始向住房市场的需求方转嫁。从 2020 年 12 月 1 日起，美国联邦住房金融局（FHFA）向将再融资贷款项目卖给房地美或房利美的贷款公司征收"不利市场费"，以补贴由政府资助的房地美和房利美在疫情期间的额外支出。这一费用将最终转嫁给住房市场的需求方，使其负担加重，从而增加住房市场崩溃的风险。

新兴经济体和发展中经济体的住房市场则会整体低迷。在新兴经济体和发展中经济体中，中国具有完整的工业体系和较好的经济增长势头，与西方发达经济体之间呈互惠互利关系而非依附关系。其他的新兴经济体和发展中经济体则因新冠肺炎疫情的冲击而降低与发达经济体的经济联系，尤其是它们的利率水平普遍下降，对发达经济体的资本吸引力大幅降低。中国的产业链迁移也因疫情而放缓，住房市场也在短期内失去了资本与产业的支撑。

（三）2020—2021 年中国住房市场与全球住房市场的互动：影响仍在，渐趋弱化

2020—2021 年，中国对全球住房市场的影响将体现在两个方面：一是海外置业对局部地区住房市场的拉动作用，二是新冠肺炎疫情之下全球经济的主要增长引擎。

　　中国高净值人群的海外置业规模已经在缩减。这一方面是由于高净值人群的海外置业行为大多已经完成；另一方面是由于中国经济的竞争力增强，降低了高净值人群的海外置业意愿。并且之前的海外置业行为已经造成当地住房价格的大幅上涨，引起了各地政府的普遍关注。因此，虽然海外置业行为仍然会持续存在，但是其影响力度已经逐渐减弱。并且海外置业通常是家庭重要的资产配置决策，需要对置业地点进行反复考察，在新冠肺炎疫情之下，实地考察已经基本不可行，从而进一步降低了中国高净值人群的海外置业需求。

　　新冠肺炎疫情之下，中国作为全球经济引擎的问题变得格外重要。中国的疫情控制成效有目共睹，经济也率先恢复运转，进而带动全球经济增速的回升。从全球主要经济体的经济走势来看，中国经济与主要发达经济体非常近似并领先一个季度。这使得后期的各国经济复苏进程更多地取决于和中国经济的联系程度。受此影响，与中国经济联系紧密的经济体的住房市场会有较快的复苏和发展，而与中国联系较弱或处于竞争关系的经济体的住房市场会出现较长时期的低迷。

第三章

中国宏观经济报告

——完善跨周期宏观调控，迎接"十四五"新发展格局

汪红驹

　　新冠肺炎疫情的冲击是导致 2020 年全球经济衰退的最主要原因，如果安全有效的疫苗能够使疫情得到有效控制，则全球经济有望迎来恢复性增长，形成局部的不平衡复苏。我国疫情防控和复工复产成效显著，疫情之后的经济增长快速恢复。

　　2021 年需要关注的问题主要有：外部环境依然严峻复杂，疫情仍在恶化，疫苗的广泛推广还需时间考验。国际合作抗疫力度明显不足，美国继续升级对华技术封锁，2021 年美国将继续推行宽松的财政和货币政策。需求端恢复仍滞后于生产端，国内有效需求依然不足，总需求紧缩导致 PPI 走低，需警惕负反馈通缩机制进一步加大经济下行压力。财政收支平衡压力加大，财政收支逆差扩大，财政收支差额占 GDP 比重上升，地方政府对债务依赖程度提高。财政直达资金使用进度不快，资金使用效率不高。金融领域风险隐患较多，中小银行风险处置过程中的衍生影响犹存，企业债违约风险暴露，部分银行贷款不良率出现较快上升苗头。

　　预计 2021 年中国经济增长 8.5% 左右，其中第一季度受基数影响可能冲高至 19% 左右，至第四季度回落至 5% 左右。

　　针对疫情发展及疫苗研发情况，应坚持常态化精准防控和局部应急处置有机结合，推动经济持续复苏；结合"十四五"规划和"2035 长远

发展目标",应完善宏观调控跨周期设计和调节,实现稳增长和防风险长期均衡。大力推进要素市场化配置,加快构建"双循环"新发展格局。积极的财政政策要提质增效,更加注重可持续性。稳健的货币政策要灵活适度,更加注重前瞻性、精准性和时效性。

一 国际经济发展基本走势

新冠肺炎疫情的冲击是导致 2020 年全球经济衰退的最主要原因,为防控疫情而采取的大封锁使 2020 年经济全球化进程持续受挫,国际贸易和投资增长、国际经济均出现负增长。展望 2021 年,如果疫苗能够使疫情得到有效控制,则全球经济有望迎来恢复性增长,形成局部的不平衡复苏。

(一) 全球经济增速降幅收窄

在疫情大流行冲击下,2020 年第二季度全球经济陷入历史性深度衰退。全球制造业 PMI、人口出行指数、失业率等指标显示,全球经济增速降幅在收窄。WTO "商品贸易晴雨表"分类指标表明,2020 年第三季度全球出口订单开始企稳回升;全球制造业 PMI 持续反弹至 50 以上,全球制造业出现了扩张;谷歌大数据有关欧美和新兴经济体的出行指数显示,各国包括疫情相对严重国家的经济活动在逐渐改善;据 OECD 统计,OECD 和 G7 整体失业率均已下降,就业形势出现明显改善。由于 2020 年第三季度全球经济恢复速度快于预期,OECD 将 2020 年全球 GDP 增速预测从 -6% 上调至 -4.5%。2020 年第三季度美国、日本和欧盟经济同比分别增长 -2.9%、-5.9%、-4.3%;降幅比第二季度分别收窄 6.1、4.4 和 9.6 个百分点。中国和东盟国家经济增长恢复较快,特别是中国和越南第三季度分别增长 4.9% 和 2.6% (见图 3 - 1)。

(二) 全球贸易增速下滑,降幅收窄

2020 年疫情大暴发对全球贸易产生巨大冲击。疫情迫使许多国家采取封锁措施以降低感染风险,经济主体自动保持社交距离,经济活动活跃程度降低,导致贸易需求减少;疫情也激发了贸易保护主义和区域经

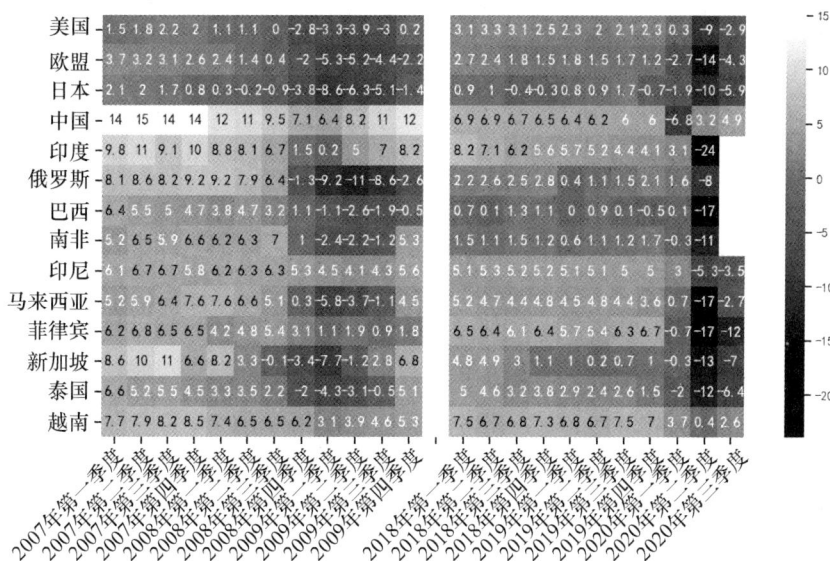

图 3 - 1　部分国家 2008—2009 年和 2019—2020 年经济增长比较

济安全思维，促使部分产品产业链调整，从另一方面拖累全球贸易增速下行。2020 年第三季度随着经济增速从底部持续回升，全球贸易量降幅收窄。2020 年 10 月 IMF 预测全年国际商品和服务贸易增速可能负增长 10.4%，比去年回落 11.4 个百分点。以进口（商品和服务）来衡量，发达经济体、新兴市场和发展中国家（不包括中国）分别增长 -11.5%、-9.4%。另据 WTO 10 月预测，2020 年全球货物贸易量可能下降 9.2%，降幅比 4 月的预测收窄 3.7 个百分点。

（三）2021 年全球经济有望从深度衰退中逐步恢复不平衡复苏

全球经济正在从深度衰退中复苏。IMF 预计 2020 年世界经济负增长 4.4%，2021 年全球经济将增长 5.2%。由于不同经济体疫情发展情况以及应对疫情的政策反应差异较大，全球经济将面临不平衡的复苏进程。发达经济将整体复苏。美国继续刺激经济将是必然选择。2021 年欧盟将继续放松对成员国的财政预算规则约束，以支持各国经济恢复，预计欧盟将在 2021 年迎来稳定复苏。日本经济预计也将在放松防控、补办奥运会等利好情况下，出现恢复性增长。新兴经济体将集体走出衰退困境，但是复苏程度存在显著差异。金砖国家将同步实现恢复性增长,其中印度、俄罗斯恢复相对显著,巴西和南非则相对较弱,尤其是南非,或将成为新兴经济体中 2021 年 GDP 与 2019 年相比缺口最大的经济体。分区域看,亚洲将是复苏最为强劲的地区;欧洲新兴国家和中东石油输出国预计也将走出困境,增速得到较大幅度回升;非洲和南美洲预计将呈现相对较弱的复苏态势。

二　中国宏观经济运行态势与特征

我国疫情防控和复工复产成效显著,疫情之后的经济增长快速恢复。就业比较充分,就业韧性总体较好;食品价格涨幅持续回落,核心物价走势平稳,CPI 涨幅回落;总需求紧缩导致 PPI 走低;出口增长恢复,国际市场份额阶段性上升,国际收支衰退性顺差扩大,官方储备规模基本平稳;财政收支平衡难度加大,社融货币增长加快,中美利差扩大,金融市场信用分化明显。

(一)经济增长从底部持续回升,结构性变化显著

2020 年第一季度受疫情防控影响,我国经济负增长 6.8%,随后第二季度和第三季度分别增长 3.2% 和 4.9%。按照可比价格计算,前三季度我国 GDP 累计增长 0.7%。从供给侧看,工业生产特别是装备制造业和高技术制造业继续稳定回升;服务业生产由降转升,现代服务业恢复较快,生活性服务业恢复较慢;数字经济持续升温。从需求侧看,消费恢复中伴随着结构升级,线上消费增长旺盛。汽车销售明显回暖,金银珠宝、化妆品、通信器材、体育娱乐用品和文化用品等代表消费升级方向的商品类别增长较快。投资稳步恢复,固定资产投资(不含农户)累计同比降幅持续收窄,高技术产业投资、民生投资和房地产投资增速较快,制造业投资、民间投资和基础设施投资降幅明显收窄。出口增长持续超预期,贸易顺差加快积累。

(二)保护市场主体政策取得预期成效,产业链供应链基本稳定

2020 年我国继续推进减税降费,有效降低了企业特别是中小微企业

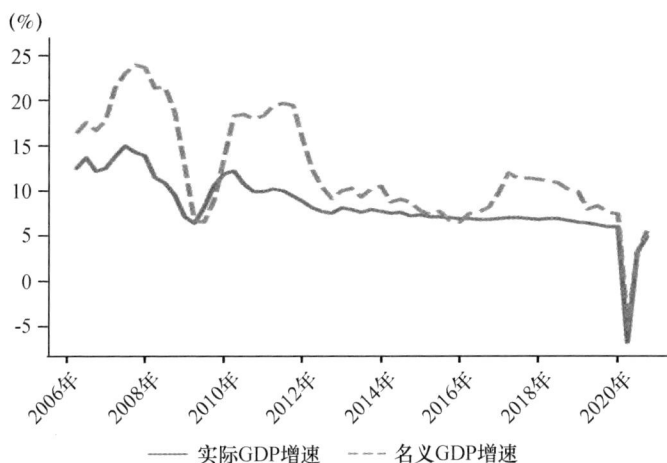

图 3-2　实际 GDP 和名义 GDP 增速

的生产经营负担，保障了市场主体稳定运行。金融部门降低存款准备金率，加大创业担保贷款贴息支持力度，创新授信模式和信贷产品，全力支持重点群体创业就业，着力保持企业资金链和现金流稳定。各级政府采取了激发消费需求、催生新的消费热点、提升消费活力等一系列积极措施，加快旅游、餐饮、健康等行业复工复产，有效释放了被疫情压制的消费需求和内需潜力，稳定了企业发展的市场环境。通过优先保障产业链核心企业恢复生产，带动上下游中小企业发展。强化重点产业链的薄弱环节，在强链控链中推动产业链向高端跃升，产业链协同复工复产进展良好，越来越多的企业不断提升产业链供应链稳定性、竞争力和现代化水平，为高质量发展注入新动能。提高粮食播种面积，稳住粮食生产大盘，完善能源生产和储备体系，粮食和能源安全得到有力保障。

（三）稳就业保民生举措成效明显，城镇新增就业达到预期水平

2020 年以来，对劳动需求方采取减、免、缓、补、奖等数十项措施，较大程度减轻企业三项社保缴费和纳税负担，有力纾解了企业经营困难，对保护市场主体和就业岗位发挥了重要作用。对劳动力供给方采取以训代补、直接奖补、提供针对性服务、鼓励创业、扩大院校招生规模等方式，充分利用线上和现场两种渠道，较大程度缓解了 2020 年第一季度疫情对就业的冲击。第二季度以来，就业形势在整体上逐月好转，失业率得到明显控制。劳动力需求逐渐升温，汽车及零部件制造业、计算机软件开发、电子商务等行业日均新职位发布量接近 2019 年同期水平，仪器仪表制造业、房地产中介及销售等行业日均新职位发布数持续回升。服务业领域新岗位产生相对较为迟缓，如酒店旅游业日均新职位发布数尚不足 2019 年同期的一半，但爬升态势开始显现。高校毕业生就业情况不及 2019 年同期，但呈现逐渐好转势头。农村外出务工劳动力规模较 2019 年有所减少，返乡留乡农民工就地就近就业规模扩大、门路持续拓宽，2020 年以来新增返乡留乡农民工就地就近就业规模明显超出往年同期水平。在疫情冲击下，城镇劳动就业渠道扩面、形式更加多元是 2020 年就业市场的一大特征。

（四）一般物价涨幅显著回落，工业品面临结构性通缩压力

随着国内疫情防控形势趋于稳定，一般物价涨幅在 2020 年 3 月之后明显回落，核心 CPI 同比涨幅保持低位。造成 CPI 涨幅回落的主要原因，一是疫情对生产端和中间环节冲击较快衰减，生产和物流恢复较快，而消费在社会风险规避情绪的作用下恢复较为迟缓，不少产品出现供过于求的局面。其中，外出餐饮、旅游、住宿、交通运输、线下娱乐等服务消费的恢复尤其滞后。二是口罩、消毒液等防疫用品供给增加，需求减少，疫情初期供不应求的状态不复存在，价格回归正常。三是猪肉等食品价格下降。生产领域价格下降的原因包括：第一，疫情冲击交通运输服务行业，能源需求下降，第一季度国际原油价格大幅下跌；第二，需求总体上仍处于疲弱，尽管 6—7 月 PPI 环比由降转涨，同比降幅收窄，但 8—10 月环比涨幅收窄，同比降幅依然较大，PPI 缺少持续回升动力，工业领域面临着结构性通缩的压力。

（五）国际市场份额阶段性上升，官方储备规模基本平稳

2020 年 1—10 月我国进口增速降幅高于出口增速降幅，国际市场份额阶段性上升，导致衰退型国际收支顺差扩大。主要原因：一是我国对发达国家第一季度的部分出口延迟至第二季度交货，发达国家经济加速重启也暂时增加了部分需求。二是我国疫情防控和复工复产成效显著好于国际社会，出口产品生产快速恢复，有助于我国部分产品在国际市场上替代疫情

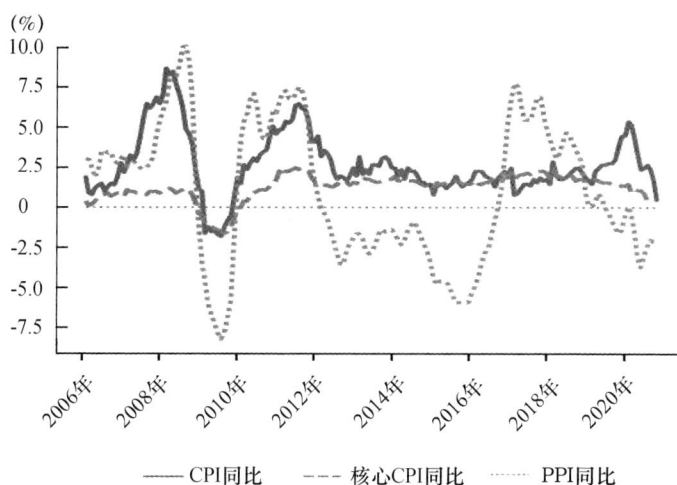

图 3 - 3　CPI 与 PPI 同比

严重国家停工停产的部分产品。三是疫情大流行期间暂时增加了国外对我国医疗物资和设备的需求。2020 年第二季度我国与防疫物资相关的塑料制品、纺织品和医疗器械出口同比大幅增长五成以上，合计拉动总出口增长约 5 个百分点。四是国内疫情防控常态化降低了生产资料和生活资料进口需求。美国加大对我国技术审查和封锁力度，国内高科技产业急需的设备和技术进口出现持续负增长。五是我国对美国进出口表现出韧性，2020 年 1—10 月我国从美国进口累计比 2019 年同期增长 3.7%，出口增长 1.7%，对美贸易顺差 2497 亿美元，比 2019 年增加 20.6 亿美元。六是出国旅行减少，服务贸易逆差大幅收窄。根据国家外汇管理局公布的国际收支平衡表数据，2020 年前三季度我国货物贸易顺差增长 0.12%，但服务贸易逆差（包括旅行）大幅度收窄 42%，导致国际收支经常账户顺差比 2019 年同期增加 69%。外汇储备规模平稳，黄金储备增加，2020 年 10 月底官方储备 32663 亿美元，规模比 2019 年 12 月上升 433.5 亿美元。

值得注意的是，2020 年在全球贸易大幅度下降的情况下，10 月我国出口正增长 11.4%，1—10 月累计正增长 0.52%，这一增速与全球主要发达经济体贸易负增长形成鲜明对比，阶段性增加了我国在全球出口市场上的份额，在降低中国对外部世界依赖程度的同时，提高了外部世界对中国的依赖程度。

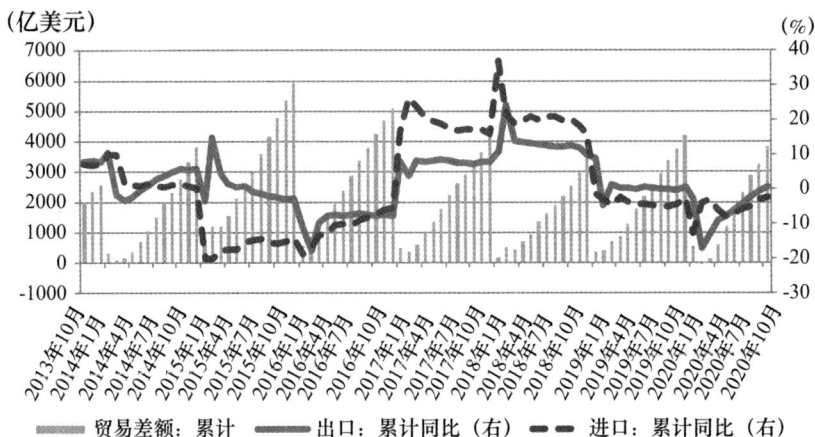

图 3 - 4 进出口增速和贸易顺差

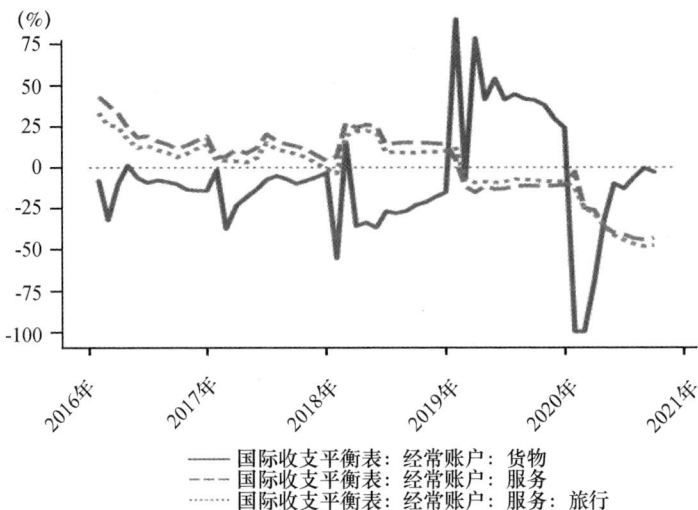

图 3 - 5 经常账户出现积极的结构性变化

（六）社融货币增长加快，中美利差扩大，金融市场信用分化明显

2020 年以来，社会融资规模和货币供应增速扭转了自 2017 年下半年开始快速持续下降的态势，同比增速加快。截至 2020 年 10 月末，社会融资规模同比增长 13.7%，M2 较 2019 年同期增长 10.5%，M1 同比增长 9.1%，三者分别比 2019 年年底回升 3.0、1.7 和 4.7 个百分点。值得注意的是，本外币贷款余额同比增速边际上有所放缓，10 月末比 2019 年年

图 3-6　我国外汇储备和黄金储备

底增长 0.9 个百分点。疫情发生后，我国市场利率在第一季度下行，但自第二、第三季度市场利率持续上行，10 月份一年期银行间市场国债收益率升至 2.72%。而美国一直保持超低利率，导致中美利差扩大，促使人民币兑美元汇率破七后回稳，人民币升值，有助于稳定市场预期。金融市场信用分化明显，在政策利率上行、高等级信用债利差下行的同时，

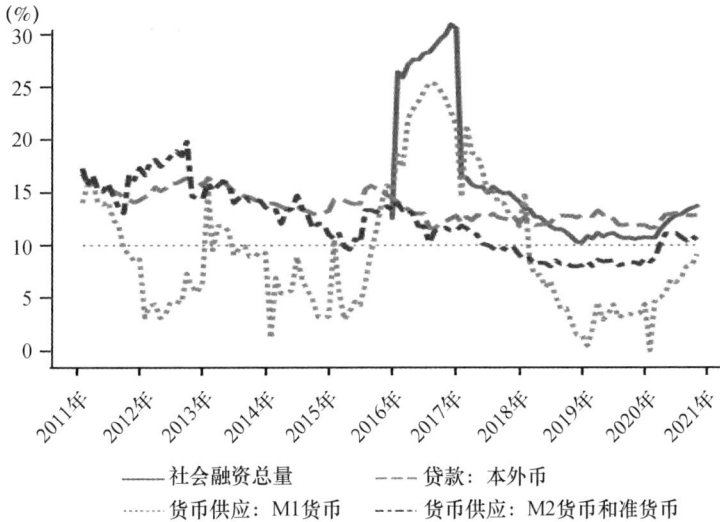

图 3-7　社会融资总量、贷款和货币供应同比增速

中小银行和影子银行信用收缩，中低等级信用债利差有所扩大，导致部分企业债违约增多，传统行业和中小民营企业转型升级较为艰难。

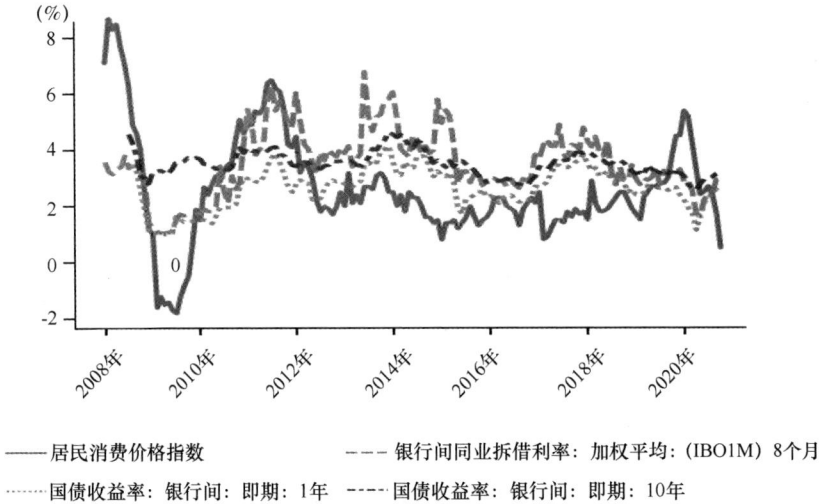

———— 居民消费价格指数　　　　　　　— — — 银行间同业拆借利率：加权平均：(IBO1M) 8个月
·········· 国债收益率：银行间：即期：1年　— —— 国债收益率：银行间：即期：10年

图 3 - 8　我国金融市场利率

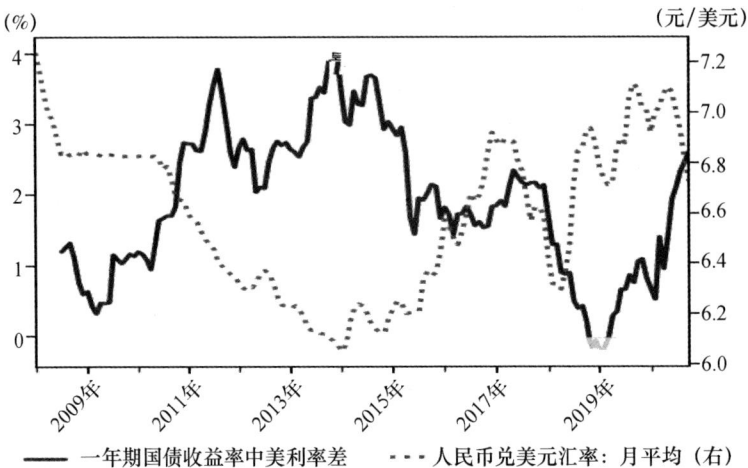

———— 一年期国债收益率中美利率差　　·· ·· 人民币兑美元汇率：月平均（右）

图 3 - 9　中美利差与人民币兑美元汇率

三　当前需要重点关注的突出问题

（一）外部环境依然严峻，复杂多变

首先，新冠肺炎疫情仍不稳定，疫苗的广泛推广还需时间考验。2020 年 10 月以来，全球新增确诊病例进入第三波暴发增长，全球确诊病例继续呈现指数型增长。12 月 5 日全球新增确诊病例 53.7 万人，累计确诊病例 6640 万人，累计死亡 153 万人。欧洲和美国新增确诊病例大量增加，部分国家再次实施大封锁。2020 年 11 月美国公布辉瑞制药（Pfizer）、莫德纳（Moderna）两家公司疫苗三期临床试验有效率超过 90%，2020 年 12 月 11 日，美国食品和药物管理局（U. S. Food and Drug Administration）批准了辉瑞生物技术公司（Pfizer-BioNTech）COVID－19 疫苗的首次紧急使用授权（EUA），允许其在美国用于 16 岁及以上人群接种。尽管如此，有效疫苗的大范围推广应用还有一段时间。其次，国际合作抗疫力度明显不足，G20 和 G7 因成员国间分歧导致实质性联合行动寥寥，国际合作抗疫呈现赤字状态。世界卫生组织在关键时刻遭遇会费断

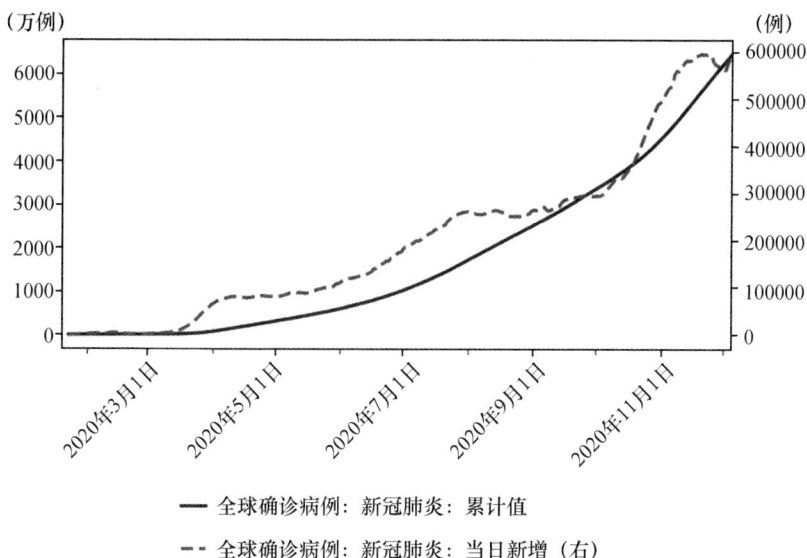

图 3－10　全球新冠肺炎疫情（七天移动平均值）

供和"退群"以及改革困境，让全球特别是发展中国家抗疫工作雪上加霜，给后疫情时代全球治理秩序再平衡带来阻碍。最后，美国继续升级对华技术封锁，对华为芯片断供，干预 TikTok 在美经营，增加实体清单名单；强行关闭我国驻休斯敦大使馆，在有关我国的军事实力报告中渲染中国军事威胁，将双方争端扩大到外交、军事等领域。

（二）需求端恢复仍滞后于生产端，国内有效需求依然不足

新冠肺炎疫情防控对消费和投资产生很大冲击，尽管 2020 年第三季度消费和投资都处于稳步恢复之中，但相比于生产端而言仍明显滞后。宏观经济总体上依然处于有效需求不足的状态，产出缺口为负。2020 年 1—10 月社会消费品零售总额累计同比降幅达到 5.9%，尽管 10 月社会消费品零售总额正增长 4.3%，但仍比 2019 年同期低，预计全年恢复正增长面临困难。就业市场不够景气、收入增速放缓以及部分产品价格上涨，从根本上影响着居民的消费能力，疫情和经济环境不确定性则进一步提高了居民的预防性储蓄偏好。景气调查结果显示，消费者信心指数仍大幅低于疫情之前的平均水平。固定资产投资仍未完全恢复至疫情前水平，2020 年前 10 个月累计同比增速仅为 1.8%；房地产投资增长 6.3%，但制造业投资下降 5.3%。从各投资主体看，国有及国有控股企业、港澳台和外商企业投资增速高于非国有企业。2020 年 1—10 月，国有及国有控股、港澳台商投资企业、外商投资企业、个体经营和民间投资累计同比增速分别为 4.9%、4.2%、11.2%、−10.8% 和 −0.7%。港澳台和外商投资企业投资增速恢复较快，个体经营和民间投资主要受需求不足和融资来源约束。以旅游住宿、长租公寓、健身房、室内娱乐经营场所等为代表的市场主体在日常经营迟迟难以得到恢复的情况下，现金流困难加剧，部分主体面临停业倒闭风险。如果消费和投资的恢复持续慢于生产端，那么可能反过来抑制生产活动，进而引发国民经济循环被动收缩。总需求紧缩导致 PPI 走低，需警惕负反馈通缩机制进一步加大经济下行压力。

（三）财政收支平衡压力加大，金融风险隐患较多

第一，财政收支逆差扩大，财政收支差额占 GDP 比重上升。一方面，2020 年 1—10 月全国一般公共预算收入同比下降 5.5%，税收收入同比下

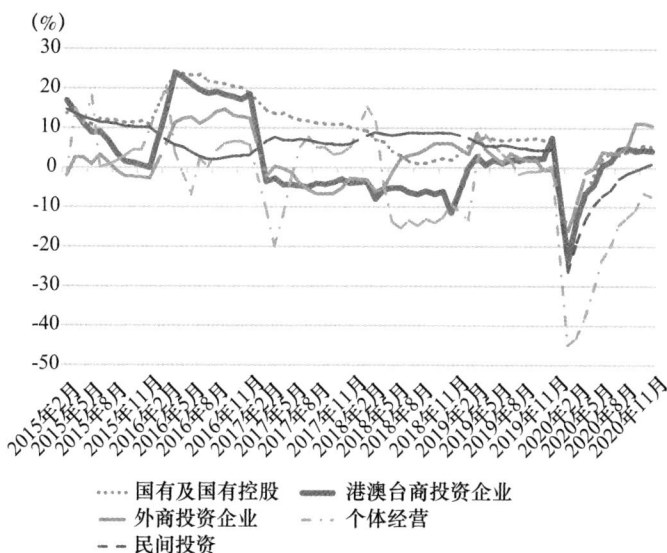

图 3-11 各主体固定资产投资累计同比

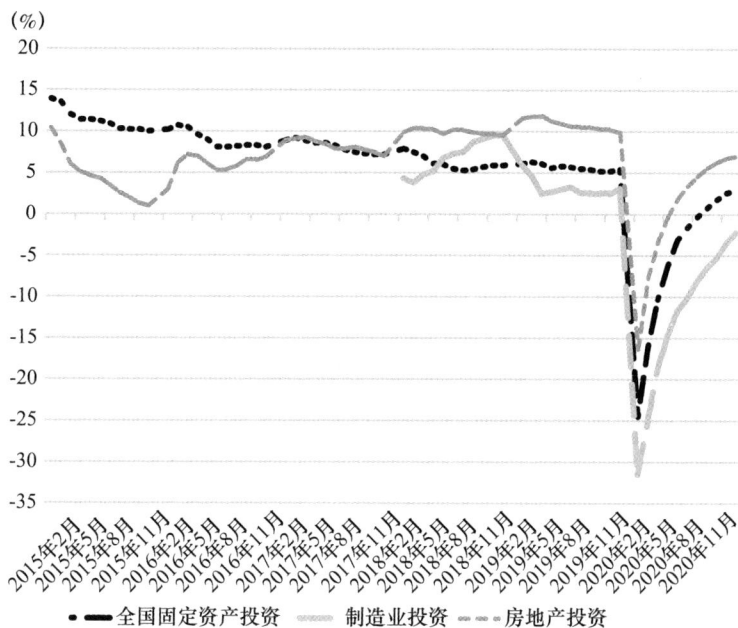

图 3-12 全国固定资产投资、制造业和房地产开发投资累计同比

降 4.6%，非税收入同比下降 10.3%；政府性基金预算收入同比下降 1.0%；另一方面，1—10 月全国一般公共预算支出同比下降 0.6%，政府

性基金预算支出同比增长 24.7% 。1—10 月一般公共预算和政府性基金预算收入合计同比下降 3.0% ，而两者支出合计同比增长 6.1% ，支出增速

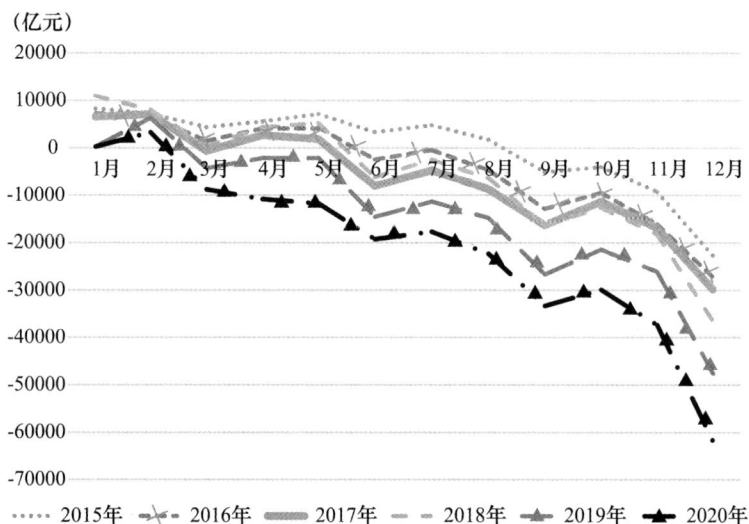

图 3 - 13 一般公共预算财政收支差额和政府性基金收支差额合计

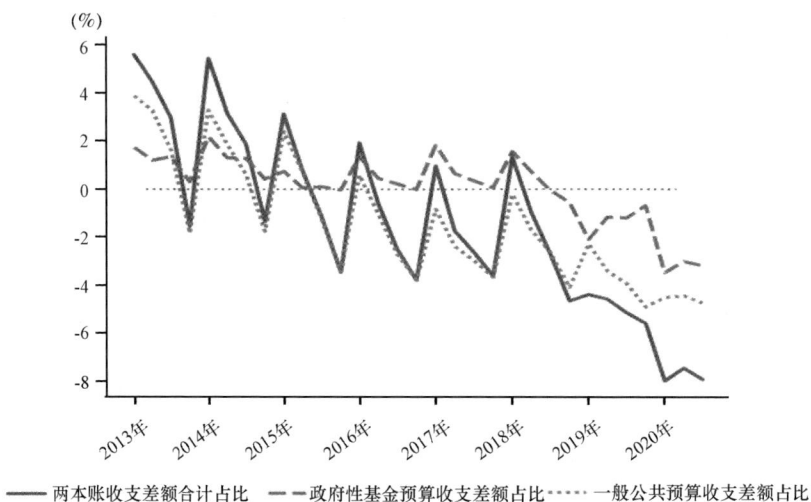

图 3 - 14 两本账收支差额累计占 GDP 百分比

高于收入增速，两本账收支逆差扩大。1—10 月一般公共预算财政收支逆差 30906 亿元，全国政府性基金预算收支逆差 22974 亿元，两者合计逆差 53880 亿元，比 2019 年同期扩大 22556 亿元。2020 年前三季度两本账收支差额合计占 GDP 比重达到 －7.9%；一般公共预算差额和政府性基金预算差额占 GDP 比重分别为 －4.7% 和 －3.2%。

第二，地方政府对债务依赖程度提高。2020 年以来，财政收入增速明显放缓。在财政收入增速放缓的同时，逆周期调控要求保证积极财政政策的力度，地方政府显著加大地方债发行规模，导致地方政府支出对地方债依存度再次上升。2016 年我国进行了大规模地方债重置，当年地方政府债务依存度达到 29.8%，随后三年下降至 15%，但 2020 年再度上升，截至 2020 年 10 月，粗略估算地方政府债务依存度升至 25%。即便如此，财政收支平衡仍有难度。一是部分省区县级地方政府公共支出方面出现了困难，需要上级财政调度才能保障。二是个别省级政府在财政收支压力之下，向基层转移支付的能力受到制约。三是基础设施投资项目资金来源中来自财政的部分难以得到保障，导致财政资金的"杠杆效应"难以有效发挥，基本建设投资增速持续在低位徘徊。与此同时，金融与房地产领域风险隐患依然较多。

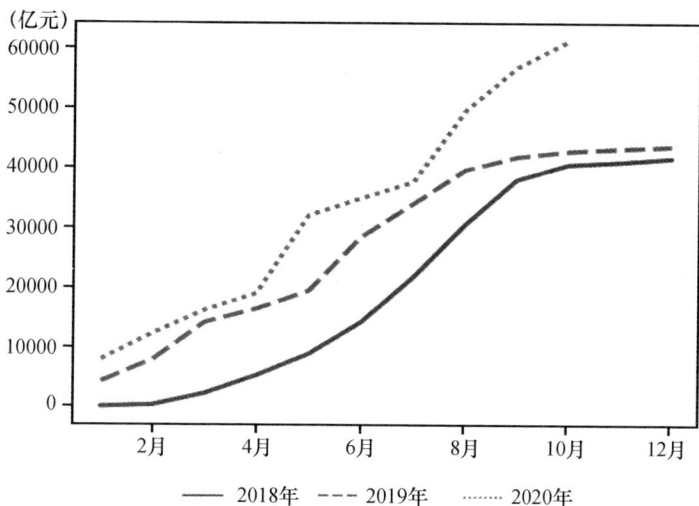

图 3 - 15　地方政府债务发行规模扩大

第三，财政直达资金使用进度不快，资金使用效率不高。2020年疫情较重地区和贫困地区财政收支矛盾较为突出，主要是因为这些地区财政收入来源本来就不多，有的地区历史包袱较重，疫情冲击在一定程度上阻断其经济循环，导致部分财政收入断流或减收，难以满足刚性财政支出。地方政府保基本民生等领域支出明显加大，防灾防疫持续时间长且强度大于往年，不少基层政府还存在大量隐性刚性支出等遗留问题。经济下行、国内外因素共同导致市场主体经营困难和大力度减税降费，税收收入和非税收入双降。部分县市地方财力艰难支撑地方事权，库款保障水平偏低，基层单位人员可支配收入面临收缩压力，个别地方出现教师工资和学生营养补贴支付困难情形。2020年对新增加的1万亿元财政赤字及1万亿元抗疫特别国债建立了特殊转移支付机制，资金直达市县基层、直接惠企利民，但部分直达资金分配进展较慢，使用进度不快，项目衔接不畅，部分项目前期工作尚未完成，实际支出进度偏慢。

第四，中小银行风险处置过程中的衍生影响犹存，企业债违约风险暴露。包商银行、锦州银行等事件对其他中小银行及其信用链条下游相关主体的间接影响仍在持续。一是中小银行的负债端能力显著弱化，融资陷入被动。不论是通过同业业务的融资，还是在债券市场的融资，难度和成本均明显提高。二是中小银行信用收缩给处于下游的其他信用主体带来了冲击，表现最突出的是低等级信用债发行困难，认购率大幅降低，发行成本上升；其他对中小银行依赖度较高的地方政府城投公司、信托公司、券商资管、基金子公司也均受到不同程度的负面冲击。三是疫情冲击意外打击企业经营活动，部分企业现金流断裂，其企业债违约风险暴露，地方政府无力救助。

第五，部分银行贷款不良率出现较快上升苗头。一是地域性较强的城商行不良率上升幅度较大。二是在中小企业出现普遍性经营困难的情况下，制造业不良贷款率上升。调研中发现，中西部个别地区的制造业不良贷款率甚至已高达8%以上。三是中小微企业贷款纳入银行监管考核指标之后，实践中出现了向小微企业"抢客户""垒贷款"的现象。机械化的操作加剧了中小银行的经营风险。调研中发现，一些银行基层网点和客户经理已经开始担心小微企业贷款将在近两年可能出现较为严重的呆坏账问题。

四 2021 年主要经济指标预测

受疫情冲击影响，全球经济增长明显放缓，中国经济增长恢复显著，快于世界主要经济体。目前我国的新冠肺炎疫情防控已取得阶段性成效，但从全球范围来看，疫情已经进入第三波暴发阶段。美国已经升级的经贸摩擦对中美双方及全球经济的负面影响仍将持续。

预计 2020 年第四季度中国经济增长 6.0% 左右，全年经济增长 2.0% 左右。主要经济指标预测结果见表 3 - 1。

展望 2021 年，受 2020 年经济增长基数较低影响，考虑到宏观调控的跨周期设计与调节，预计 2021 年中国经济增长 8.5% 左右，其中第一季度受基数影响可能冲高至 19% 左右，随后回落，至第四季度回落至 5% 左右。CPI 全年增长 0.5% 左右，PPI 全年增长 1.1% 左右。

需要说明的是，上述对 2020 年第四季度、2021 年全年的预测，可能因为 2020 年秋冬及 2021 年春季疫情发展态势的超预期变化而存在调整的风险。

表 3 - 1　　　　2020—2021 年中国主要宏观经济指标预测　　　（单位：%）

主要经济指标	2020 年前三季度	2020 年第四季度预测值	2020 年全年预测值	2021 年全年预测值
1. GDP 实际增长率	0.7	6.0	2.0	8.5
2. 工业增加值实际增长率	1.2	7.0	2.8	8.8
3. 全社会固定资产投资名义增长率	0.8	11.2	3.5	9.5
4. 房地产投资名义增长率	5.6	13.6	7.7	8.8
5. 社会消费品零售总额名义增长率	-7.2	5.6	-3.9	13.4
6. 出口总额名义增长率（美元计）	-0.8	11.3	2.3	3.2
7. 进口总额名义增长率（美元计）	-2.6	4.4	-0.8	1.6
8. 居民消费价格（CPI）上涨率	3.3	0.1	2.4	0.5
9. 生产者出厂价格（PPI）上涨率	0.0	-1.4	-1.9	1.1
10. M2 余额增长率	10.8	10.5	10.7	8.3

五 政策建议

针对疫情发展情况，应坚持常态化精准防控和局部应急处置有机结合，推动经济持续复苏；结合"十四五"规划和2035年远景目标，应完善宏观调控跨周期设计和调节，实现稳增长和防风险长期均衡。全面深化供给侧和需求侧改革，加快构建"双循环"新发展格局。积极的财政政策要提质增效，更加注重可持续性。稳健的货币政策要灵活适度，更加注重前瞻性、精准性和时效性。

（一）坚持常态化精准防控和局部应急处置有机结合，推动经济持续复苏

一是做好外防输入、内防反弹工作，坚持常态化精准防控和局部应急处置有机结合，提高精准防控能力，不搞一刀切。在常态化疫情防控下，确保生产经营、生活消费活动顺利进行。二是加大疫苗和药品科研攻关及国际合作力度，提升科学防控能力。三是抓紧补短板、堵漏洞、强弱项，加快完善各方面体制机制，提高应对重大突发公共卫生事件的能力和水平。四是构筑强大的公共卫生体系，完善疾病预防控制体系，建设平战结合的重大疫情防控救治体系，强化公共卫生法治保障和科技支撑，提升应急物资储备和保障能力，夯实联防联控、群防群控的基层基础。

（二）完善宏观调控跨周期设计和调节，实现稳增长和防风险长期均衡

根据"十四五"规划和2035年远景目标，兼顾短期与中长期发展，统筹做好跨周期设计和调节。一是根据经济恢复进度，适时适度调整逆周期调控政策力度，增强政策的前瞻性。在需求端恢复滞后的情况下，仍应维持一定力度的积极财政政策；未来根据供需平衡动态变化适时调整财政货币政策力度。二是千方百计做好"六保"。"六保"是疫后经济政策的重要抓手，是底线和生命线。当前，"六保"中挑战最突出的是保市场主体和保基层运转。应在全国范围内加快完善县级财政库款监测机

制，加强监测监督，及时发现风险和解决问题。三是注重货币政策的灵活性，主动加强流动性管理。引导和支持银行补充资本金，主动应对不良率上升，防止风险积聚和蔓延。四是加强协调配合，促进财政货币政策同就业、产业、区域等政策形成集成效应。力求同向发力，避免相互掣肘，防止政策对私人部门经济活动产生挤出效应。五是贯彻系统性经济安全观，确保粮食安全、能源安全和金融安全，维持外汇储备合理规模，保持人民币汇率中长期稳定，控制货币供应、财政赤字和政府债务过快增长，坚持"房住不炒"，确保房地产市场平稳发展。

（三）全面深化改革，加快构建"双循环"新发展格局

加快形成国内国际相互促进的双循环新发展格局，要在继续深化供给侧改革的基础上，大力推进需求侧改革，要以扩大开放应对逆全球化，要全面提高对外开放水平，建设更高水平开放型经济新体制，形成国际合作和竞争新优势。一是把完善产权制度和要素市场化配置作为经济体制改革的重点。深化国资国企改革，强化关键技术创新，实现结构性动态调整；支持非公经济发展，优化营商环境，激发创新创业潜能；畅通要素自由流动，推动更多事项"跨省通办"，加快形成全国统一大市场。二是加快土地要素市场化配置，促进都市圈与城市群发展。建立健全城乡统一的建设用地市场，盘活农村存量集体建设用地；建立全国性的建设用地、补充耕地指标跨区域交易机制。三是加快农业转移人口市民化进程，畅通社会流动渠道，提高居民收入。除了常住人口超过1000万人的少数超大城市，其他城市放开放宽落户限制，延长外来人口劳动年限；建立城镇教育、就业创业、医疗卫生等基本公共服务与常住人口挂钩机制，推动公共资源按常住人口规模配置；畅通劳动力和人才社会性流动渠道，形成全国城乡统一的劳动力市场。四是加快完善资本要素市场化配置，改革完善股票市场发行、交易、退市等制度，对公司信用类债券实行发行注册管理制。五是加快完善技术要素市场化配置，激发企业和科研人员创新活力。建立健全职务科技成果产权制度，培育发展技术转移机构和技术经理人。六是加快完善数据要素市场化配置。根据数据性质完善产权性质；制定数据隐私保护制度和安全审查制度；推进政府数据共享；提升社会数据资源价值；培育数字经济新产业、新业态和新模式。

（四）积极的财政政策要提质增效，更加注重可持续性

2021年要继续实施积极的财政政策，仍需保持必要的财政支出规模，以支持扩大国内有效需求、调整经济结构，促进高质量发展。一是若疫情能够得到有效控制，建议财政赤字率按照3%左右安排，不再继续发行抗疫特别国债。二是积极的财政政策要更加注重提质增效。持续增加基础研究投入，加强对卡脖子项目的有效支持。综合运用税收优惠等方式，提升产业链水平，推动制造业高质量发展，引导资本、资源向战略关键领域聚焦。畅通国民经济循环，综合运用税收优惠等方式，鼓励金融机构加大对民营企业和中小企业的支持。三是继续优化财政支出结构，优化投资方向和结构，提高投资效益，防止项目资金过于分散造成资金闲置，重点支持"两新一重"建设；支持扩大教育、文化、体育、养老、医疗等服务供给，支持新能源汽车产业发展，支持扩大农村消费，培育新的消费增长点。四是推动基本公共服务均等化，提高与民生相关的教育、社会保障和就业、城乡社区、医疗卫生、住房保障、节能环保、文化体育与传媒等重点支出占总支出比重，推动完善地方政府专项债券相关领域的支出政策和机制设计，提高保障和改善民生水平。

（五）稳健的货币政策要灵活适度，更加注重前瞻性、精准性和时效性

货币政策既要立足国内、以我为主，也要加强国际宏观政策协调。一是随着国内疫情防控形势基本稳定、经济社会发展较快恢复，货币政策应适时逐步退出疫情期间稳健偏宽松的状态，回归稳健中性，实现广义货币量和社会融资规模增长速度与名义GDP增速基本同步。二是我国经济在2021年第一、第二季度大概率将出现疫后恢复性反弹，与此同时疫情冲击导致的基期翘尾效应还会进一步放大主要经济指标的反弹力度，对此货币政策当局要前瞻性地预判和甄别，既要防止短期内经济过热，也要警惕基期翘尾效应导致的假过热。三是有效发挥结构性货币政策工具的精准滴灌作用，做到流动性有收有放、结构优化。落实好直达货币政策工具，适度增加普惠性再贷款再贴现额度，加大对小微企业和个体工商户的信贷支持力度。四是在LPR报价利率和贷款平均利率降低的基

础上，增强利率定价弹性，通过价格机制引导信贷资源配置结构走向优化。五是及时研判国际收支变化，警惕资本项目下的资本流出，避免人民币汇率短期内大升大贬。密切关注美欧等主要发达国家央行货币政策调整，防止内外利差和流动性松紧差大幅变动对我国经济金融体系造成负向冲击。

第三部分　市场主体报告

第四章

中国住房企业发展报告

刘伟　张五明　马晨一　黄泓奇　刘尚超

一　2020 年中国住房企业发展状况回顾

2020 年，我国房地产企业数量逆势增长，向 10 万大关迈进；房企间合作开发模式逐渐形成，权益销售占比显著下降；龙头房企密切关注收并购市场，全国房地产行业集中度进一步提升。房企融资和购地方面，融资规模增速呈现波动下降的趋势，融资渠道多方面受阻；房企综合融资成本微降，出现成本分化；地价增速明显放缓，土地溢价率低位波动；受监管新政影响，房企拿地行为也出现分化倾向。房企开发和销售方面，商品房新开工与竣工面积增速逐渐走出疫情影响，降幅收窄；销售额与销售面积保持平稳增长的趋势，但市场整体去化压力仍然较大；房企加快转变销售模式，强化线上销售渠道。房企转型方面，各大房企积极探索多元化业务，开展"地产 +"运营模式转型。

（一）房企市场结构

1. 房企数量逆势增长，向 10 万大关迈进

2000 年以来，我国房地产开发企业数量和从业人数的变化基本趋于一致，总体保持稳定的增长趋势。2019 年，全国房地产开发企业总计 9.95 万个，从业人员接近 294 万人，增长主体为内资房企，除外资房企外，国有房企、集体房企、港澳台投资房企的数量和从业人员数均有不同程度的下降。2020 年房地产开发企业总计 103262 个，从业人员 290 万

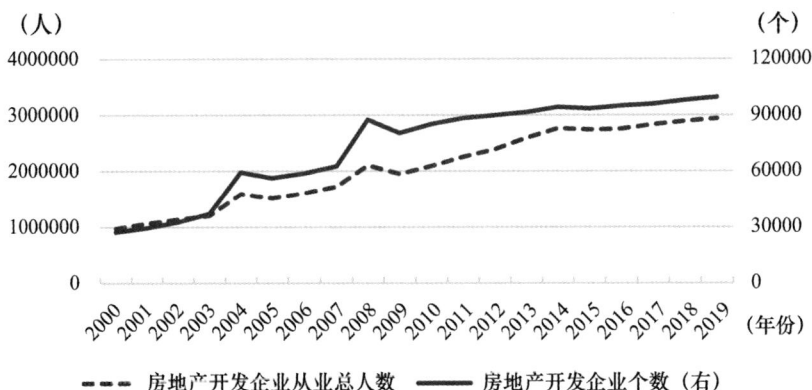

图 4-1 我国房地产开发企业数量及从业人数

资料来源：国家统计局。

人左右，开发企业数呈现逆势增长的态势。

2. 权益销售占比显著下降，合作开发模式逐渐形成

近年来房地产行业整体项目合作情况增多，据克而瑞研究中心统计，Top100 房企权益销售占比从 2016 年的 85% 逐年下降至 2019 年的 75% 左右。从表 4-1 销售权益金额 Top100 房地产开发企业销售权益占比分布也可以看出，至 2019 年 Top100 房企中仅有 5 家没有参与合作开发项目，权益销售金额占比在 70% 以下的房企急剧增加，2019 年已达 33 家，且 2020 年延续了增长趋势。这说明在当前房企融资环境收紧、资金紧张、拿地难度和开发风险不断加大的市场背景下，房企间合作开发的趋势已基本形成。

表 4-1　　　　销售权益金额 Top100 房地产开发企业分布

权益销售占比	Top100 榜单中企业数量					企业特点
	2016 年	2017 年	2018 年	2019 年	2020 年	
100%	25	28	14	5	1	没有合作开发项目
90%—100%	44	31	24	21	15	以从事传统房地产开发为主，仅有个别合作开发项目
70%—90%	23	33	48	41	34	规模较大或区域型龙头房企，具有少数合作项目

权益销售占比	Top100 榜单中企业数量					企业特点
	2016 年	2017 年	2018 年	2019 年	2020 年	
<70%	8	8	14	33	39	以轻资产的方式倚重合作开发运营

注：权益销售金额即按项目参股比例计算出的销售金额，权益销售金额 = 合约销售额 × 权益份额；总流量销售金额即房企参股项目的总销售金额。

资料来源：CRIC 研究中心。

3. 龙头房企在收并购市场表现活跃，行业集中度提升

对于房地产企业而言，收并购具有快速扩充土储、加快规模扩张、巩固市场布局等优点，但随着早期性价比较高的优质标的被不断消化，从整个行业来看，2017 年以来市场收并购机会减少，获取优质项目的难度加大，交易总价值也随之走低。然而，尽管行业整体收并购机会减少，但规模房企收并购力度不减。根据中国指数研究院统计，在融资严监管的大背景下，2019 年百强房企收并购金额占房企收并购总金额的比例约为 78%，房地产行业集中度不断提升。2020 年同样不乏规模较大的房企收购案例，例如 2020 年 3 月，金茂以 68.5 亿元收购中化集团下属武汉化资 100% 股权，获取青岛、天津、武汉 3 宗资产；9 月金茂再以提供 37 亿

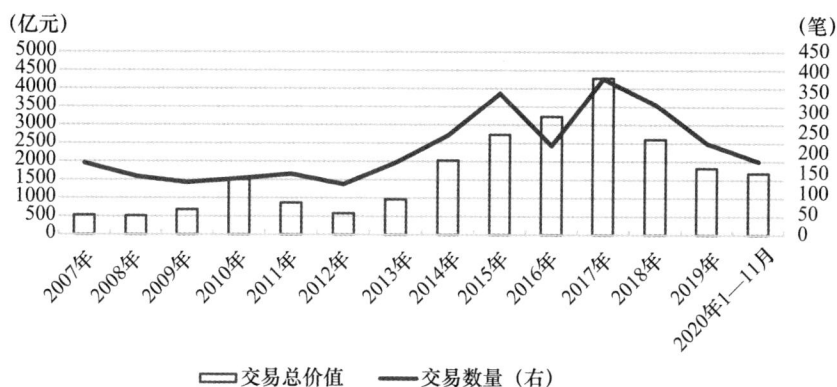

图 4 - 2　房地产并购交易事件数量及价值总额

资料来源：Wind 资讯。

元股东借款外加 1800 万元的代价收购海尔产城 3 个青岛项目 60% 股权。2020 年受疫情和融资新规出台的影响，房企资金链进一步承压，部分资金链脆弱且营销能力不足的中小企业压力增大，为行业整合创造了新的机会。

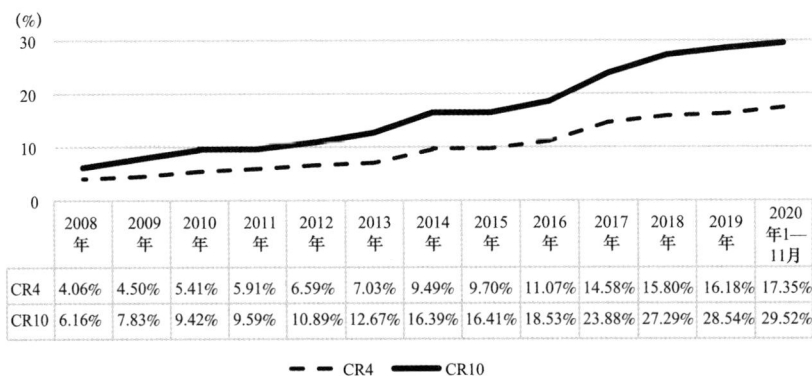

(%)

	2008年	2009年	2010年	2011年	2012年	2013年	2014年	2015年	2016年	2017年	2018年	2019年	2020年1—11月
CR4	4.06%	4.50%	5.41%	5.91%	6.59%	7.03%	9.49%	9.70%	11.07%	14.58%	15.80%	16.18%	17.35%
CR10	6.16%	7.83%	9.42%	9.59%	10.89%	12.67%	16.39%	16.41%	18.53%	23.88%	27.29%	28.54%	29.52%

- - - CR4　　—— CR10

图 4 - 3　我国房地产行业销售额集中度

注：CR4 指四强房企的销售额之和占全国商品房销售总额的比重，CR10 同理。

资料来源：国家统计局、CREIS 中指数据。

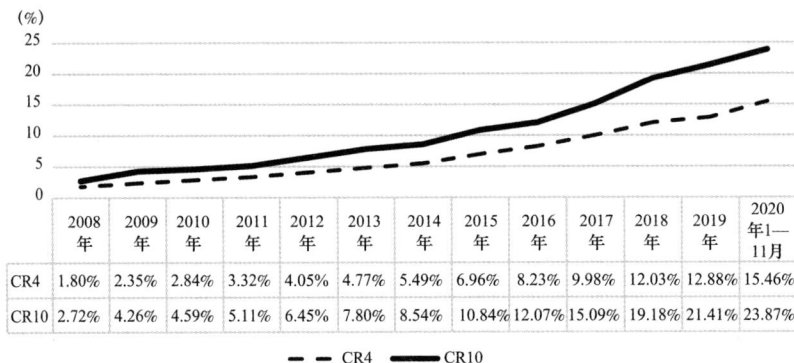

(%)

	2008年	2009年	2010年	2011年	2012年	2013年	2014年	2015年	2016年	2017年	2018年	2019年	2020年1—11月
CR4	1.80%	2.35%	2.84%	3.32%	4.05%	4.77%	5.49%	6.96%	8.23%	9.98%	12.03%	12.88%	15.46%
CR10	2.72%	4.26%	4.59%	5.11%	6.45%	7.80%	8.54%	10.84%	12.07%	15.09%	19.18%	21.41%	23.87%

- - - CR4　　—— CR10

图 4 - 4　我国房地产行业销售面积集中度

注：CR4 指四强房企的销售面积之和占全国商品房销售总面积的比重，CR10 同理。

资料来源：国家统计局、CREIS 中指数据。

从图 4 - 3 我国房地产行业销售额集中度和图 4 - 4 我国房地产行业销售面积集中度可以看出，2020 年 1—11 月，我国房地产行业销售额和销售面积集中度进一步提升，前四强房企的销售额占全国商品房销售总额的17.4%，销售面积占全国商品房销售总面积的15.7%。CR4指数虽然稳中有升，但仍远低于25%，说明我国房地产市场仍处于集中度较低的竞争型结构。对比CR4与CR10可知，无论是销售额还是销售面积，CR4的增幅皆大于CR10的增幅，说明我国龙头房企与一般大型房企的规模差距在不断扩大，由少数龙头房企主导的全国统一的房地产市场正在逐渐显现。

（二）房企融资和购地

1. 融资规模增速波动下降，融资渠道多方受限

2020年上半年，疫情冲击给房地产开发企业资金链带来沉重压力，房地产开发资金来源增速在1—2月呈断崖式下跌，后期稳步回升，7月方才恢复正增长。目前，房地产企业融资规模呈现回暖态势。2020年1—11月房企开发资金来源同比增长6.6%，说明房企融资已基本走出疫情影响。总体来看，我国房企融资规模增速自2016年出现较大上涨后波动下降，疫情的出现强化了这一趋势。

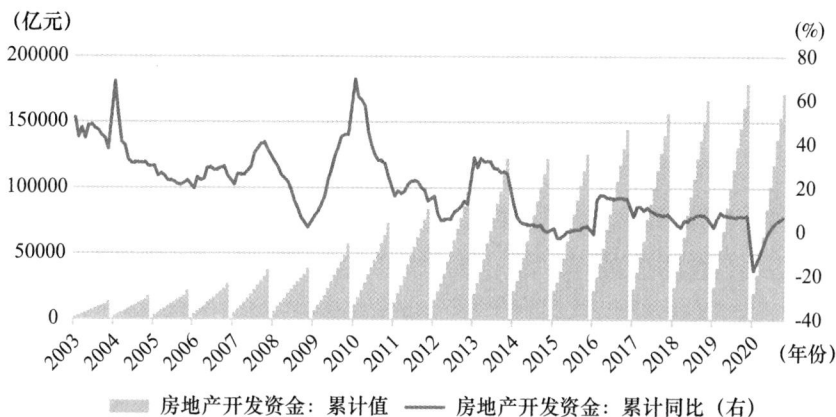

图4-5　我国房地产开发企业资金来源小计

资料来源：国家统计局。

从房企资金来源占比来看，受2020年上半年房企商品房销售额下降5.4%的影响，以定金、预收款为代表的其他资金渠道占比下滑，国内贷

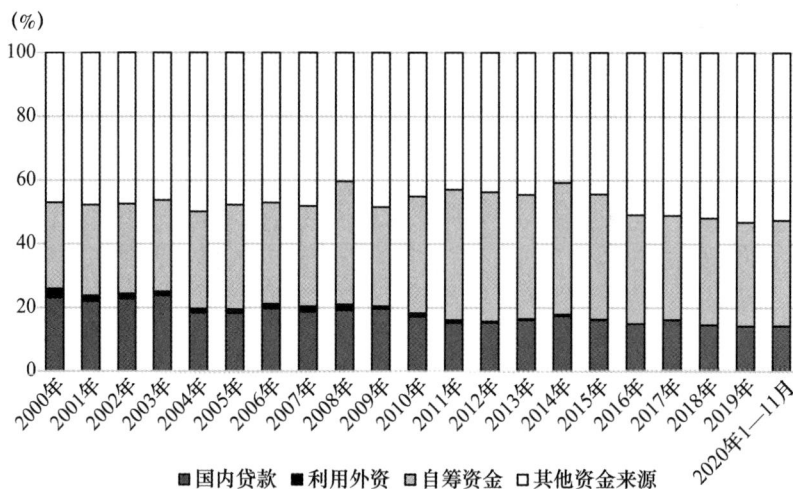

图 4-6　我国房地产开发企业资金来源占比

资料来源：国家统计局。

款及自筹资金占比上升。到 2020 年 11 月，前述现象的影响仍然存在。国内贷款占比为 14.2%，与 2019 年相比上升 0.1 个百分点；自筹资金占比为 33.1%，与 2019 年相比上升 0.5 个百分点；其他资金占比达 52.6%，与 2019 年相比下滑 0.6 个百分点。说明在疫情冲击下，房企主要通过提升国内贷款、自筹资金渠道融资规模及占比来弥补资金缺口。同时，受海外疫情影响，以海外债为代表的利用外资渠道规模也出现了小幅下降。在疫情期间，房地产调控基调和金融监管强化趋势没有根本变化，2020 年上半年房地产贷款增速持续放缓，境内外债券融资同比下滑 19.7%。后疫情时期，随着"三道红线"等融资监管政策的收紧和落实，我国房企在银行信贷、境内外发债等融资渠道方面也受到诸多限制。

2. 房企综合融资成本微降，出现明显分化

在"六稳""六保"背景下，2020 年上半年央行共进行 3 次降准，并进行多次公开市场操作，保持资金流动性合理充裕，房企综合融资成本较 2019 年同期有所下降。其中，信用债平均利率为 4.25%，较 2019 年同期下降 1.21 个百分点；海外债发行利率均值为 8.41%，较 2019 年同期下降 0.35 个百分点。在房地产领域金融监管依旧从严的背景下，规

模房企融资成本更具优势。根据中指研究院统计，在 2019 年上半年销售业绩前 100 的国内房企中，从海外债来看，融资成本随企业规模的下降而增长，前 10 企业海外债融资成本 6.54%，远低于其他各阵营企业，前 51—100 企业海外债融资成本达 10.58%。从信用债融资成本来看，前 10 企业融资成本为 3.64%，明显低于前 11—30 企业的 4.59% 及前 31—50 企业的 4.43%，而前 51—100 企业所发行信用债中，国企占比较高导致该阵营信用债发行利率处于较低水平。从利率水平差异可以看出，不同规模的房企融资水平出现了明显分化。

3. 地价增速放缓，房企拿地分化

2020 年前三季度，全国主要城市平均定价延续稳定增长的趋势，但无论是平均地价还是居住用途地价的增速都逐渐放缓，到 2020 年第三季度平均地价增速已下降至 1.63%，居住用途地价下降至 2.80%。

从图 4-7 可以看出，全国主要城市平均地价基本保持稳定的增长趋势。这一趋势延续至 2020 年的前三季度，但是平均地价和居住用途地价增速都出现了逐渐放缓的趋势。

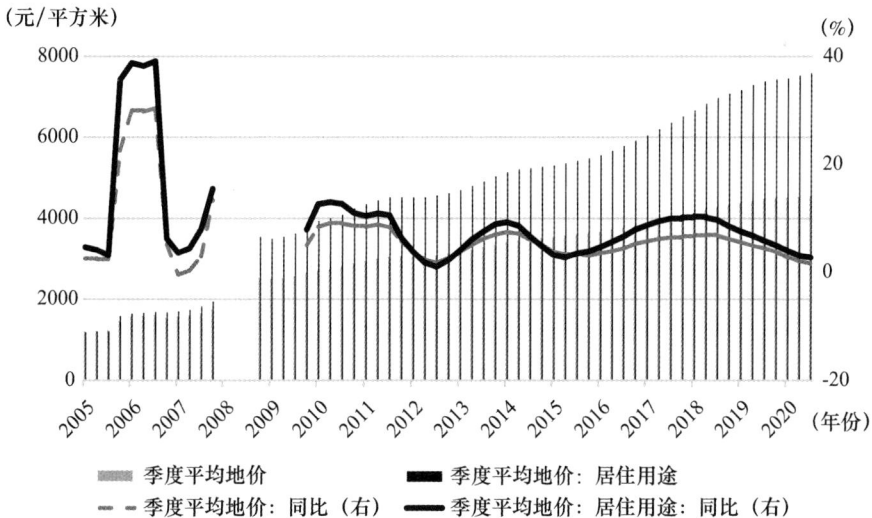

图 4-7　全国主要城市平均地价增长情况

资料来源：Wind 资讯。

图4-8　100大中城市成交土地溢价率

资料来源：Wind 资讯。

2020 年，受疫情阻碍房企销售回款、"三道红线"限制企业融资等因素影响，企业内外现金流入减少，导致房企可使用资金规模受限、拿地态度谨慎。2020 年 1—11 月，100 大中城市土地成交溢价率整体处于低位。按照"三道红线"踩线数量将房企划分为"红、橙、黄、绿"四档，各档次房企拿地态势出现了明显分化。根据平安证券研究报告，与 2020 年 7 月相比，红档、橙档、黄档房企在 10 月拿地销售金额比皆出现不同程度下降，绿档房企则上涨了 16.3 个百分点。从溢价率看，红档溢价率连续两个月低于 10%，且较 7 月降幅最大，拿地力度最弱。

（三）房企开发和销售

1. 新开工与竣工面积降幅收窄，新开工面积恢复较快

2020 年年初受疫情影响，我国商品房新开工面积和竣工面积增长率皆出现大幅下滑，特别是新开工面积跌幅较大，下降 44.9%。随着复工复产有序加快，新开工面积和竣工面积明显修复，降幅逐渐收窄，但截至 2020 年 11 月二者尚未走出负区间。从新开工面积和竣工面积的对比上看，新开工面积恢复速度明显快于竣工面积，说明面临"三道红线"融资限制的房企更倾向于加快开工促进回款。

2. 销售额与销售面积略有增长，市场去化压力较大

2020 年我国住房市场延续平稳增长的态势。从总销售额及销售面积来看，2020 年 1—11 月全国房企共实现商品房销售额 148969 亿元，同比

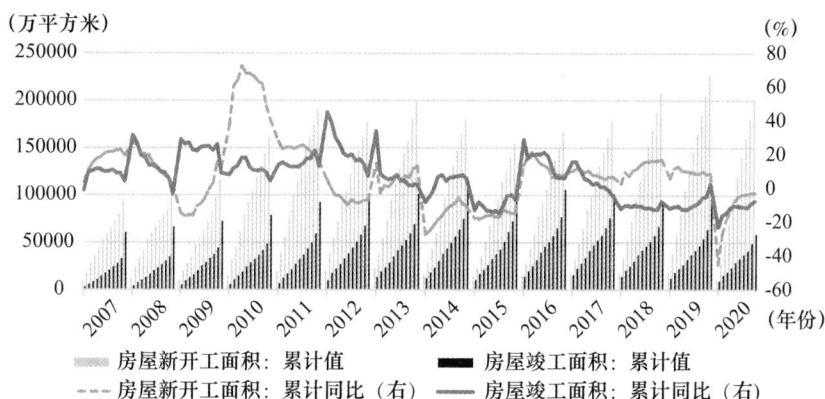

图4-9 全国商品房年度累计新开工与竣工面积及增速

资料来源：Wind 资讯。

增长 7.2%；销售面积 150834 万平方米，同比增长 1.3%。无论是销售额还是销售面积，我国房地产业都以住宅商品房开发为主；办公楼、商业营业用房等其他非住宅类产品的销售额和销售面积在近 4 年逐年下降，到 2020 年 1—11 月仅占 11% 和 12%。从房企平均年销售额和销售面积来

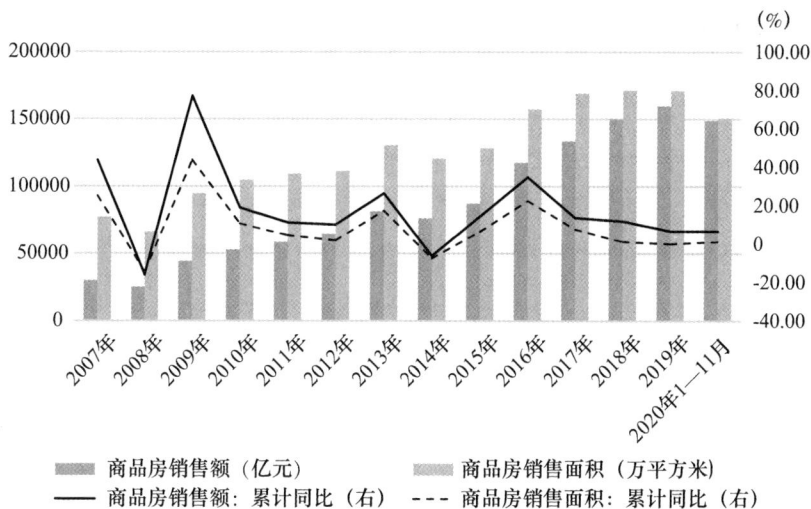

图4-10 我国房地产企业商品房销售额及销售面积

资料来源：国家统计局。

看，2014—2019 年房企平均销售额稳步提升，2019 年达 1.6 亿元；2019 年平均销售面积为 1.72 万平方米左右，较 2018 年小幅下降。根据我国 123.2 平方米的户均居住面积进行粗略估算，我国商品房开发企业 2019 年平均开发的住宅套数仅为 125 套，可见我国大多数房企仍以运营个别小型开发项目为主。

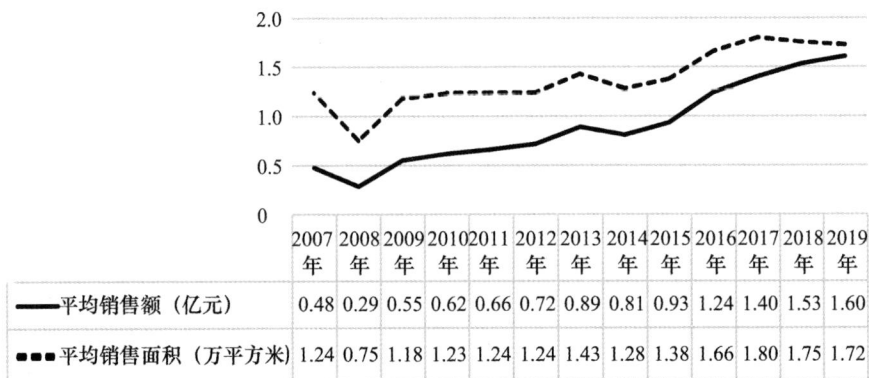

	2007年	2008年	2009年	2010年	2011年	2012年	2013年	2014年	2015年	2016年	2017年	2018年	2019年
——平均销售额（亿元）	0.48	0.29	0.55	0.62	0.66	0.72	0.89	0.81	0.93	1.24	1.40	1.53	1.60
●■■平均销售面积（万平方米）	1.24	0.75	1.18	1.23	1.24	1.24	1.43	1.28	1.38	1.66	1.80	1.75	1.72

图 4-11 我国房地产企业平均销售额及销售面积

资料来源：国家统计局。

克而瑞地产研究中心的统计数据显示，2020 年 1—11 月已有超过 80% 的房企累计销售业绩超过 2019 年同期，超 6 成房企的目标完成率达到 90% 以上。其中，恒大、金茂、滨江、越秀、时代 5 家房企在 11 月提前达成了全年目标，业绩表现相对突出。但同时，也有近 3 成房企全年的目标完成率为 85%—90%，另有少数房企目标完成率仍不及 85%。总体来看，2020 年在疫情影响下，部分房企完成全年目标有一定压力。2020 年第四季度以来，房企虽然加大供应和营销力度，但市场整体的去化压力仍然较大。

3. 房企加快转变销售模式，强化线上营销渠道

总体而言，2020 年受疫情防控和行业增速放缓等因素的影响，房企线下销售渠道受制、整体去化压力增大，导致多家房企加快转变销售模式，加大线上销售渠道的推广力度，通过 App、微信公众号、小程序、直播售房、VR 看房、进驻电商平台等多种形式全面启动线上营销。随着天

猫、京东、苏宁等大型电商平台的正式入局，房地产线上营销也被推向了高潮，尤其是 2020 年第四季度，作为房企年度业绩的最后冲刺阶段，开发商通过"双 11"引流的动作愈发频繁。2020 年"双 11"期间，各大电商都开设了专门的平台以抢占市场，以打折、补贴等方式加大平台吸引力。房企采取线上营销新模式，加快数字营销重构，有助于大大提高营销效率、简化购房的决策流程，同时也带给客户更好的购房体验，助推房企销售模式转型。

（四）房企转型状况

1. 房企探索多元化业务，租赁业务受挫

近年来，在行业增速放缓、规模见顶的情况下，部分房企开始向其他非房地产行业布局，探索转型路径。例如万科、碧桂园、恒大、华润、蓝城纷纷布局农业，绿地、万科、恒大、保利布局人工智能，鑫苑集团则转型区块链、AI、物联网产业。另外，房企也积极开拓房地产细分领域，孵化了物业、养老地产、长租公寓等细分领域。据 CRIC 研究中心统计，目前百强房企中 97% 布局了产业多元化战略，拓展新业务，寻求新的利润增长点，试图实现业绩可持续增长。多元化业务不再是一个集团内的小板块，更多的业务板块已经形成了单独上市的公司，甚至与地产主体公司并列。从具体业务来看，百强中 30 家重点房企营收中能拆分出的多元化业务主要有 5 个方面，分别是物业管理、投资物业（包含商业地产和酒店）、产业地产、文旅地产、代建。除产业地产之外，其余 4 项业务对企业营收的平均贡献占比都稳步上升。其中，物业管理板块的表现最为活跃。不少房企率先剥离自身物业，截至 2020 年 11 月 23 日，已有 25 家房企子公司分拆上市取得进展，其中，10 家成功登陆港股市场，1 家即将挂牌，11 家递交招股书，3 家已公告拟分拆上市。整体来看，2020 年已成功上市 12 家，上市物企总数达到 36 家，预计全年上市物企或将超 40 家。但是，在房企积极探索多元化业务的同时，此前广受关注的租赁业务却在 2020 年遭遇了严重挫折，长租公寓行业"爆雷"不断。据贝壳研究院统计，百强房企中有近五成涉足长租公寓，其中 2017—2019 年涉足长租公寓业务的房企占比超过 75%，到 2020 年仅有 2 家企业新涉足长租业务。

2. 房企践行"地产＋"模式，推动运营模式转型

在转型过程中，房地产开发商已形成四类成熟的"地产开发＋"的运营模式，分别是地产开发＋城市运营、地产开发＋城市更新、地产开发＋商业、地产开发＋代建四类。以中国金茂、招商蛇口等企业为代表的"地产开发＋城市运营"模式通过企业之间的合作获得大规模的待开发土地，随后再通过持续多年的开发和运营，引进各类资源和产业并推动整个片区的发展；"地产开发＋城市更新"模式主要以佳兆业、富力等为代表，在行业由"增量市场"向着"存量市场"转变的背景下，依托老旧小区改造、传统产业园区改造等途径开展城市更新项目；以新城、龙湖、华润等房企为代表的"地产开发＋商业"模式，采用以售养租方式，在综合体地块内规划商业提升配套，推动住宅销售，然后通过住宅销售回笼资金来反哺商业发展；"地产开发＋代建"模式主要以绿城、金地等房企为代表，通过对代建、营销的轻资产输出，持续增强品牌的市场影响力。总体而言，在房企间竞争持续加剧、土地红利日渐退潮的大背景下，房企通过探索更加精细化的"地产＋"运营管理模式，积极推动企业转型。

二 2020 年中国房地产企业发展存在的问题

（一）负债水平位居高位，企业资金链承压

房地产行业本身具有项目开发周期长、资金回笼慢的特点，因此与其他行业的企业相比，房地产企业通常具有较高的负债水平。但是一旦企业负债水平过高、债务增长过快，就会带来巨大的财务违约风险，如果高负债成为行业的普遍现状甚至有可能引发金融危机。从沪深上市房企的核心财务指标来看，2019 年上市房企的资产负债率、总资产周转率、存货周转率等指标较 2018 年虽有轻微改善，但仍处于风险较大的区间，流动比率、速动比率和应收账款周转率等指标的恶化趋势没有得到遏制。并且，近几年我国房企的还债压力长期居高不下。华泰证券统计结果显示，2020—2022 年，房地产境内债券到期量分别为 4316 亿元、6212 亿元和 3764 亿元。2020 年下半年开始进入偿债高峰期，连续 6 个季度到期量超过 1200 亿元。一方面，在大多数房企借新债还旧债的同时，巨大的偿

债和利息支出压力将使得高财务杠杆的房企风险激增；另一方面，在"去杠杆"绝对压力下，融资变难叠加偿债高峰到来，将给我国房企资金链带来沉重压力。

表4-2　　　　　　　　沪深上市房企核心财务指标分析

	2019年	2018年	2017年	2016年	2015年	2014年	2013年	2012年
资本结构								
资产负债率（%）	79.36	79.78	78.49	76.86	76.29	74.52	74.38	72.81
流动比率	1.39	1.44	1.53	1.64	1.63	1.60	1.61	1.59
速动比率	0.47	0.52	0.54	0.55	0.46	0.41	0.41	0.43
资产管理效率								
总资产周转率（次）	0.23	0.22	0.23	0.28	0.28	0.26	0.27	0.26
固定资产周转率（次）	13.91	13.78	13.48	15.45	14.09	11.40	11.11	9.46
应收账款周转率（次）	13.39	14.80	17.05	22.29	21.72	17.94	19.42	20.71
存货周转率（次）	0.29	0.28	0.30	0.35	0.32	0.27	0.28	0.25

资料来源：Wind资讯。

（二）行业集中度提升，中小型房企生存空间进一步压缩

我国房地产行业集中度持续提升，将不可避免地挤压中小型房企的生存空间。特别是在2020年上半年疫情导致销售受阻的情况下，下半年房企竞相促销，行业竞争进一步加剧，中小型房企很难在竞争中脱颖而出。当前，我国房地产企业面临着保现金流、降低负债的双重压力，"促销售""降成本"成为房企的重点工作。规模房企在以价换量、成本控制上存在明显的竞争优势，在市场竞争中往往占据上风。以恒大为例，其2019年年报显示，截至当年年末，恒大总土地储备2.93亿平方米，平均拿地成本仅为1800元/平方米。在市场竞争中，低廉的土地成本为恒大带来了更多的降价空间，手握巨量土储也相当于握着更多变现的机会。同时，随着房企合作开发项目模式日渐成熟，规模房企在公开土地市场上联合拿地的现象也并不鲜见，进一步规避了高昂土地成本。相对而言，大部分中小房企在价格竞争、成本控制、资金获取等方面都没有明显优势，很难在市场上与规模房企直接竞争。在市场竞争中失去优势的小型

房企，正面临着一个低容错率时代的到来。一旦其在市场竞争中出现纰漏，很有可能面临被淘汰出局的危险。2020 年以来，已有多家小型房企被曝债务违约。另外，规模房企更是在收并购市场上表现活跃，将收并购视作降低土地成本和企业扩张的重要一环。在行业集中度逐渐提升的背景下，中小型房企只有保持自身财务状况稳健，依靠地缘优势和差异化路线才能避免过快地被淘汰。

（三）融资政策空前收紧，房企普遍"踩线"

2020 年 8 月 20 日，住建部和央行召开了重点房企座谈会，明确提出要实施好房地产金融审慎管理制度，增强房地产企业融资的市场化、规则化和透明度。这一从房企融资端进行管理调控的规则被称之为"三道红线"，分别为剔除预收款后的资产负债率大于 70%、净负债率大于 100%、现金短债比小于 1.0 倍。综合诸葛找房数据研究中心监测的 100 家上市房企数据来看，房企踩线的占比为 86%。结合房企的业绩规模和踩线数量，2000 亿元以上的龙头房企红色档占比 20%，橙色档占 40%，13% 的龙头房企的财务指标较好，位于绿色档。1000 亿—2000 亿元的大型房企财务指标较差，位于绿色档的房企个数为 0，大部分位于橙色档，其次是红色档。500 亿—1000 亿元的房企以橙色档和黄色档分布居多。500 亿元以下的房企各档分布则较为均匀，但位于红色档和橙色档的也超过了半数。根据规定，归为红色档的房企有息负债规模不能增加，归为橙色档、黄色档和绿色档的有息负债规模增速依次不能超过 5%、10% 和 15%。近年来，债务融资已成为房企主要的融资方式。融资新政的出台将使房企难以通过举借债务扩大经营规模，并且部分债务的偿还也需要依靠销售回款，此举直接影响到房企外部现金流及经营决策，促使房企加快现金回款，降低杠杆，对高负债率房企以及依赖债券融资的房企来说影响较大。总体而言，融资政策空间收紧，将使得我国房企面临着资金链承压和融资渠道受限的双重困境。

表 4 - 3　　　　　　不同业绩规模房企各档占比　　　　　（单位：%）

房企业绩规模	红色档	橙色档	黄色档	绿色档
2000 亿元以上	20	40	27	13
1500 亿—2000 亿元	25	75	0	0
1000 亿—1500 亿元	25	50	25	0
500 亿—1000 亿元	14	43	36	7
500 亿以下	24	27	29	20

注：（1）三项指标全部"踩线"为红色档，两项"踩线"为橙色档，一项踩线为黄色档，没有踩线为绿色档；（2）业绩规模采用的是 2019 年业绩水平。

资料来源：诸葛找房数据研究中心。

（四）新冠肺炎疫情加剧房地产租赁企业经营风险

2020 年上半年疫情加快了长租公寓行业"洗牌"的进度，房地产租赁企业间经营规模和经营质量分化加剧，"爆雷"事件集中爆发。以蛋壳"爆雷"事件为代表，据不完全统计，自 2017 年以来，全国共有 153 家长租品牌"爆雷"，2020 年 1—11 月就多达 84 家。很大一部分企业"爆雷"，原因在于"高进低出""长收短付"的运营模式导致资金链断裂。企业盲目追求规模扩张，埋下经营风险，一旦现金流出现问题，高杠杆使用租金贷，则很容易引发一系列民生问题。2020 年 11 月 30 日，就在蛋壳"爆雷"的档口，分散式长租公寓头部企业自如宣布收购贝客青年精品公寓，加码集中式长租公寓。目前来看，长租市场仍处于"洗牌"期，无论是分散式长租公寓，还是集中式长租公寓，在行业发展初期阶段都存在或多或少不可预知的风险，比如企业追求规模后自身现金流压力增加、获取房源成本过高等。对于房地产租赁企业而言，尽管疫情的影响正在慢慢褪去，但长期来看其经营风险仍然较大。

三　中国住房企业发展展望

销售面积增速逐渐放缓，销售额小幅上涨。2020 年上半年，政策端为应对疫情冲击而采取的稳市场举措在一定程度上带动了部分城市购房需求的释放，但考虑到 2021 年疫情影响减弱以及经济增长的显著恢复，政策将对房地产行业继续采取限制，行业信贷环境存在收紧的可能，将推动购买需求释放更趋理性。因此，预计2021年商品房销售额和销售面积难以呈现较高的增长态势，全年商品房销售面积增速将会逐渐放缓，甚至出现下降趋势。但是，鉴于部分一二线城市购房需求仍然高涨，销售情况较好，2021年商品房销售额增速仍可能保持小幅上涨。

竣工面积恢复上升，新开工面积出现下滑。近年来在融资收紧的大环境下，房企纷纷采取"快开工、快销售、慢施工、缓竣工"的高周转模式。2017年下半年以来期房销售占比明显提升，对销售回款的依赖也越来越严重。高周转策略下新开工、期房销售与竣工的背离越来越大，可以合理推断部分项目实质已处于停工状态。考虑到期房交付通常在2—3年，疫情期间部分地区出台规定允许延后交房，但随着经济逐步回升，前期高周转累积的竣工交付压力迟早要到来，因而预计2021年竣工面积增速会有明显提升。同时，受"三道红线"影响，部分房企将降低拿地强度并减少以往为获取开发贷款而产生的非必要开工，进而可能导致2021年新开工面积出现下滑。

房企积极争取降档，行业集中度进一步提升。随着"三道红线"融资新规的预警和落实，"踩线"的房企将积极争取降档，通过分拆资产上市、配售新股、引入战投等方式增权益、加厚现金流，通过出售亏损或高负债状态标的的方式减轻负债。未来行业将进入吃"管理红利"的时代，即使房企整体进入绿色档，在资金收紧的大背景下，资金将带动市场份额向拿地渠道多元、财务纪律严格、高效周转的规模房企聚集。不同房企的运营表现分化将进一步加剧，为行业加速整合提供机会。

四 促进住房企业保持平稳健康发展的对策建议

（一）注重产品质量，实施稳健经营，把握开发节奏

本报告已多次提出，房企的市场集中度提升速率与市场规模的变化呈负相关关系，即房地产市场规模增速较慢甚至萎缩时，行业集中度会加速提升。其原因在于大型龙头房企的规模优势（土地储备、融资成本、产品质量以及品牌优势等）更加明显，中小房企的全产业链竞争力薄弱，业务分布较为集中，项目较少，盈利模式较为单一，将会加速被淘汰出

局。因此不难判断，疫情将使得 2021 年的房地产市场集中度加速提升，龙头房企和大型房企将加速鲸吞市场份额。

在此情况下，龙头房企和大型房企应摒弃过去野蛮扩张的增长策略，保持稳健的开发经营节奏，适当调整和控制盲目多元化的行为，进一步发掘并利用企业的竞争优势，从产品数量导向转变为产品质量导向和服务导向，从而在快速变化的市场中保持领先优势；对于中小型房企来说，促进销售和资金回笼是在市场行情不利时的第一要务，应着力采取多种产品包装和销售手段找准目标客户，加快项目去化进程，同时也应合理控制开发节奏，可以通过采取合作开发、代建等新兴的轻资产模式控制风险。

此外，随着市场发展的逐步成熟和行业集中度的迅速提高，我国房地产市场将逐渐由增量竞争转变为存量竞争。因此，房地产开发企业需要将企业战略从单纯地扩大规模向高品质、高溢价的企业战略转变。通过高周转攻城略地并不能成为房企长期可持续的发展战略，其原因一方面是市场增量逐渐减少，逐渐变窄的市场空间使得高周转的纯扩张策略必将以高负债和高风险收尾；另一方面前文已经提到，高周转和高品质两者难以兼得，而过快的开发节奏必然导致产品的质量问题。

在政策制度和市场需求层面，稳健经营、注重质量的房地产开发模式也具有明显优势。随着监管机构以及开发商对产品质量问题的逐渐重视，我国房地产产品的质量出现了较快提升。房地产市场由过去的粗放型增长模式逐渐演变为开发商之间产品品质的竞争。在房地产产品建筑工程优良品比率持续提升的同时，低容积率和高绿化率、设计科学合理、风格样式多样的各类房地产产品都受到了消费者的追捧。

（二）把握产业趋势，转变开发理念和运营模式

目前我国正处于第三次消费结构升级的浪潮中，住房作为重要的商品，其对消费者生活品质的影响不言而喻。此外，在住宅的居住属性得以进一步明确、住房的基本需求逐步得到满足的背景下，我国住房市场将从增量市场逐步转变为存量市场，且消费者对住房数量的追求将逐步转变为对住房质量的重视。因此，住房企业必须把握产业发展的整体趋势，转变发展理念。

具体来说，一是要建立资产运营商和服务提供者的理念，逐步从单纯的开发销售模式转变为长期持有资产、运营资产的模式。这是住房产业逐渐发展成熟的必然结果，也是市场环境对住房企业的客观要求。二是要建立人文开发和绿色开发的理念，注重开发和运营项目对社区乃至整个城市的影响，积极参与城市更新与空间再利用，同时提供以人为本、绿色环保的产品与服务。在充分满足客户需求的同时，也应承担与房企市场规模相匹配的社会责任。

（三）提升企业创新能力，应对"后开发时代"挑战

房地产业并非技术密集型产业，其市场进入技术壁垒也较低。相比于信息技术等高科技行业，我国房地产行业所能够带来的技术外溢极为有限。但是随着我国住房产品需求的下降和国家政策明确了不把房地产行业作为"短期刺激经济增长的手段"，房企必须主动提升其创新能力，充分应对新时代、新业态下的挑战。具体来说，房企的创新主要表现在管理机制和运营模式的创新。我国房地产企业能从项目公司起家，在短时间内发展至大型跨国集团，离不开管理机制和运营模式的不断创新和进步。例如，"项目跟投"的绩效激励措施和责任制度，由于其在提升业绩方面的显著成效，逐渐被越来越多房企采用。

在房企运营模式方面的创新，主要体现在房地产业与其他产业的融合和多元化运营方面。但是具体应如何布局多元化产品线，将过去单一的开发销售模式转变为全价值链的运营模式，必须结合企业自身的优势和市场需求，在经过充分探索和准备的前提下再开始进行转型发展。目前我国多数龙头房企的多元化转型发展进程并不顺利，根本原因就是其仅为了多元化而多元化，没有充分考虑企业自身的优势和拟进入行业的特点，在选择多元化行业和产品时略显草率。

第 五 章

中国住房需求主体分析与预测

李　超

一　2019—2020 年住房需求主体分析

在新冠肺炎疫情冲击、国际国内经济形势面临不确定性的背景下，2020 年 7 月，房地产工作座谈会明确提出"坚持不将房地产作为短期刺激经济的手段"。2020 年 11 月，《中共中央关于制定国民经济和社会发展第十四个五年规划和二〇三五年远景目标的建议》提出，坚持房子是用来住的、不是用来炒的定位，租购并举、因城施策，促进房地产市场平稳健康发展。疫情未改变中央对房地产市场的调控总基调，进一步对外释放了稳定市场预期的坚定信号。一方面，明确了长短期政策基调，进一步稳定市场预期、强化住房自住属性，使房价趋于理性；另一方面，针对房地产行业的资金监管并未弱化，落实房地产金融审慎管理制度，进一步稳定住房市场预期。与此同时，中央与地方政府积极推进住房租赁市场发展，努力培育租赁供给主体，多渠道增加租赁住房供应，并规范住房租赁市场主体经营行为，适时优化调控政策稳定楼市，进一步助推了住房需求主体行为向理性回归。

（一）购房者

1. 销售面积明显缩减后持续恢复，购房者观望情绪浓厚

自新冠肺炎疫情暴发以来，房地产市场面临巨大冲击。受疫情影响，全国楼盘暂停线下销售活动，市场对楼市发展悲观情绪明显，成交量暴

跌。与此同时，本周期内中央和地方调控政策延续，对房地产市场调控力度不放松，坚持"房子是用来住的、不是用来炒的"定位不变，投资型购房需求得到有效抑制，从而引导市场需求主体回归理性。国家统计局数据显示，2020 年第一季度至 2020 年第三季度，全国商品住宅销售面积降幅明显。其中，2020 年 2 月商品住宅销售面积累计同比降幅高达39.2%，达到自 2003 年以来的最大降幅。但随着疫情的控制与缓解，购房需求在政策预期引导下逐步释放。2020 年 10 月商品住宅销售面积累计同比增长 0.8%，与 2019 年同期持平。

从新建商品住宅价格指数同比增幅来看，2019 年第四季度至 2020 年第三季度，新建商品住宅价格指数同比增幅持续缓慢回落，2020 年 10 月新建商品价格指数同比增幅为 4.2%，为 2016 年第二季度以来最低。从禧泰数据的全国城市住宅房价数据来看，2020 年 11 月，313 个城市中，房价同比上升的城市有 228 个，其中以东莞市为首，房价同比增长率高达40.9%。综合来看，虽然受疫情冲击，房地产市场成交规模减小，但随着后疫情时代经济环境的稳中向好，房地产市场持续恢复，但市场观望情绪仍十分浓厚。

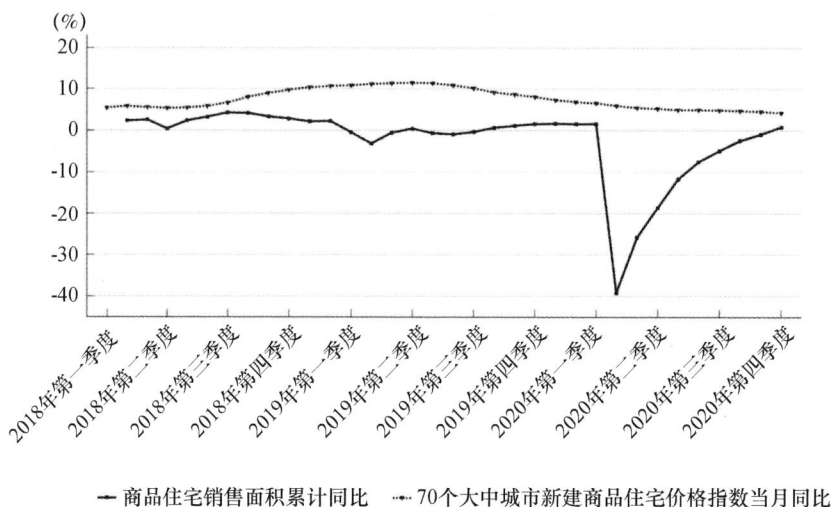

— 商品住宅销售面积累计同比   ⋯⋯ 70个大中城市新建商品住宅价格指数当月同比

图 5 - 1   2018 年以来商品住宅销售面积与新建商品住宅价格
指数同比增幅

资料来源：根据 Wind 数据库和国家统计局相关数据整理。

2. 城市与区域分化态势延续，需求释放的梯度差异明显

受疫情冲击、人口流动、供需矛盾和调控政策的差异化影响，不同等级城市之间购房者的预期差异和市场反应也非常明显。本轮周期内，不同等级城市新建商品住宅价格指数呈现出不同的变化特点。其中，二线城市和三线城市同比增幅保持总体回落态势，而一线城市在 2020 年上半年出现小幅回落后，下半年开始出现小幅上涨，总体上维持在 3%—5%。2020 年 10 月，一线城市新建商品住宅和二手住宅销售价格同比分别上涨 4.1% 和 8.0%，二线城市新建商品住宅和二手住宅销售价格同比分别上涨 4.4% 和 2.1%，三线城市新建商品住宅和二手住宅销售价格同比分别上涨 4.0% 和 1.5%。受疫情因素影响，一线城市与二三线城市新建商品住宅销售价格的分化态势逐步减小，而一线城市与二三线城市二手住宅销售价格的分化态势逐步扩大。

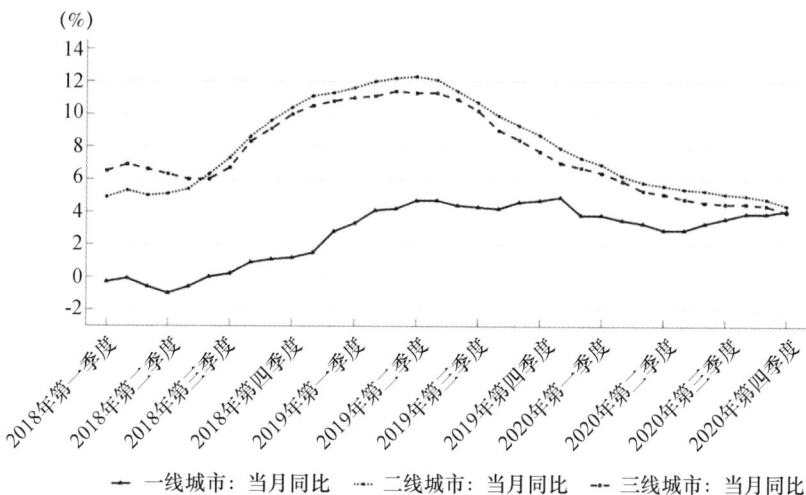

图 5 - 2　2018 年以来一、二、三线城市新建商品住宅价格指数同比增幅

资料来源：根据 Wind 数据库和国家统计局相关数据整理。

从国家统计局公布的四大区域商品房销售状况来看，2020 年 1—10 月，中部地区和东北地区商品房销售面积累计同比分别下降 5.0% 和 8.8%，西部地区和东部地区商品房销售面积累计同比增长 1.0% 和

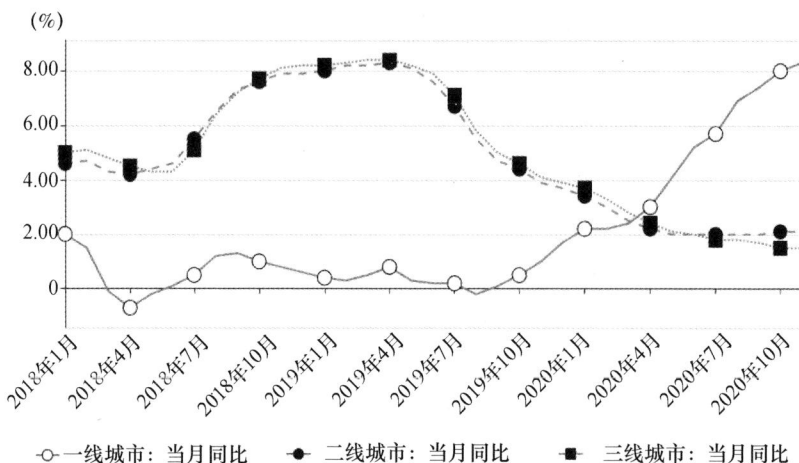

图5-3 2018年以来70个大中城市二手住宅价格指数
同比增幅

资料来源：根据 Wind 数据库和国家统计局相关数据整理。

4.0%。受疫情下区域经济韧性差异和地方调控政策的松紧程度影响，本轮周期内一线城市房地产市场快速回温，二手住宅销售价格领先增长，部分重点城市出现新房和二手房价格倒挂的市场扭曲现象，东部发达地区楼市活跃度提升。

从十大样本城市商品房的存销比来看，① 剔除疫情、春节等因素影响以及存销比大于60的异常时间段，一线城市按套数计算的存销比近两年来平均为36，按面积计算的存销比近两年来平均为41。而二线城市无论按套数还是按面积计算的存销比近两年来均为48。由此可见，相对于二线城市而言，一线城市整体的去化周期较短，并且一线城市的小户型更加受到需求市场的青睐。在国内疫情形势逐步稳定后，一线城市存销比呈现出总体下降趋势，而二线城市存销比则总体相对平稳。在从严的调控政策下，一线城市的住房需求释放仍较为强劲。

---

① 十大样本城市：北京、上海、广州、深圳、杭州、南京、青岛、苏州、南昌、厦门。其中北京、上海、广州、深圳归类为一线城市，其他城市归类为二线城市。杭州、南昌为商品房数据，其他城市为商品住宅数据。存销比计算方法为：当周可售套数（面积）/近三周成交套数（面积）平均值。

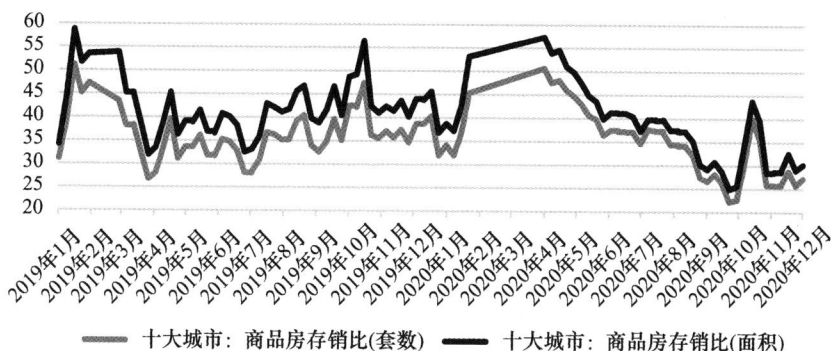

图5-4　2019年以来一线城市存销比变化趋势

资料来源：根据 Wind 数据库和国家统计局相关数据整理。

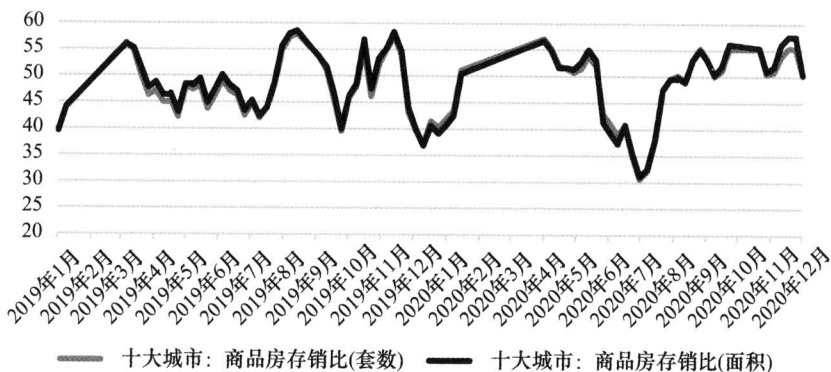

图5-5　2019年以来二线城市存销比变化趋势

资料来源：根据 Wind 数据库和国家统计局相关数据整理。

3. 新冠肺炎疫情助推改善型住房需求释放，物业类型需求分化加剧

本轮周期内改善型住房需求旺盛，主要表现为商品房成交套均面积的稳步提升。2017年第四季度至2018年第三季度，十大城市商品房成交套均面积为108.9平方米，2018年第四季度至2019年第三季度上升为111.7平方米，而2019年第四季度至2020年第三季度则稳定在111.9平方米。疫情时期居家隔离与办公以及居民对高品质宜居产品的需求推动改善型需求的释放，加之房企为加快资金回笼推出促销活动，住房改善型需求比例出现稳步提升态势，未来将会逐步成为中国住房需求结构的

主体以及支撑市场走势的稳定载体。

由于实体经济增速下滑，以及互联网和电商对传统购物营销和办公模式带来的巨大冲击，近年来物业类型需求出现了持续分化态势。随着新冠肺炎疫情在国内外的影响进一步持续，办公楼和商业营业用房的使用率和需求量出现锐减趋势。2020 年 1—10 月，全国住宅销售面积同比增长 0.8%，而办公楼销售面积同比下降 14.5%，商业营业用房销售面积同比下降 14.0%。从 2020 年 10 月住宅、办公楼、商业营业用房去库存速度来看，住宅和商业营业用房待售面积分别减少 148 万平方米和 36 万平方米，而办公楼待售面积却相应增加 32 万平方米。由此可见，与上一轮周期相比，新冠肺炎疫情冲击下的物业类型的需求分化程度呈现出进一步加剧的态势。

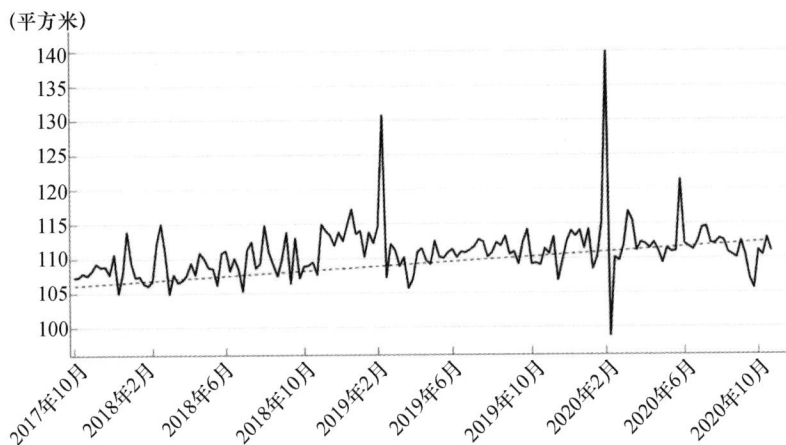

图 5 - 6　2017 年第四季度以来十大城市商品房成交套均面积
当周值变化趋势

资料来源：根据 Wind 数据库相关数据计算整理。

（二）投资者和投机者

1. 从严调控政策基调不变，投资投机型购房需求减少

新冠肺炎疫情的冲击使得市场形势不明朗，不确定性因素增加，加之中央多次强调不将房地产作为短期刺激经济的手段，市场投资意愿降低。2020 年第一季度到 2020 年第二季度中国人民银行《城镇储户问卷调

查报告》显示,被调查储户中预期房价上涨的比例有明显下降,未来3个月准备买房的储户比例跌破20%。但随着总体经济的持续复苏和部分城市房地产市场局部回暖,2020年第三季度预期房价上涨以及未来3个月准备买房的储户比例开始回升,达到年内新高。反映全国房地产市场的基本运行状况的国房景气指数也表现出类似变化特征。与此同时,本周期内近5成被调查储户预期房价基本不变,一定程度上反映了"稳地价、稳房价、稳预期"的持续调控政策取得了阶段性的效果。

表5-1　　2019年第四季度至2020年第三季度全国储户房价预期与购房意愿

（单位:%）

时间	预期房价				未来3个月准备买房
	上涨	基本不变	下降	看不准	
2019年第四季度	26.5	51.5	11.1	10.9	20.7
2020年第一季度	23.0	48.0	15.9	13.1	19.2
2020年第二季度	22.8	51.2	13.2	12.8	19.7
2020年第三季度	25.1	51.2	11.0	12.7	20.1

资料来源:根据2019年第四季度至2020年第三季度中国人民银行《城镇储户问卷调查报告》中的相关数据整理。

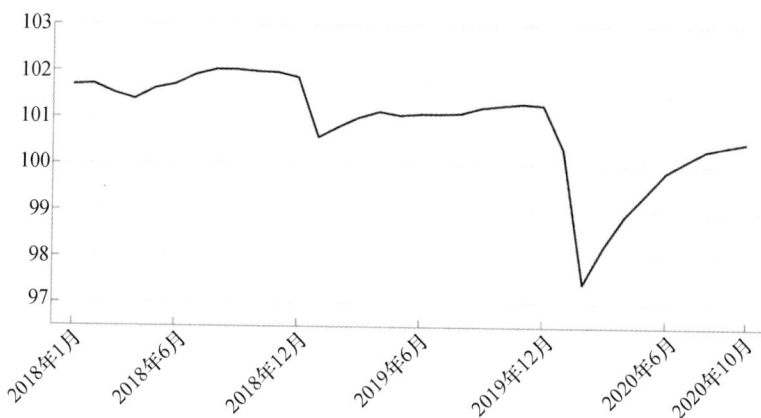

图5-7　2018年以来国房景气指数

资料来源:根据Wind数据库相关资料整理。

2. 投资轮动现象仍暗流涌动，海外热钱流入加大监管难度

受相对宽裕的信贷环境影响，旨在支持实体经济复苏的信贷资金投放绕道进入房地产领域。与按揭贷款相比，通过某些正规或非正规渠道获得的抵押贷款具有可贷金额多（可贷房价7—8成）、贷款利率低（年化利率低近1个点）、办理周期短（5—10天）、还款方式灵活等诸多特点。此前严控违规资金流入房地产市场的限贷政策，在部分热点城市实质上已被突破。投资客资金根据市场供需特征在不同城市和区域之间轮动转换，许多核心城市和城市群如粤港澳大湾区成为本周期内投资投机型购房需求追逐的重点，深圳等热点城市近期出现的"打新房"现象，进一步加大了调控政策的实施难度。

与此同时，受新冠肺炎疫情影响，发达国家普遍实施了量化宽松、负利率等非常规货币政策。截至2020年，美联储的资产负债表扩张至近7万亿美元，相当于2月底全球疫情暴发初期的1.67倍，17个主要经济体名义利率处于1870年以来近150年最低水平。发达国家主动的宽货币引发了新兴市场的政策跟进，且出现了国与国之间跨境资本流动的"溢出效应"，加大了海外热钱流入房地产市场的监管难度。

（三）租房者

1. 住房租赁市场培育效果初显，住房租赁价格渐趋回落

本周期内中央继续加大力度推进住房租赁市场的发展，地方政府积极颁布多项住房租赁支持政策，如鼓励增加租赁住房供应，推出减免租金和发放租金补贴吸引人才等，一定程度上有效平抑了热点城市住房租赁市场的供需矛盾。与此同时，政府加强对住房租赁市场的监管。2019年12月，住建部等6部门印发《关于整顿规范住房租赁市场秩序的意见》，规范住房租赁市场主体经营行为，保障住房租赁各方特别是承租人的合法权益。国家统计局公布数据显示，本周期内70个大中城市租赁房房租同比涨幅持续回落，近年来住房租赁市场的长效机制建设和培育效果显现。

2. 住房租赁市场分化态势开始凸显，一线城市供需矛盾仍在持续

与全国住房租赁市场的整体下行趋势不一致的是，北京、上海、广州、深圳等一线城市的住房租赁价格上涨趋势仍在进一步延续。从2020

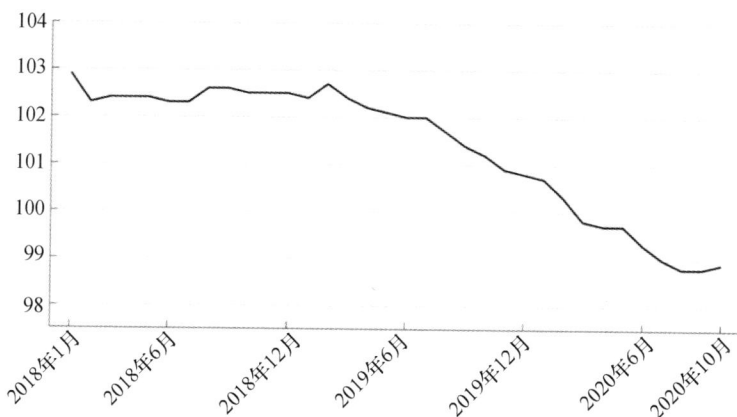

图 5 - 8 2018 年以来 70 个大中城市租赁房房租同比涨幅趋势变化（上年同月 = 100）

资料来源：根据 Wind 数据库和国家统计局相关数据整理。

年第二季度开始，二线城市的住房租赁价格指数已低于 2016 年 1 月的水平，但北京、上海、广州、深圳 4 个一线城市住房租赁价格指数同比仍处于上涨态势，涨幅有所收窄。虽然近年来相继出台的住房租赁支持政

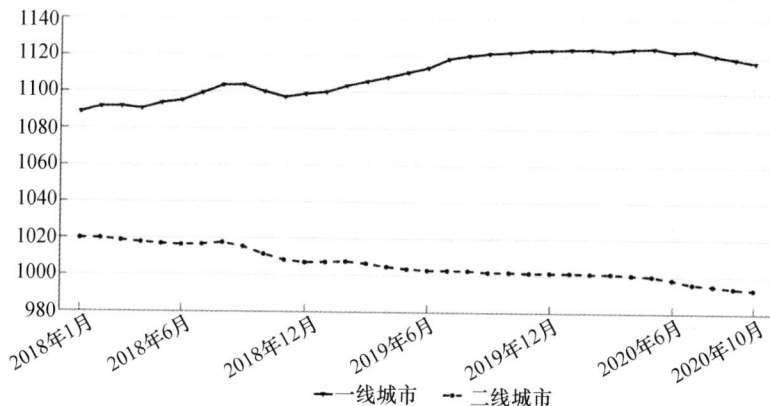

图 5 - 9 2018 年以来一二线城市住房租赁价格指数（2016 年 1 月 = 1000）

资料来源：根据 Wind 数据库相关数据资料和易居企业集团、易居房地产研究院中国房地产测评中心、华东师范大学东方房地产研究院三方共同发布的相关月度《中国城市住房租赁价格指数报告》计算整理。

策进一步规范了住房租赁市场秩序，稳定市场的同时也进一步增加了租赁房房源，对于有效抑制重点城市房租上涨态势起到了关键作用；但是从短期来看，由于北京、上海、广州、深圳等一线城市承载了大量的外来人口和"夹心层"人口，住房租赁市场的供需矛盾一时还难以得到根本性解决。

二 未来住房需求走势预测

2020 年以来，新冠肺炎疫情对世界经济和中国经济形成巨大冲击，其后续演变和影响的程度、范围仍有很大不确定性。综合房地产市场周期、前期需求释放以及政策调控的多重影响，预计下一轮住房需求走势仍将保持总体回调、平稳释放的态势。一方面，"不将房地产作为短期刺激经济的手段"昭示了调控政策的力度和范围将延续，对市场预期将会起到进一步稳定抑制的效果。即便个别城市受疫情和市场供需结构影响出现调控松动迹象，但夯实"一城一策"和城市主体责任的总体基调并不会动摇；另一方面，由于现有购房年龄人口中处于刚性需求和改善型需求群体的年龄段比例较高，二孩政策的滞后影响开始逐步显现，存量住房的房屋质量和舒适度有很大提升的空间。未来刚性需求和改善型购房需求仍有进一步释放空间，租赁房需求的市场预期也将进一步向好。

1. 投资投机型需求：政策调控保持延续

本轮周期内限购限贷、限价限售政策进一步保持延续，加之疫情引致的不确定性因素增加，投资意愿降低，一定程度上抑制了投资投机型购房需求的成交释放。但需求群体对于楼市的长期稳定或下行预期并没有完全达成共识，买涨杀跌的盲从心理和市场观望情绪十分浓厚，投资轮动现象仍暗流涌动。若未来从严调控政策出现松动迹象，投资投机型需求极有可能死灰复燃。2020 年 11 月中央发布"十四五"规划，提出"坚持房子是用来住的、不是用来炒的定位，租购并举、因城施策，促进房地产市场平稳健康发展"，预示着下一轮周期内执行从严调控政策不动摇仍是大概率事件，总体上仍将继续保持限购限贷、限价限售政策的调控定力，对投资投机型需求释放采取露头就打的高压态势，进一步夯实城市政府的主体调控责任。

2. 刚性需求与改善型需求：从持续观望到平稳释放

疫情暴发初期，由于经济和收入增长预期不乐观、市场形势不明朗等因素，居民预防性储蓄动机增强，房地产消费倾向减少，购房观望情绪浓。随着疫情防控工作的持续进行，居民对改善居住体验有更高要求，对住房产品升级和高品质物业服务的需求更明确，对以大户型为代表的改善型需求将被进一步激发与释放，改善型购房需求的比例呈现出逐步提升的趋势，并逐步成为住房需求结构的主体以及支撑市场走势的稳定载体。下一轮周期内，刚性需求群体将会根据各地政策性住房的落地执行来实现需求的梯度释放。由于各地调控政策的持续性，刚性需求与改善型需求群体的正常购房需求难免会受到不同程度误伤。受市场供需结构的影响，个别城市可能会出台相关刚性需求与改善型需求的差异化保护政策，部分开发商出于资金链压力不排除推出一系列降价促销手段，持续观望的刚性需求与改善型需求群体有望实现需求的梯度平稳释放。

3. 租赁房需求：市场预期向好

随着城镇化率的逐年攀升、重点城市房价的持续高位运行以及城市空间范围扩大导致的职住分离群体增加，我国整体住房租赁市场需求潜力巨大。预计到2022年，中国住房租赁市场租赁人口将达到2.4亿人。综合本周期内租赁房市场的秩序维护和政策预期来看，未来住房租赁市场的供需矛盾会逐步趋向缓和。但是从短期来看，重点城市住房租赁市场的供需矛盾还一时难以得到根本性解决，未来住房租赁价格仍将延续温和上浮的总体走势。伴随着政策层面对租赁需求的鼓励支持，比如租金补贴等政策的相继出台，租赁房市场将逐步沿着预期向好、规范有序的方向发展。此外，近期住房租赁行业出现的问题不容忽视。部分长租公寓因扩张过快、杠杆过高，加之疫情后租金下跌、退房增加、出租率下降，出现经营困难，甚至陷入"爆雷""倒闭"风波。租赁平台的诸多问题打击租房群体信心，政府需加强对租房租赁市场的引导与监督，稳定租房主体预期。

三　相关政策建议

从2020年度住房需求主体的市场表现来看，受新冠肺炎疫情冲击和国内外经济形势影响，房地产市场不确定性因素增加，调控政策的连续性和稳定性对住房市场的健康发展意义十分重大。因此，要根据房地产市场发展阶段的变化，以持续改善居民居住条件为目标，以调整市场供求关系为着力点，着重将短期调控政策和长期发展政策有机结合起来。针对本周期内住房需求领域存在的突出问题，本章提出如下几点政策建议。

第一，保持限购限贷、限价限售政策的调控定力，夯实城市政府的主体责任，完善中央和地方的监测、预警与约谈机制。强化并落实房地产调控中央政府的监督责任和地方政府的主体责任，由中央研究确立房地产市场的监测指标体系和预警机制，地方结合评估和反馈信息因势利导对调控政策内容进行补调、适调、升级、细化和退出。根据国际经验和相关研究标准，建议设定房价收入比等总量监测指标和房价环比涨幅等增量监测指标。进一步完善房地产市场日常监测、月度分析、季度评价、年度考核调控机制，将房价收入比高于7的城市纳入常态化监测体系，将房价月度环比涨幅高于1%的城市纳入预警体系，对房价环比涨幅连续高于1%的城市进行季度约谈，将房地产市场运行质量纳入地方政府年度考核指标。

第二，加快推进房屋网签备案系统全国联网，有序推进以城市群为基础的联动限购调控模式。在逐步推进完善不动产统一登记的同时，要以此为基础建立一个公开、有效、透明的统计信息体系，从技术上对刚性需求、改善型需求与投资投机型需求进行有效甄别。根据当前房地产调控形势，建议将城市群作为我国房地产市场差别化精准施策、协同联动调控的主要实施区域。在京津冀、长三角和粤港澳大湾区等热点城市群内部，要加大城市之间调控政策的协调性，加强区域振兴规划与住房市场调控之间的关联性，以城市群为基础实现房地产一体登记、一体限购限贷，有效抑制投资投机型购房需求的区域轮动和泡沫扩散外延。

第三，统筹考虑新房和存量房市场运行规律，进一步提高限价限售政策的精准度和协调性。在我国目前的住房形势下，仍然坚持以增量为主的调控方式已不适应市场化需求，应保证在一定增量供给的前提下去积极盘活二手房市场和租赁市场的存量，明确"租购并举"的住房市场长期发展思路，以防止总量供给过剩而区域结构失调的现象发生。住建部门在制定新房出售指导价时，以不超过周边二手房成交均价的 20% 为宜，防止出现新房与二手房价格倒挂现象，严格查处双合同、阴阳合同等规避限价政策的违规操作行为。限售政策要充分考虑单套住房家庭的改善型换房需求以及城市新房、存量房的库存结构，以单套住房家庭限售 2—5 年、二套及以上住房家庭限售 5—10 年为宜。加快完善房地产市场长效机制建设，完善临时应急性、行政性干预措施的退出机制，逐步实现限价限售政策的有序、良性退出。

第四，充分利用税收、金融等调控手段，提高投资投机型需求购房难度和持有成本，进一步压缩其获利空间。按照抑制炒房行为、盘活存量住房的双重目标，进一步增大反复交易环节、多套持有环节的成本，根据市场行情和持有套数确定合理的起征点和差别税率。针对住房供需矛盾突出城市，可参照新《中华人民共和国契税法》和长沙、北京等城市经验，将二套房契税税率由现有的 1%—3% 提升至 4%—5%，个人所得税、增值税减免条件限定为"满五唯一"，二套房首付比最高提升至 80%、贷款利率上浮 10%—20%，执行"认房又认贷"的限贷措施。加快推进房地产税立法进程和开征试点，明确房地产税的时间表和路线图，增加投资投机者的持有成本和政策预期，压缩炒房获利空间，用市场化方式来进一步规范房地产市场相关主体的行为。

第五，积极应对未来住房需求主体的结构变化，谨防调控政策误伤刚需和改善型需求群体。当前，我国住房需求结构中改善型购房需求的比例逐步提升。因此，在继续保持调控定力的同时，也要谨防调控政策误伤刚需和改善型需求群体。一方面，要保持限购限贷、限价限售政策的调控定力，提高投资投机型需求的购房难度和持有成本，压缩炒房获利空间，用市场化方式来进一步规范房地产市场相关主体的行为；另一方面，要提高限贷限售等政策的精准度和协调性，对年轻群体的首套房刚需，在首付比和贷款利率上予以适当政策倾斜，谨防限购限贷、限价限售等调控政策工具对所有的需求主体"眉毛胡子一把抓"，鼓励和支持合理的住房消费，补充和优化相关政策，促进住房消费健康发展。

第六，积极拓宽投融资渠道，加大资金监管力度，以有效的经济结构调整引导房地产需求结构调整。必须加大有效经济结构的调整力度，重点关注实体经济和新兴产业、"两新一重"等基础设施领域和保障性民生工程，从根本上引导金融机构信贷资金的合理配置。进一步稳定房价、利率和汇率，充分释放股市活力，严控国内外游资热钱、信贷资金违规绕道进入房地产市场。有序推动"三道红线"融资新规在三年过渡缓冲期内扩容扩围，逐步加强对房地产企业表外负债的穿透式监管，进一步规范约束房地产企业的投融资行为。加快完善政策性金融体系，通过定向激励政策引导金融资源增加对上述领域的配置比重，为投放到关系国计民生及保障性领域中的商业性金融资源提供增信支持。

第七，建立完善供需匹配的分类城市住房调控体系。加快建立与城镇化态势和人口流向相一致的分类城市住房调控体系，在土地指标、住房供给总量、限购力度以及信贷政策方面，实行差异化的分类调控政策，有效防止结构性过剩与结构性短缺并存的现象持续蔓延。在部分人口流失严重的地区，可以尝试用地指标和宅基地、房屋使用权跨区域调配置换的可行性。在土地审批环节，各地应该适时调整住宅用地与工业用地、商服用地的供给比例，根据经济发展和人口结构状况制定中长期的土地和房地产供给规划，必要时可以尝试"商办改住宅"等房地产用途结构的调整。积极利用集体经营性建设用地入市的政策契机，有序推进符合规划许可和项目要求的土地入市流转，以解决重点城市住房供需紧张的结构矛盾。

第 六 章

中国住房地方政府形势分析与预测

蔡书凯

  2020 年年初，为有效应对新冠肺炎疫情影响、最大限度降低疫情对房地产市场的冲击，保障房地产市场平稳运行，地方政府从供需两端密集出台政策稳预期、促发展。部分城市借疫情之机出台楼市松绑刺激政策，但大都被叫停或调整，地方政府期待的松动与默认再次落空，出现了罕见的多地楼市调控"一日游"。2020 年第三季度以后，中央多次严厉重申"房住不炒"定位，地方政府"因城施策"下相机决策，松紧有别，部分热点城市楼市调控趋紧。但部分城市的限制炒房政策有意无意之中留下漏洞，未达有效边界，"犹抱琵琶半遮面"现象突出。调控模范生长沙、北京树立了楼市调控标杆，无房户优先购房则利好刚需、无房家庭。未来，宏观经济稳步向好预期较强，部分热点城市依然存在被热炒的可能。在经济下行压力较大的背景下，地方政府土地财政依赖依然严峻，地方政府的调控行为多源于严厉重申下的外部压力，内在动力依然不足。"房住不炒"高压下地方政府调控放松的空间进一步被压缩，稳定楼市依然是地方政府的唯一和最优选择，托底还是打压则"因时而变"。"因城施策"背景下地方政府放松调控的意愿依然真实也无须多言。因为地方政府的行为依然是理性人的必然选择和两难抉择，期待所有城市都构建起明晰化、合缝化、闭合化、机制化和动态化的房地产调控政策体系任重而道远。地方政府理想行为的达至尚需多维的制度支撑，譬如，进一步优化细化中央和地方的财政关系，试点赋予地方政府一定的房地产金融调控权，加大保障性租赁住房建设力度和完善长租房政策，或者房地产税也是不错的选择。

一 地方政府行为回顾

（一）时间维度：前松后紧

1. 2020 年上半年政策放松以应对新冠肺炎疫情影响

新冠肺炎疫情导致很多售楼部关门，部分楼盘采用网上交易方式，线下楼市成交遇冷，各线城市同环比齐降（见表 6－1）。为有效应对疫情影响、最大限度降低疫情对房地产市场的冲击，保障房地产市场平稳运行，各地更加灵活坚持"因城施策"，超过 20 个省市发布多项涉及房地产领域的政策，从供需两端密集稳预期、促发展。

表 6－1　　　　　　2020 年 2 月主要城市房地产市场交易情况

城市	成交套数 （套）	成交面积 （万平方米）	成交面积 （环比:%）	成交面积 （同比:%）
北京	1632	15.48	－71.97	－37.51
上海	1953	19.53	－75.26	－74.39
广州	1394	14.98	－62.97	－65.38
深圳	830	8.52	－67.64	－33.15
一线城市	5809	58.51	－70.88	－62.74
南京	2242	25.48	－56.22	43.94
苏州	1927	24.58	－58.34	23.74
西安	358	4.93	－94.80	－92.89
重庆	70	0.85	－99.15	－98.44
二线代表城市	10329	123.18	－80.05	－66.56
东莞	418	4.90	－83.34	－65.83
惠州	290	3.47	－78.30	－61.72
泉州	218	2.66	－82.20	－89.54
扬州	68	0.85	－96.28	－92.87
三线代表城市	2811	34.67	－76.58	－75.08

资料来源：中国城市与竞争力指数数据库。

　　地方政府采取的措施：一是延期缴纳土地出让金、延迟竣工时间。上海、无锡、苏州等多个城市出台政策，规定受到疫情影响，未能按土地出让合同约定按期缴付土地出让金，不算违约，不收滞纳金和违约金。受疫情影响未能按期开工、竣工的项目，不算违约。二是降低预售条件。针对部分房地产项目疫情影响施工建设的情况，无锡、河南、苏州、安徽等地规定，在申请预售时形象进度要求可以适当放松。三是出台购房补贴政策。安徽马鞍山、湖南衡阳等地出台政策，由市财政对符合条件购房人的契税进行财政补贴。安徽繁昌出台政策，规定对在繁昌就业创业的全日制高校毕业生，给予 1 万—4 万元不等的购房安家补助。四是出台人才住房保障政策。部分城市出台人才住房保障政策放宽了人才落户条件，如青岛市规定将"先落户、后就业"政策放宽到毕业学年在校大学生，部分城市对人才住房给予一定的折扣。同时，一些地方积极推进科学防控和有序复产，在确保防控的首要前提下，房地产复工复产也在有条不紊地开展，这有利于促进房地产市场平稳健康发展。

　　从以上主要应对措施来看，地方政府的应对措施呈现以下三个特点。一是出台的政策更多地着眼于房地产市场的供给端。这既对房地产企业缓解企业资金压力，提高资金周转效率起到重要作用，同时也有利于增加企业投资信心，扩大市场供给。个别城市也出台了针对需求端的政策，给予购房补贴、人才购房优惠，但整体上看针对需求端的相关政策出台相对偏少。二是出台的政策主要针对一手房市场。事实上二手房市场受到的影响极大，新冠肺炎疫情使得宅在家中成为居民的主旋律，很多小区管制使得顾客无法看房，依赖线下看房来促成交易的二手房市场全面萎缩。数量众多的小型二手房经纪公司面临关闭的风险。三是出台的政策主要针对住宅市场。针对受影响更深的商办租赁市场，还没有看到相关政策。商办租赁市场有可能面临退租率上升、续约率下降等现象，后期空置率有可能进一步上升。

　　2. 2020 年下半年政策全面转向

　　2020 年第三季度以后，国家房地产政策环境有所转向，中央多次严厉重申"房住不炒"定位，不将房地产作为短期刺激经济的手段，多地楼市调控趋紧，以稳定楼市预期。2020 年 7 月 24 日，中共中央政治局常委、国务院副总理韩正主持召开房地产工作座谈会，强调要坚持问题导向，高度重视当前房地产市场出现的新情况新问题，时刻绷紧房地产调控这根弦，坚定不移地推进落实好长效机制。要全面落实城市政府主体责任，发现问题要快速反应和处置，及时采取有针对性的政策措施。2020年8月26日，住建部召开部分城市房地产工作会商会，把思想和行动统一到以习近平同志为核心的党中央决策部署上来，毫不动摇坚持房子是用来住的、不是用来炒的定位，坚持不将房地产作为短期刺激经济的手段，保持调控政策的连续性稳定性，确保房地产市场平稳健康发展。多地开始收紧房地产调控政策、升级调控。

表6-2　　　　　　　　　　2020年多地升级房地产调控政策

城市	主要措施
9月6日 沈阳	严格住房用地出让溢价率管控，采取"限房价、竞地价""限地价、竞配建、竞自持"等方式出让住房用地。房地产开发企业竞配建、竞自持部分不计入商品住房开发建设成本。严格执行个人购买首套商品住房首付比例不低于30%的规定，第二套商品住房首付比例提高到50%。首付款须一次性支付，禁止分期支付和"首付贷"。将个人住房转让增值税免征年限由2年调整到5年
9月11日 常州	常州市区（不含金坛区）的商品住房（包括新建商品住房和二手住房），自取得不动产权证满4年后方可上市交易，新购买商品住房的时间以商品房合同网签备案时间为准。对已拥有一套住房且相应购房贷款未结清的居民家庭，再次申请商业性个人住房贷款购买商品住房的，最低首付款比例调整为不低于60%
9月14日 成都	增加住宅用地供应，优化供应结构，住宅用地占经营性用地的比重不低于60%，供需紧张区域不低于70%，优先确保保障性住房用地供应；严格审查购房首付资金来源，严防消费贷款、个人经营性贷款等违规挪用于购房。提高公证摇号中棚改、无房居民家庭优先的比例，棚改优先最低比例由10%提高到20%，无房居民家庭优先最低比例由棚改优先后剩余房源的50%提高到60%
9月23日 长春	加强住用房用地供应管理。部分区域采取"限价、竞地价""限自持、竞地价"方式出让住宅用地。购买首套商品住房贷款最低首付比例不得低于30%，购买第二套商品住房最低首付比例不得低于40%。不予发放第三套及以上商品住房贷款

	城市	主要措施
9月28日	唐山	从增加住宅用地供应、"限房价、竞地价"、第二套房首付比例升至50%、打击捂盘惜售投机炒房等几个方面，加强房地产调控
9月29日	银川	在科学确定全市住房用地供应总量和年度用地规模的基础上，增加住宅用地供应量。根据需要，在主城区重点区域实行"限房价、竞地价"联动土地出让政策。非宁夏户籍居民家庭在银川市内限购1套商品住房。银川市辖三区新取得预售许可的商品住房项目购房人，自签订商品房买卖合同之日起满2年后，方可转让

（二）调控维度：拉锯与纠葛

2020年，河南驻马店、广东广州、陕西宝鸡、山东济南、浙江海宁、山东青岛、广西柳州、江苏淮安、湖北荆州等地出台了刺激市场的政策，这些政策多为刺激需求的政策，但这些政策的存活时间都不到半天，出现了楼市调控政策"一日游"的现象（见表6-3）。说明地方政府有强烈的松动楼市、通过刺激需求来激活楼市和土地市场的意愿，希望出台政策来试探中央的楼市调控决心，但触碰"用房地产刺激经济发展"，有违"房住不炒"主基调，被迅速收回。在多地放松调控政策被叫停的背景下，依然有很多城市不断出台试探政策，主要原因是地方政府对土地财政的依赖，疫情背景下稳定经济的要求。在现行的制度安排下，地方政府既是房地产业的重要管理者，又是房地产市场的直接受益者、土地市场的唯一供给人，多维角色的冲突决定了房地产业运行过程中地方政府角色行为的内生性。在房地产基础政策不变的前提下，各地城市松绑政策的试探依然可能会再次出现。

表6-3　　　　　　　　**楼市调控政策"一日游"主要城市**

	主要内容
驻马店	2020年2月21日，河南省驻马店市政府发布17项"稳楼市"新政：涉及购房补贴、降低首套房首付比例、提高公积金贷款额度等。驻马店首开需求端刺激政策，力度超过其他以供给端支持为主的城市。2月28日，河南省政府官网发文指出，驻马店出台的新政引起了社会媒体"放松调控"的解读和炒作，省政府当日约谈了驻马店市人民政府主要负责同志。随后，驻马店政府称：文件已撤回，按照原政策执行

	主要内容
广州	2020 年 3 月 3 日，广州出台取消商服类项目（公寓、商铺、写字楼）限购政策。3 月 4 日，该政策被撤回
宝鸡	2020 年 3 月 12 日，陕西省宝鸡市政府办公室发文，包括要求各银行积极争取降低首套住房贷款首付比例政策，公积金贷款最高额度由 40 万元提高至 50 万元。这个政策文件发布的当天晚上就被悄无声息地撤回了
济南	2020 年 3 月 15 日发文称：在先行区直管区范围内购买二星级及以上绿色建筑商品住宅的，不受济南市限购政策约束。3 月 17 日，该消息被撤回
荆州	湖北省荆州市 2020 年 4 月 18 日出台一系列房地产支持政策。其中规定，居民家庭购买首套房时首付比例不低于 20%；购买第二套房且首套房贷款未结清的居民家庭，首付比例不低于 30%。湖北省荆州市随后称，决定停止执行该楼市新政
海宁	2020 年 3 月 25 日至 4 月 24 日云上房博会期间，非海宁户籍人口在海宁限购一套住房政策暂不执行。换句话说，非海宁户籍人口在海宁可以买多套房。该优惠政策在公布后仅仅一个半个小时就被紧急撤回
淮安	2020 年 4 月 22 日，淮安宣布外地人购房限购条件已经放开，不需要再提供 1 年个税或社保证明就能购房

（三）城市维度：松紧有别

基于大国背景，中国部分热点城市人口流入量较大、需求旺盛、土地供应偏紧，一旦放松调控，楼市存在迅速反弹的可能；大多数三四线城市的楼市源于人口外流、产业支撑不足以及多重政策叠加的影响，楼市相对低迷。在中央"房住不炒"的主基调下，根据"因城施策"精神，有的城市开始"救市"、降价促销；而部分热点城市则在继续收紧调控（见表 6-4）。

表 6 - 4　　　　　　　　　　　区域政策分化

	城市	时间	主要措施
继续收紧	深圳	2020 年 7 月 15 日	深户居民家庭、成年单身人士（含离异）须在本市落户满 3 年，且能提供购房之日前在本市连续缴纳 36 个月及以上个人所得税或社会保险证明，方可购买商品住房。非深户居民家庭、成年单身人士（含离异）继续按照提供购房之日前在本市连续缴纳 5 年及以上个人所得税或社会保险证明方可购买商品住房的规定执行。夫妻离异的，任何一方自夫妻离异之日起 3 年内购买商品住房的，其拥有住房套数按离异前家庭总套数计算。完善差别化住房信贷措施。将个人住房转让增值税征免年限由 2 年调整到 5 年
	东莞	2020 年 7 月 25 日	非本市户籍居民家庭在本市购买第一套商品住房的（新建商品住房或二手商品住房），须提供购房之日前 2 年内在本市逐月连续缴纳 1 年以上社会保险证明；购买第二套商品住房的，须提供购房之日起前 3 年内在本市逐月连续缴纳 2 年以上社会保险证明。非本市户籍居民家庭在本市行政区域内拥有 2 套及以上商品住房的，暂停向其销售商品住房。在 2017 年 4 月 11 日零时后网签的新建商品住房和二手住房，须在取得《中华人民共和国不动产权证》满 2 年后方可进行网上签约交易
	杭州	2020 年 9 月 4 日	继续推行住宅用地"限房价、竞地价"出让方式。同时，要定期公开土地出让计划和已出让土地开工情况，接受社会监督。加强住房贷款审慎管理。本市范围内购买新建商品住房，在办理房屋不动产证时方可缴纳契税。以父母投靠成年子女方式落户本市的，须满 3 年方可作为独立购房家庭在本市限购范围内购买新建商品住房和二手住房。调整了无房家庭认定标准
	西安	2020 年 12 月 1 日	收紧预售许可政策。在西安市已拥有住房面积在 90 平方米及以下的居民家庭：购买第二套住房面积在 144 平方米及以下的，商业贷款首付比例不低于 40%；购买第二套住房面积在 144 平方米以上的，商业贷款首付比例不低于 50%

	城市	时间	主要措施
继续收紧	宁波	2020年12月10日	从强化住房购买资格管控、加强购房合同更名及住房赠与交易管理、调整住房信贷首付比例等方面，对2010年7月6日的调控新政进行了补充完善。无房家庭优先认购新建商品房的，除增加购房人配偶或者变更为购房人配偶外，不得办理商品房买卖合同购房人变更备案手续。对于宁波市六区已有1套住房且相应贷款未结清的居民家庭，再次购买住房、申请商业性个人住房贷款的，贷款首付比例不得低于60%；对于宁波市六区已有1套住房且相应贷款已结清的居民家庭，再次购买住房、申请商业性个人住房贷款的，贷款首付比例不得低于40%
适度放松	郑州	2020年11月5日	鼓励和支持选择货币补偿等多元化安置方式，确需实物安置的，实物住宅安置面积不超过人均平方米
	哈尔滨	2020年11月18日	明确鼓励房企采取打折促销、团购等方式让利销售新建商品房；公积金贷款项目随时提交随时审批

二 2020年地方政府行为的亮点

（一）无房户优先购房

为坚持"房住不炒"定位，部分城市出台政策，提出无房户优先购房，从而压制炒房投机行为，利好刚需、无房家庭（见表6-5）。

表6-5 **2020年无房户优先购房政策**

	城市	主要内容
7月15日	深圳	《关于进一步促进我市房地产市场平稳健康发展的通知》中提到：对社会关注度较高、预计购房人数较多的热点楼盘，房地产开发企业应当按照优先满足无房居民家庭购房需求的原则。2020年9月，位于光明的电建地产洺悦府入市，开启了深圳公证摇号中的"无房优先"模式，成为深圳首个所有房源均售给无房户的楼盘

续表

	城市	主要内容
7月22日	宁波	宁波户籍的无住房家庭、在本市有稳定工作并已连续缴纳24个月社会保险的非本市户籍无住房家庭，或家庭成员属于本市引进人才的非本市户籍无住房家庭，可以在供求矛盾突出的商品住房楼盘销售中，优先认购商品住房
9月4日	杭州	"热点楼盘"要优先满足无房家庭的需求，对无房家庭的倾斜比例要达到80%
11月24日	成都	登记购房人数在当期准售房源数3倍及以上的，全部房源仅向已报名登记的无房居民家庭及棚改货币化安置住户销售，其中无房居民家庭房源不低于房源数的70%，剩余房源用于棚改货币化安置住户选购

（二）部分城市构建了楼市调控标杆

长沙、北京等城市提高政治站位，持续将加强房地产调控作为一项重大政治任务和民生工程来抓，与防范化解重大风险、推动经济高质量发展紧密结合，精准施策、务求实效；坚决"反炒房"，坚持主动调控、严格调控、精准调控，采取市场化、规则化、透明化措施。各项监管与政策完备并且实施力度达到了有效边界，树立了楼市调控的标杆。

第一，住房需求方面。在限购上，长沙规定：本地单身户籍或非本地户籍家庭，限购一套商品住宅；已婚以家庭为单位限购两套，且取得不动产权属证书满4年后方可购买第2套；外地户口需连续缴纳24个月社保或个税方可限购一套；暂停企业购买商品住房。不同于部分热点城市要求专科即可，长沙要求至少博士、正高职称以上，堵住了利用人才落户炒房的可能。夫妻双方离异（未再婚）不满两年的，以离异前配偶和未成年子女的信息作为查询家庭住房套数的依据，堵死了假离婚买房的漏洞。在限售上，长沙规定：商品房居民和企业必须分别在取得产权证4年和5年后方可转让，不同于部分城市只要求2年或者要求在网签后5年。

第二，住房供给方面。首先在价格方面，长沙市出台了"限房价、竞地价"政策，在土地出让时就设定了最高销售价格。同时，明确商品住房价格由"成本＋利润＋税金"三部分组成，其中平均利润率为6%——

8%。全装修住宅的装修价格不得超过毛坯价格的15%。杜绝了房价大幅上涨预期。其次在开发方面，长沙规定：凡应开工而未开工，或已开工但工程进度缓慢，不能按用地合同约定的开工、竣工时间上市销售的，按土地出让合同约定补缴土地闲置费，依法依规追究企业有关责任。杜绝了炒地可能。再次在销售监管方面，长沙规定：对开发企业隐瞒信息、捂盘惜售等违规行为，进行曝光、约谈、纳入"黑名单"，暂停办理其在建工程抵押和新项目报建手续，暂停其参与土地市场招标、拍卖、挂牌，扰乱市场秩序的惩罚力度达到有效边界。最后在供应体系方面，长沙通过多种途径（如建设公租房、改造老旧校区、建设青年公寓等）保障住房总量及结构，与住的需求大致匹配。长沙2020年计划建设公租房9600套，改造老旧小区123个，建设青年公寓项目10个，计划到2021年筹集租赁住房7.75万套。发挥了保障性住房的托底功能。

第三，税收监管方面。长沙近年来先后规定：购买144平方米以上的首套房和第二套房的契税全额按4%征收。自用未达5年转让不动产，应依法适用20%的比例税率缴纳个人所得税。深圳在2020年7月将个人住房转让增值税征免年限由2年调整到5年。显著增加了炒房者的转让成本。

第四，土地供给方面。在价格上，长沙实行"熔断+摇号"的限价机制。国土部门按不高于土地挂牌起始价的150%，综合拟定土地交易最高限价，当竞价达到最高限价时，停止网上竞价，摇号决定获得者。2019年长沙的土地价格同比仅增长3.3%；在总量上，根据需求保障市场土地供给，2019年土地供应量上涨44.2%。在结构上，长沙规定商品住宅用地和安居型住宅用地挂钩，安居型住宅用地占住宅用地的比重不少于60%。

第五，金融监管政策方面。首先在对金融机构向消费者融资方面，长沙二套房首付比例，名下贷款结清为35%，未结清为45%。北京规定购买普通第二套自住房的首付款比例不低于60%，购买非普通第二套自住房的首付款比例不低于80%。对第二套房的认定，认房又认贷。离婚一年以内者申请商贷和公积金贷款均按第二套房信贷政策执行。深圳2020年规定购买第二套普通住宅的首付为70%，"非普住宅"首付为80%。其次在对金融机构向开发商融资方面，北京银保监局严格执行国家银保监会相关规则并兑现惩罚。最后在对金融机构的监管和政策方面：北京严查资金用途合规性，严防信贷资金违规流入网络借贷平台、房地产市场等禁止性领域。

总体上，除金融税收一些政策决策权源自国家和省级部门外，长沙、北京等城市的其他各项政策总体做到了有效衔接并达到有效边界，包括人才落户政策与限购政策、限购政策与离婚购房政策、土地政策与限价政策等。规定：至少博士、正高职称以上人才，才能享受长沙户籍人口购房政策，从而达到限制炒房的效果。房地产领域的新情况、新问题不断出现，需要地方政府针对房地产市场中的问题，及时、迅速出台应对政策，遏制投资者炒房。总之，长沙、北京等地围绕"稳地价、稳房价、稳预期"，树立了楼市调控的标杆，也为其他城市的楼市调控提供了可资借鉴的经验。

三　存在的问题

（一）部分城市或将面临热炒风险

如果以长沙、北京等城市的楼市调控政策，对照各城市目前出台的相关政策及其组合，发现不少城市的政策力度不够或存在漏洞，无法有效遏制投机炒房。这提示未来一些具备炒作条件的城市，尤其二线城市以及环一线、二线城市还有被热炒的风险。

第一，在住房需求方面。首先，限购方面，苏州、无锡、东莞、佛山等城市对离婚购房没有限制，不少城市的限购形同虚设，比如对二手房没有任何限制、限购区域仅仅包括主城区一部分、人才落户购房门槛极低。其次，限售方面，不同于长沙5年限售期，昆明、成都、苏州、南京、贵阳、武汉、郑州等城市规定3年限售期，宁波、广州、东莞、长春、大连、重庆、西安、无锡等城市为2年限售期，沈阳、宁波、昆明、苏州等限售区域和时间门槛更低，更有不少城市没有这项规定。

第二，在住房供给方面。2018年以来70多个城市实施新建住宅限价销售政策，制造了炒房机会，武汉、杭州、深圳、成都、南京等热点城市新房采取摇号销售。一些城市的企业哄抬房价、价外加价、捂盘惜售、虚假广告等行为没有得力的监管。一些城市如南通、宁波、大连、郑州、杭州的库存去化周期分别为 2.8 个月、3.3 个月、3.5 个月、3.7 个月、3.8 个月，短期供给不足。保障性住房供给质量不高、数量不足。

第三，在土地供给方面，首先土地定价边界不到位，不少城市并没有持续坚持限价、熔断等限炒竞拍政策。导致宁波、成都、东莞、苏州以及一些三四线城市 2020 年纷纷出现高价拍地现象。其次，购地资金监管和惩罚不到位。许多城市对开发企业审核及惩罚力度有限。最后，土地利用监管和惩处不到位。部分开发企业囤积土地，购而不用。

第四，在财税政策和监管方面，总体上，目前房地产交易税费的决策权力还没有下放到城市，针对炒房的政策还远未达到有效边界。首先在增值税方面，北京、上海、广州和深圳之外的地区，个人将购买 2 年以上（含 2 年）的住房对外销售的，免征增值税。北京、上海、广州和深圳，个人将购买 2 年以上（含 2 年）的非普通住房对外销售的，以销售收入减去购买住房价款后的差额，按照 5% 的征收率缴纳增值税；北京、上海、广州和深圳，个人将购买 2 年以上（含 2 年）的普通住房对外销售的，免征增值税。其次在所得税方面，各地执行国家统一规定：以转让收入的 1%—3% 或转让所得的 20% 征收个人所得税。对出售自有住房并拟在 1 年内重新购房的，全部或部分退还纳税保证金；对个人转让自用 5 年以上且为家庭唯一生活用房取得的所得，免征个人所得税。但各地执行力度总体不够。此外，因限购政策的存在，目前契税对限炒的作用不大。北京、上海、广州、深圳对个人购买第二套房按接近全额税率征收，其他城市面积分 90 平方米以下和以上分别按 1% 和 2% 的税率征收。契税方面，对第二套改善型住房，长沙市对个人购买家庭第二套改善型住房，契税按 4% 税率征收。北京、上海、广州和深圳这四个一线城市，第二套房契税税率均为 3%。其他城市均有不同程度的契税优惠，第二套房房屋面积为 90 平方米及以下的，减按 1% 的税率征收契税；第二套房面积为 90 平方米以上的，减按 2% 的税率征收契税。增值税、个人所得税等方面主要城市差异不大。

第五，在金融监管方面，首先在贷款比例方面：无锡、东莞、宁波等城市第二套房首付 4 成，比率较低。其次在首付来源方面，一些城市仍然存在消费贷款用于购房首付款，经营贷款用于支付购房款。最后在金融监管方面，一些城市的商业银行、消费金融公司、互联网借贷平台等借贷业务、借贷用途、资金流向等方面监测和惩治不力。

第六，一些城市的政策组合存在漏洞。虽然一些城市的某些政策（比如限购）比较严厉，但另一些政策（比如限售、人才落户购房）比较宽松，可能导致限炒政策疏漏和失效。一些城市（如西安、南京、杭州、宁波、无锡、苏州、沈阳、佛山）的落户门槛低，从而使限购等政策被突破。南京人才落户及购房政策冲击限购，杭州人才落户及购房政策冲击限购。近年来，除了重庆以外的 29 个二线城市都出台了不同程度放宽的人才政策，从而使限购政策等出现漏洞。

（二）部分地方政府的土地财政依存度在加深

部分地方政府土地财政（土地出让金/一般公共预算收入）的依赖度在不断加深。地方政府的收入除了不断攀升的地价（即土地出让金），还包括和房地产相关的各种税收。对于地方政府来说，楼市的繁荣不仅有助于改善当地 GDP 数据，也会带来巨额的土地出让收益和财税收入，从而获得更多城市建设资金。由于地方政府嵌入房地产市场太深，绝大多数地方政府对土地财政的极度依赖仍未有丝毫改观（见表 6－6）。特别是在疫情影响、经济下行压力较大的背景下，地方政府财政收入减少、支出增加，地方政府存在强大的"托市"动机，反映在地方政府行为上，可能对楼市的过度行政干预，带来市场的过度扭曲。

表 6－6　　　　　2017—2019 年土地财政依赖度前 20 城市　　（单位：亿元,%）

排名	城市	2019 年卖地收入	2019 年土地财政依赖度	2018 年土地财政依赖度	2017 年土地财政依赖度	平均
1	阜阳	357.47	178.72	233.42	260.89	224.34
2	湖州	411.48	126.72	210.83	212.49	183.35
3	菏泽	359.10	166.79	221.02	144.49	177.43
4	温州	1016.39	174.77	133.20	176.62	161.53
5	嘉兴	771.84	134.22	132.39	187.80	151.47
6	杭州	2836.63	141.30	137.04	146.28	141.54
7	常州	815.74	137.35	154.65	124.50	138.83
8	福州	1230.19	183.38	110.68	109.97	134.67

排名	城市	2019 年卖地收入	2019 年土地财政依赖度	2018 年土地财政依赖度	2017 年土地财政依赖度	平均
9	金华	600.38	147.75	134.34	120.15	134.08
10	济南	788.28	96.79	128.00	159.30	128.03
11	佛山	775.26	106.35	127.14	141.33	124.94
12	绍兴	865.39	158.03	82.12	124.92	121.69
13	昆明	1011.62	162.06	106.25	87.20	118.50
14	南通	807.74	128.99	119.63	103.60	117.41
15	郑州	1289.85	105.02	125.86	113.73	114.87
16	合肥	905.51	120.46	95.33	125.59	113.80
17	台州	550.70	126.58	112.96	101.40	113.65
18	太原	515.67	132.09	112.32	95.20	113.20
19	南宁	526.63	142.99	94.87	101.74	113.20
20	徐州	561.02	113.30	95.75	111.60	106.88

四　地方政府行为预测

（一）"房住不炒"高压下调控很难放松

2019 年 4 月的中央政治局会议提出，坚持"房住不炒"定位，落实好一城一策、因城施策、城市政府主体责任的长效调控机制。2019 年 7 月的中央政治局会议提出，坚持房子是用来住的、不是用来炒的定位，落实房地产长效管理机制，不将房地产作为短期刺激经济的手段。从中央政府的一系列调控做法来看，本轮中央政府的房地产调控决心超过历次调控，而且调控手段更加全面科学。特别是在"国内大循环为主体，国内国际双循环相互促进的新发展格局"背景下，房价、地价的过快上涨，可能会对消费产生一定的挤压。因此，在"房住不炒"大的基调下，地方政府的房地产调控行为不可能全面放松。但随着前期政策效果的逐步显现，政策收紧的空间已明显缩小，地方政府将更多聚焦在保障刚需群体的住房需求，抑制投资投机需求。

（二）"因城施策"背景下地方政府放松房地产调控的意愿将长期存在

地方政府仍然是房地产市场发展的"利益者"。这为地方政府获得了谋求自身利益的动机和行动空间，为地方政府将追求利益最大化的激励转变为现实的"经济人"行为提供了制度条件。"土地财政"在部分地区已经成为地方政府的主要财政非税收入来源，成为地方财政收入的"产业"支柱。在"因城施策"背景下，地方政府放松房地产调控的意愿将长期存在。在坚持房地产市场平稳健康发展的总体目标下，"一城一策"的施政方针也给了地方政府边际放松地产调控政策的狭窄空间，一些楼市高库存、低去化的城市开始打楼市调控的擦边球。在房地产市场下行、变冷背景下，预计会有更多的地方政府放松限购，出台购房补贴和折扣的落户政策，放宽公积金/首付比例等政策，希望通过政策边际放松、行政干预措施来扭转房地产市场的低迷行情，来维持土地市场的热度。

（三）部分三四线城市调控重点将转向稳定市场

由于三四线城市缺乏有效的产业支撑，人口总量较少，刚需购房者的数量也相对大中城市来说更少，而且很多城市还是人口流出城市。过去几年，购房者的快速大量入场也使得三四线城市的未来需求被大量透支。从人均居住面积来看，中国人均居住面积已经超过了西班牙、韩国和中国台湾等经济较发达国家和地区。从商品房库存来看，三四线代表城市短期库存去化时间为13.3个月，已连续回升16个月。部分三四线城市过去一段时间房地产市场规模持续增长的态势可能发生逆转。因此，未来部分城市将可能会在增加购房补贴、放松公积金政策等方面进一步加大引进人才力度，放宽落户限制，以促进当地房地产市场的稳定发展。

（四）财政重压下的部分地方政府可能重新走向无节制卖地的老路

新冠肺炎疫情及防控对国民经济的实质性影响将长期存在，世界经济复苏乏力，以及经贸形势不确定性进一步增加等负面影响，地方政府财政收入进一步承压。房地产市场销售的低迷不断向土地市场传递，地方政府更直接的压力来自房地产市场低迷导致的土地"钱袋子"缩水。

根据已公布的数据，2020 年，部分省市土地出让金出现大幅度下滑。房地产业对地方政府 GDP 和财政收入的拉动作用都在削弱，地方政府面临如何寻找新的经济增长动力和财政收入来源的问题。在减税降费、经济整体比较低迷的背景下，地方政府短期内并无其他更有效的办法增加财政收入，增加财政收入可行的办法还是加大土地出让。部分地方政府可能重新走向无节制卖地的老路，解决结构性矛盾，解决经济增长动能转换带来的阵痛。

五　对策与建议

（一）构建明晰化、合缝化、闭合化、机制化和动态化的政策体系

地方政府应该建立起明晰化、合缝化、闭合化、机制化和动态化的房地产调控体系，实施房地产市场平稳健康发展长效机制，从而更有效的落实城市主体责任，更好实现"稳地价、稳房价、稳预期"目标。

第一，明晰化各项具体政策目标及力度的有效边界。在住房需求方面，持有住房数量边界是一定套数，超过这个临界点，可以大致确认炒的成分大于住。限购区域内，本地单身购买一套，本地家庭有条件购买两套，外地人有条件购买一套。住房持有时间的边界是有足够长的时间，住与炒的时间临界点一般可在 5 年。在住房供给政策与监管方面，住房价格边界是利润率保持在合理区间，新房用成本＋税金＋利润（平均利润率）测算住房开发和销售的边界是合理合规的。对违规行为的惩罚力度足够且及时兑现。供应体系方面要保持总量及结构与需求大致匹配。由于人口和收入增长、住房存量等相对稳定，短期内的住房需求总量和结构是可以预测的。基于人口和收入增长、住房存量等制定土地供应计划和保障房供应计划，并确保计划有效实施。在住房用地政策与监管方面，一般需要明确每宗地开发建设时间原则上不得超过 3 年，防止开发商囤地；普遍实行土地最高限价拍卖政策，达到最高价后或者竞配建或者竞自持或者"熔断＋摇号"；供应体系方面要保持总量及结构与需求大致匹配，商品住房库存消化周期保持在 12—18 个月，安居型住宅用地占比不少于 50%。在住房金融政策与监管方面，要明确金融机构对房地产贷款占总贷款存量和增量不高于一定比例，比如 25% 和 30%；资金使用

合规，严禁各类金融机构通过各种渠道和手段违规将资金输入购地、开发和购房；在金融政策方面，第二套房首付比例为 60%，多套房为 100%。贷款利率二套及以上基于基准利率累进上浮。在住房税收政策与监管方面，要实现总体缴税额度达到用于炒的交易和持有净收益为零；在增值税方面，个人将购买不足 5 年或拥有两套及以上的住房对外销售的，按照 5% 的征收率全额缴纳增值税；在契税方面，144 平方米以上住房或两套及以上实行全额征收；在个人所得税方面，持有时间 5 年以上（含 5 年）税率为 0，3—5 年（含 3 年）交易税率为增值的 20% 或房价的 1%，1—3 年（含 1 年）为 50% 或房价的 2%，1 年之内为 70% 或房价的 3%；并对疑似炒房的按照目前房产交易税费的最高税率从高、从严征收，使炒房者支付更高的税收成本，达到最终炒房者的净收益趋向于零。国际经验也表明，税收是抑制炒房的较为有效的经济手段。例如，2018 年 8 月，温哥华卑诗省向海外房地产投资者征收 15% 的额外房屋转让税，该地区的房价立即全面降温。德国对持有一定年限内部分出售房产征收房产增值部分 25% 的资本利得税。2016 年 11 月，中国香港对永久居民购买第二套房征收 15%、非永久居民在港购房征收 30% 的印花税。

第二，合缝化各项政策及其组合。让各种政策及力度相互之间始终处于无缝对接状态。契合化各项因城施策的具体政策。各城市具体"施策"要与"因城"的发展环境及城市基本面相契合，以差异化的政策及力度达到政策目标所需要的有效边界。如在购房资格方面，各城市对外来人口的吸引力差异较大，人口吸引力强、落户门槛低的城市需要对新落户居民加上具有一定年限的缴纳社保及个税的政策限制，以达到限制利用落户门槛低而炒房的有效目标边界。

第三，闭合化各项政策。将各项具体政策有效组合在一起，实现整个调控政策体系达到单层甚至多层"密封"。一方面，对于一些关键政策（如限购政策、限贷政策、限售政策、人才落户购房政策、离婚购房政策等），不仅要齐备而且力度都要达到有效边界。如果出现一项政策疏漏，可能全盘皆输。另一方面，各项住房、户口、财税、金融、土地等政策应相互匹配，形成闭合效应。限购与限售相结合，从买卖两端封住炒房窗口。限购与限贷相结合，对于两套以上住房除了限购条件外，还要提升首付和利率成本。限售与税收相结合，对于持有时间短的住房销售除了行政限制还要增加税收成本。限购与社保及个税相结合，识别限制炒房的同时保护新市民刚需。

第四，机制化有关政策。即将在调控实践中探索出来并普遍和长期坚持的政策转变成制度。在住房持有数量上，将"支持一套，允许两套，限制多套"作为制度长期坚持。在住房持有时间上，将"禁止2年，限制2—5年，支持5年以上"作为制度长期坚持。在价格方面，将交易价、评估价、登记价"三价合一"确定为制度。在土地方面，将最高限价的土拍政策制度化，完善监管层对开发商购地资金的审查制度。在税收方面，将房地产炒作概率及收益与房地产税率正向对应的机制制度化。在金融方面，将对金融机构、购房者、开发企业的重要而稳定金融监管政策制度化。在信息方面，建立城市住房、土地、税收、社保、税务、金融部门相互提供有关房地产的适时信息查询服务机制。与此同时，建立住房、人口、土地、税收、金融五策联动的制度。

第五，动态优化各项政策组合。随着市场环境的变化，各项政策组合及其边界可以动态优化，尤其前期为应急实施的行政性限炒政策，长期使用会带来副作用。可以尝试将金融和财税政策的决策权下放到地方政府，支持地方政府逐步实现以金融和税收政策来接替过度依赖限购、限价和限售等行政性政策，通过识别并对应炒房程度动态化调整首付、贷款利率，以及个人所得税、增值税、契税、印花税等税率，以实现"房住不炒"、炒房无利的效果。

（二）继续强化地方政府的主体责任

继续强化地方政府的主体责任，因城施策，实施差异化调控政策。一是遵循市场规律，最大限度减少政府对微观事务的干预，更多运用价格、税收、利率等市场化法治化手段实现调控目标，稳定房地产市场发展。二是强化社会预期管理。把预期管理作为房地产市场调控的重要内容，适时优化相关调控措施，强化房价地价联动机制。提高区域房地产市场调控的精准度。三是要高度重视保障性租赁住房建设。建立"租购并举"住房制度，加快住房租赁市场的发展，规范租赁住房市场主体行为，增加住房租赁市场土地供给。

（三）赋予地方政府一定的房地产金融调控权力

从国际经验看，购房首付比例和贷款利率变动对购房者支付能力影响很大。近年来城市之间的房地产市场分化日益严重，一些城市房地产业增速放慢、市场持续低迷，另一部分城市却存在房价反弹的现象，给中央政府的房地产金融政策的把控增加了许多难度。显然，面对如此众多、日益分化的区域房地产市场，仅仅依靠中央政府的统一金融政策很难达到理想的目标，或者效率较低。因此，有必要赋予地方政府一定的房地产金融调控权力，建议可研究和探索居民购房时的首付比例和贷款利率区间管理的房贷政策，由各地根据本地房地产市场状况，在区间内自主决定房贷的首付比例和相应的贷款利率；或者在按照套数来确定首付比例和贷款利率外，还可以增加按照面积来确定首付比例和贷款利率。

第四部分　主要市场报告

第 七 章

中国重点城市住房市场分析与预测

邹琳华

一 核心城市房价连续上涨，一线城市领先

（一）核心城市房价连续8个月上涨，一线城市涨速领先

与住房租金受疫情影响下跌不同，核心城市房价在疫情冲击下总体仍连续上涨。反映24个核心城市综合房价变动的纬房核心指数显示，2020年10月，纬房核心指数环比上涨0.35%，为连续第8个月房价环比上涨。相比2020年2月的阶段性低点，核心城市房价上涨了5.5%。

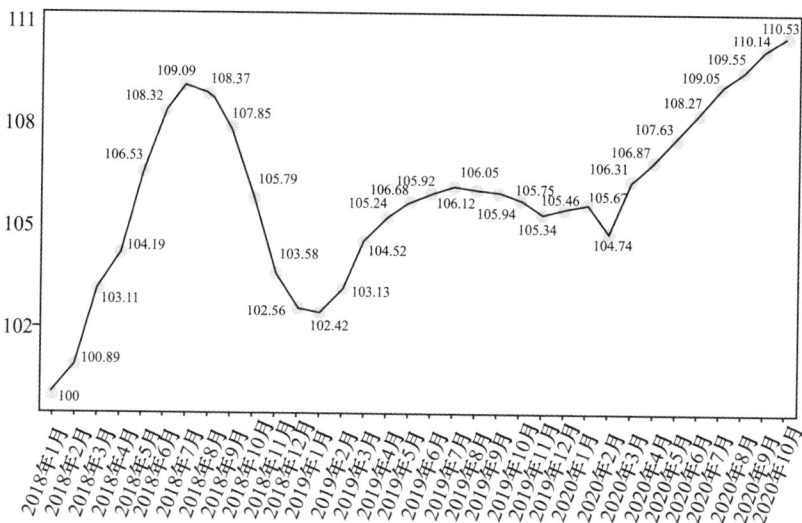

图7-1 纬房核心指数（定基，2018年1月房价=100）

资料来源：中国社会科学院财经战略研究院住房大数据项目组。

（二）二手住房成交量冲高回落

2020 年 3—5 月，二手住房成交量迅速回升。反映重点城市二手住房成交量的纬房成交量指数显示，2020 年 5 月，十大重点城市二手住房成交量指数为 285.96（以 2017 年 1 月成交量为 100 点），为 2017 年 1 月以来的历史最高点。2020 年 6—10 月，虽然二手房成交量有所下滑，但仍处于历史较高水平。二手房成交量的放大，既有受疫情影响累积需求释放的因素，也有短周期波动的因素。

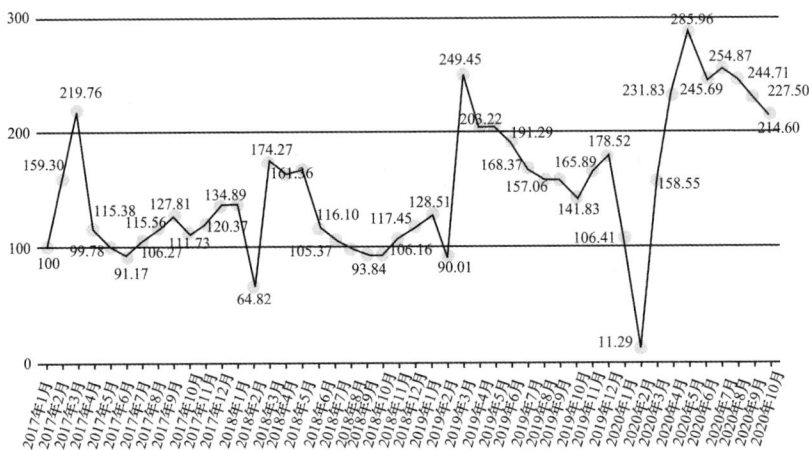

图 7 - 2 纬房成交量指数（定基，2017 年 1 月成交量 = 100）

资料来源：纬房大数据（www.zfdsj.org）。

（三）一线城市房价上涨相对较快，二、三、四线城市房价涨速相对平缓

纬房城市分级指数显示，2020 年 10 月，一线城市房价环比上涨 0.8%，涨速相对较快；二线城市环比上涨 0.2%，三线城市环比上涨 0.1%，四线城市环比上涨 0.3%，房价均稳中有升。一、二、三线城市房价在年初出现短暂下滑后，均重新上涨。

一线城市纬房指数环比显示，2020 年 10 月，上海环比涨幅扩大，深圳环比涨幅收窄。其中上海 10 月环比上涨 1.25%，比 9 月扩大 0.29 个百分点，但房价水平并未创出历史新高，房价是恢复性上涨还是异常上

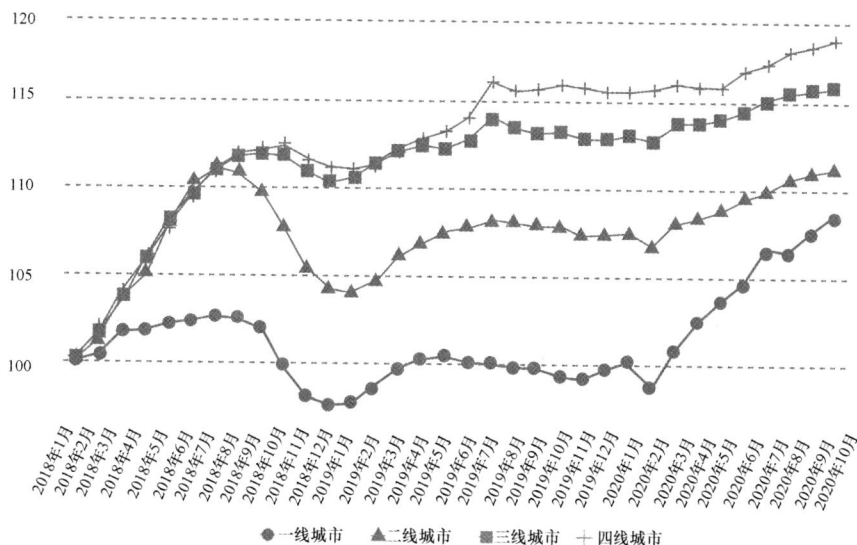

图 7 - 3 纬房城市分级指数（定基，2018 年 1 月房价 = 100）

资料来源：纬房大数据（www. zfdsj. org）。

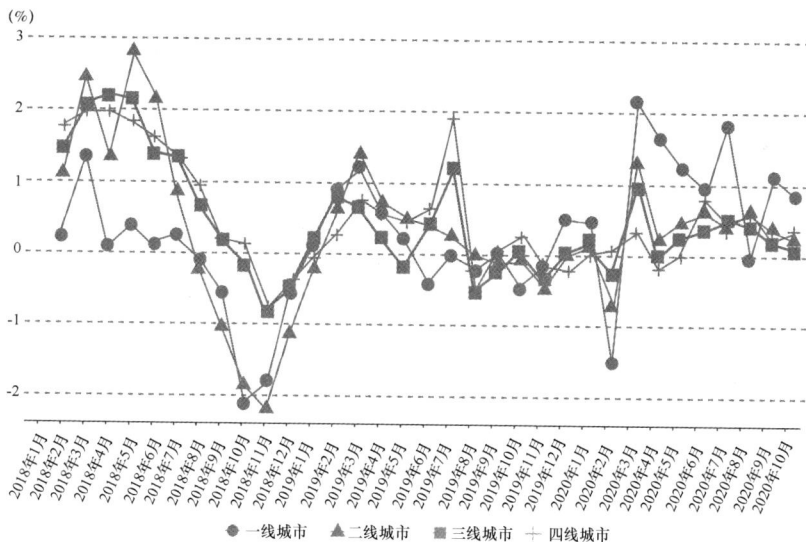

图 7 - 4 纬房城市房价指数增长率（环比，房价比上月上涨）

资料来源：纬房大数据（www. zfdsj. org）。

涨仍有待观察；深圳环比上涨 1.11%，比 9 月收窄 0.95 个百分点，但涨速仍相对较高。北京、广州相对平稳。其中北京 10 月环比与 9 月持平，广州环比上涨 0.53%。

2020年10月　　　　　　　　　2020年9月

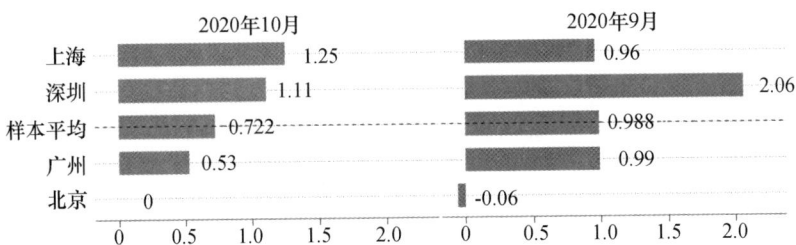

图7-5　一线城市纬房指数（环比，房价比上月上涨）

资料来源：纬房大数据（www.zfdsj.org）。

一线城市纬房指数同比显示，2020年10月，在疫情冲击的背景下，深圳房价仍出现异常波动，近一年来房价累计上涨22.38%。但随着调控的跟进和涨幅的累积，深圳房价有望趋稳或冲高下跌。近一年上海房价累计上涨了8.46%，房价上涨预期抬头，但异常上涨的动能不足。广州累计上涨2.45%，北京累计上涨1.85%，房地产市场持续平稳。

2020年10月　　　　　　　　　2020年9月

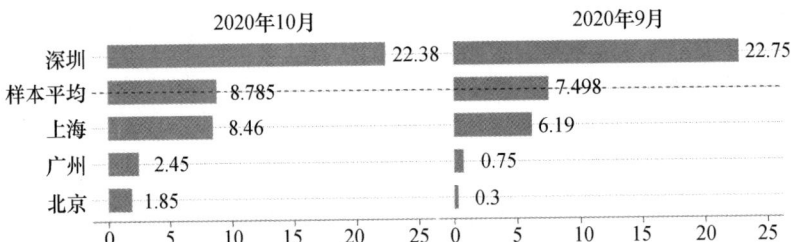

图7-6　一线城市纬房指数（同比，房价比上年同月上涨）

资料来源：纬房大数据（www.zfdsj.org）。

二线城市纬房指数环比显示，2020年10月，东莞、西安、宁波居二线城市月度涨幅前三位。其中东莞10月环比上涨1.11%，比上月收窄2.11个百分点，但涨速仍较高。西安环比上涨1.05%，宁波环比上涨0.89%。天津环比下跌0.96%，房价处于稳中略降状态。

二线城市纬房指数同比显示，2020年10月，在疫情冲击的背景下，近一年来东莞、宁波、南通等房价累计涨幅均在10%以上。其中东莞房价年涨30.29%、宁波年涨17.28%、南通年涨12.61%，房价上涨相对较快。

近一年来济南房价累计下跌5.56%，石家庄累计下跌4.41%，天津累计下跌4.16%。但作为二线城市，即使经济增长乏力人口流入放缓，住房真实需求仍然存在，房价仍处于正常下跌区间。

	2020年10月		2020年9月

城市	2020年10月	2020年9月
东莞	1.11	3.22
西安	1.05	0.73
宁波	0.89	0.28
重庆	0.83	0.23
大连	0.56	0.47
合肥	0.4	0.42
杭州	0.36	0.03
无锡	0.32	0.6
昆明	0.3	0.23
厦门	0.25	0.98
长沙	0.21	0.19
沈阳	0.13	0.12
佛山	0.11	0.48
长春	0.06	0.53
样本平均	0.057	0.346
武汉	-0.09	-0.01
成都	-0.09	0.29
福州	-0.1	-0.18
南京	-0.14	-0.26
苏州	-0.22	0.16
南昌	-0.22	-0.4
青岛	-0.31	-0.1
济南	-0.31	-0.12
郑州	-0.35	-0.15
石家庄	-0.68	-0.5
南通	-0.69	0.55
哈尔滨	-0.88	0.53
天津	-0.96	-0.98

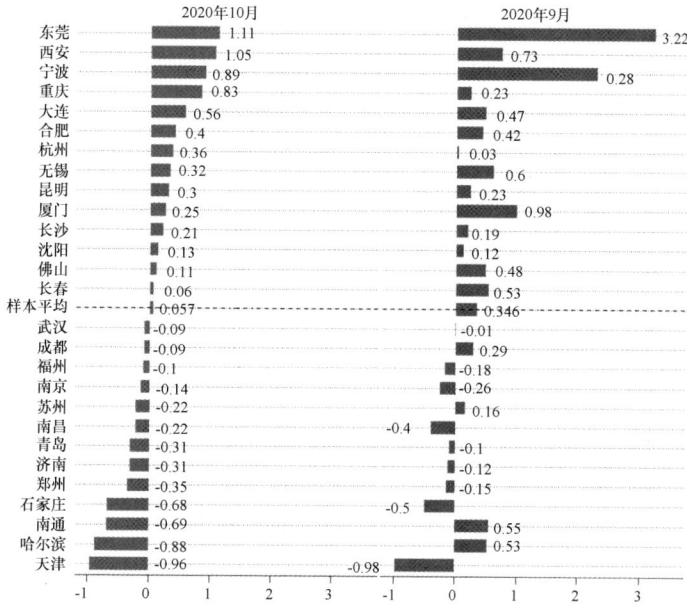

图7-7　二线城市纬房指数（环比，房价比上月上涨）

资料来源：纬房大数据（www. zfdsj. org）。

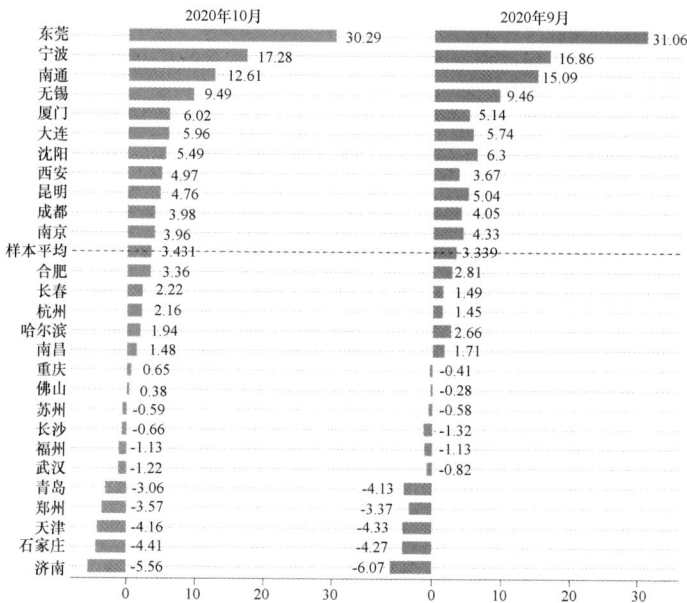

城市	2020年10月	2020年9月
东莞	30.29	31.06
宁波	17.28	16.86
南通	12.61	15.09
无锡	9.49	9.46
厦门	6.02	5.14
大连	5.96	5.74
沈阳	5.49	6.3
西安	4.97	3.67
昆明	4.76	5.04
成都	3.98	4.05
南京	3.96	4.33
样本平均	3.431	3.339
合肥	3.36	2.81
长春	2.22	1.49
杭州	2.16	1.45
哈尔滨	1.94	2.66
南昌	1.48	1.71
重庆	0.65	-0.41
佛山	0.38	-0.2
苏州	-0.59	-0.58
长沙	-0.66	-1.32
福州	-1.13	-1.13
武汉	-1.22	-0.82
青岛	-3.06	-4.13
郑州	-3.57	-3.37
天津	-4.16	-4.33
石家庄	-4.41	-4.27
济南	-5.56	-6.07

图7-8　二线城市纬房指数（同比，房价比上年同月上涨）

资料来源：纬房大数据（www. zfdsj. org）。

二 核心城市住房租金季节性回升后再度回落,
房价与住房租金的"剪刀差"扩大

(一)核心城市住房租金短暂季节性回升后再度回落

反映 22 个核心城市住房租金综合变化的纬房租金核心指数显示,2020 年 2 月以来,受疫情冲击等因素影响,核心城市住房租金连续 4 个月下跌。2020 年 6 月进入租房市场传统旺季,核心城市租金才开始止跌回升。2020 年 6 月,纬房租金核心指数上升至 101.76 点(以 2018 年 1 月租金水平为 100 点),比 5 月上升 0.27%。这是疫情发生后核心城市住房租金首次出现显著回升。6—8 月租金上升具有鲜明的季节性特征,并且在随后 9—10 月租金再度下跌。核心城市租房市场不景气、租金总体下跌,是长租公寓"爆雷"的重要诱发因素。

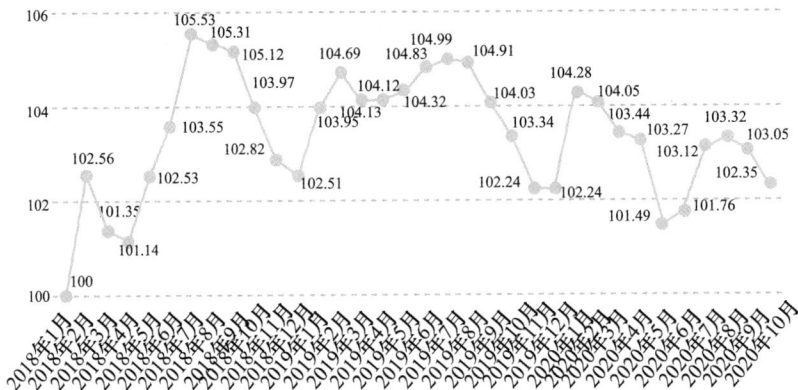

图 7-9 纬房租金核心指数(定基,2018 年 1 月租金 = 100)

资料来源:纬房大数据(www.zfdsj.org)。

租金涨跌背后,是招聘、开业等经济先行指标的活跃度变化。核心城市租金出现显著季节性回升表明,疫后经济已经进入实质性复苏阶段,开业、招聘等经济先行指标已经开始实质性复苏。但租金 9—10 月的再度下跌,表明经济复苏基础还不稳固。

(二)一线城市中,上海租金连续上涨,北京租金连续下跌

一线城市中,2020 年 7 月,上海、广州、深圳住房租金均出现较明

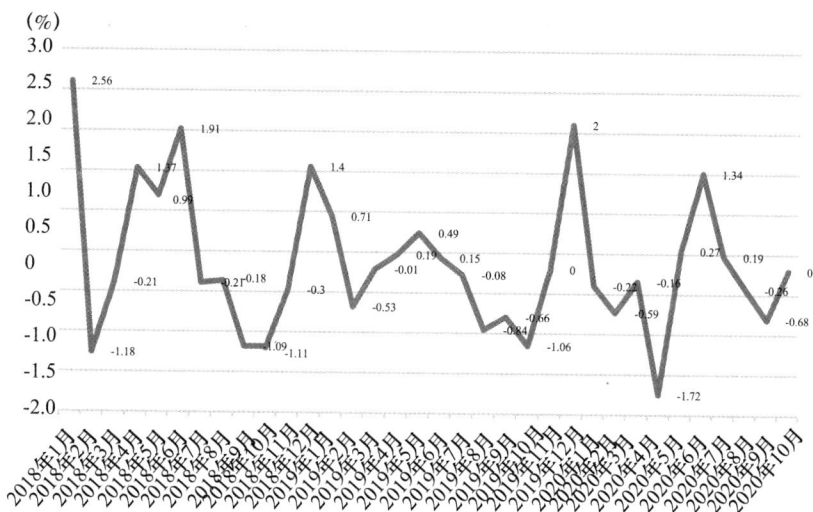

图 7-10　纬房租金核心指数增长率（环比，租金比上月上涨）

资料来源：纬房大数据（www.zfdsj.org）。

显的季节性上涨，其中广州环比上涨 1.04%，上海环比上涨 1.07%，深圳环比上涨 1.62%，只有北京环比下跌 0.67%。这表明，一线城市经济初步从疫情冲击中走出。这也从侧面印证了疫情得到有效控制后，一线城市经济已经进入实质性复苏阶段。

　　一线城市中，上海住房租金于 2020 年 6 月开始连续上涨 5 个月，表明经济基本面状况较好，经济复苏较快。北京住房租金于 2020 年 3 月开始连续下跌 8 个月，表明经济基本面状况在一线城市中相对较差，经济未能有效复苏。广州、深圳在年中均有季节性的恢复性上涨。

（三）多数二线城市租金出现季节性上扬，但租金总体呈现下跌态势

　　多数二线城市 7 月住房租金出现季节性上扬。2020 年 7 月，二线城市中南通、南京、杭州、成都、长沙住房租金环比分别上涨了 3.12%、3.11%、2.77%、2.43% 和 2.42%，依次居二线城市租金涨速前 5 位。2020 年 7 月，二线城市中仅天津、大连、福州三城市住房租金环比下跌。其中天津环比下跌 0.01%、大连环比下跌 0.1%、福州环比下跌 0.13%，租金跌幅均较为微小。

　　虽然经历短暂回升，但多数二线城市 2020 年租金总体呈现下跌态势，只有成都等少数城市租金呈现上升态势。这表明，二线城市经济基本面受到冲击也较大。

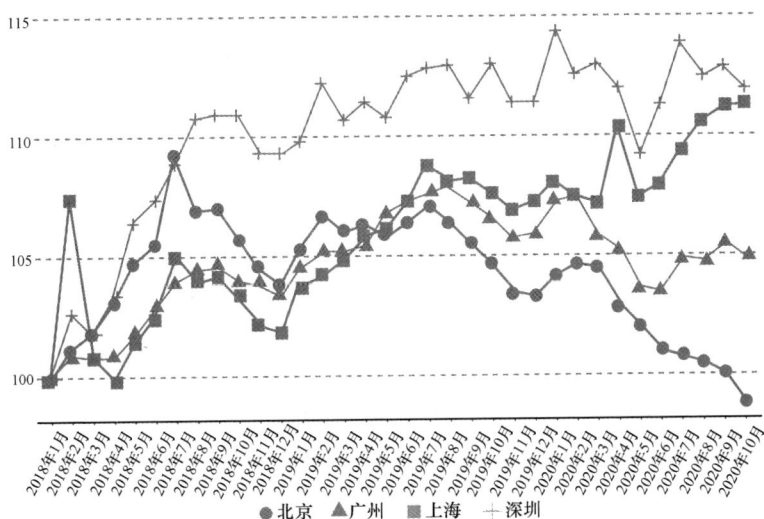

图7-11　一线城市纬房租金指数（定基，2018年1月租金=100）

资料来源：纬房大数据（www.zfdsj.org）。

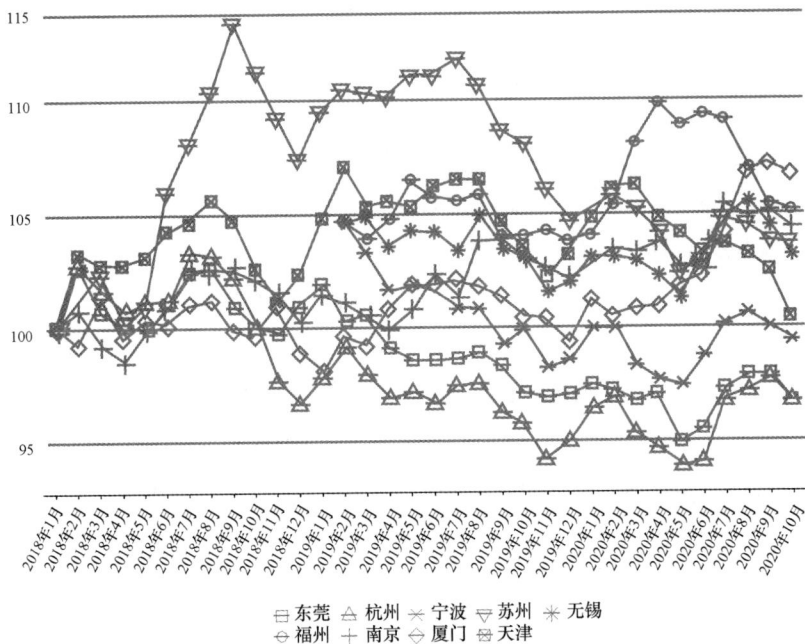

图7-12　二线城市纬房租金指数1（定基，2018年1月租金=100）

资料来源：纬房大数据（www.zfdsj.org）。

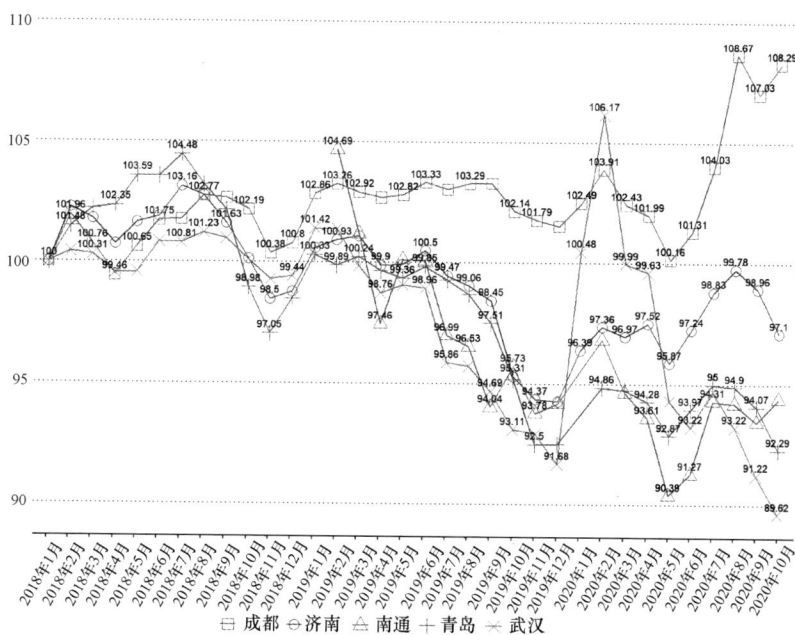

图7-13　二线城市纬房租金指数2（定基，2018年1月租金=100）

资料来源：纬房大数据（www.zfdsj.org）。

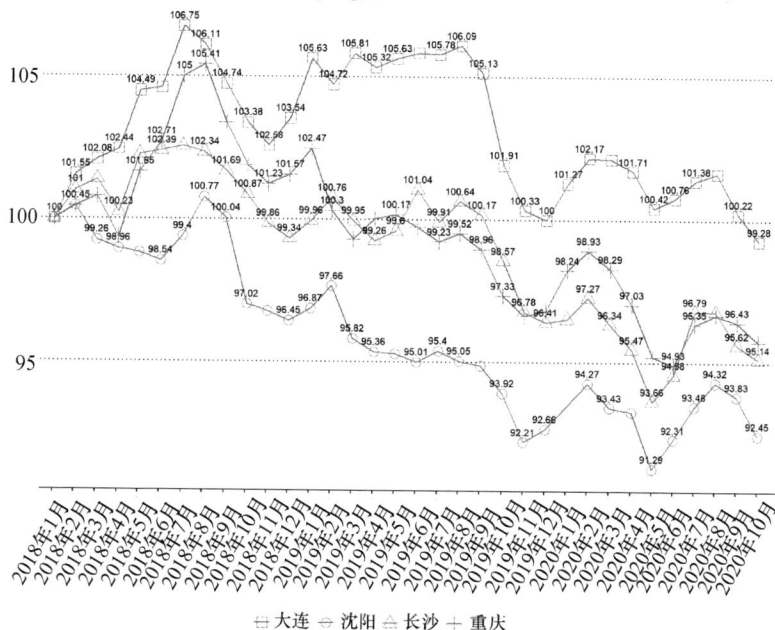

图7-14　二线城市纬房租金指数3（定基，2018年1月租金=100）

资料来源：纬房大数据（www.zfdsj.org）。

（四）房价与租金走势的"剪刀差"继续扩大

近年来，房价的涨速要总体高于租金涨速，二者之间存在一个"剪刀差"。2020年以来，随着房价上涨与租金下跌，房价与租金的"剪刀差"不断扩大，房地产市场的泡沫化风险也同步有所增加。2020年7月，虽然租金出现季节性上涨，但租房旺季过后租金仍下跌。随着房价继续上涨，房价与租金背离的趋势并未改变。换句话说，房地产泡沫仍在扩大。反映全国24个最核心城市住房价格综合走势的纬房核心指数显示，2020年10月，核心城市房价环比上涨0.35%。反映全国22个最核心城市住房租金综合走势的纬房租金核心指数显示，2020年10月，核心城市住房租金环比下跌0.68%。

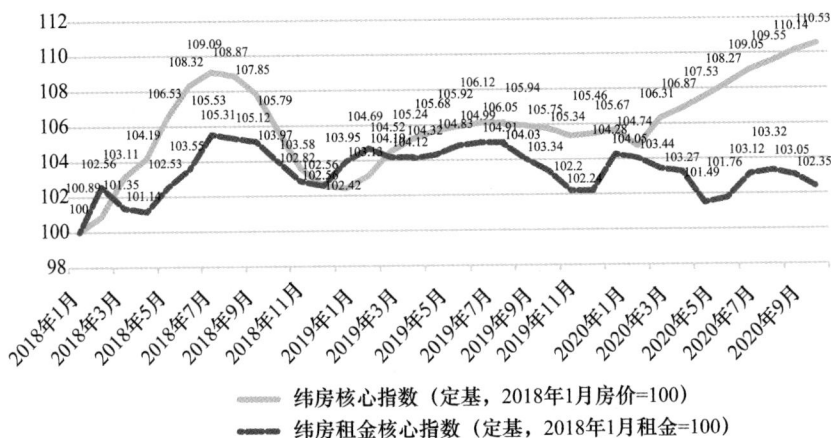

图7-15 纬房核心指数与纬房租金核心指数

资料来源：纬房大数据（www.zfdsj.org）。

核心城市房价和租金继续呈现背离走势，经济基本面难以支持房价的上涨。

核心城市住房租金的超预期下跌，是各类长租公寓提前"爆雷"的一个重要触发因素。预计随着租房市场的持续低迷，长租公寓的"爆雷"风潮也将持续。

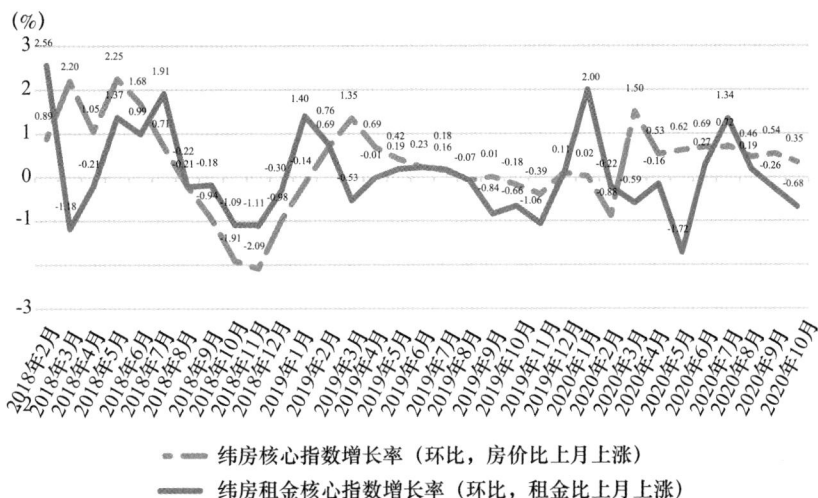

图 7-16 纬房核心指数与纬房租金核心指数增长率

资料来源:纬房大数据(www.zfdsj.org)。

三 市场预测:房价结构性上涨,房地产调控有针对性趋严

(一)宏观经济已初步从疫情阴影中走出,房地产调控空间加大

按历年来的房地产调控经验来看,各地房地产市场调控往往受制于经济形势,保持调控定力较为困难。当经济增速存在下滑的风险时,各地房地产市场调控不仅很难严格执行,有些地方甚至还有可能把房地产作为刺激经济的"夜壶"。当前,虽然已经明确了"房住不炒"及"不以房地产作为短期刺激经济手段"等总体方略,但是各地房地产市场调控在执行阶段仍然存在松紧考量。

2020年上半年,经济增速受疫情的冲击严重,2020年上半年GDP同比增长-1.6%,其中第一季度同比增长-6.8%,第二季度同比增长3.2%。在这一背景下,即使不以房地产来刺激经济已成政策共识,部分城市房地产调控仍可能实质放松,甚至反过来鼓励购房。针对房地产投资投机的"紧箍咒"更难以落实。

2020年下半年,经济出现实质性复苏。2020年第三季度,我国GDP

为 266172 亿元，按不变价格计算，比 2019 年同期增长 4.9%。2020 年前三季度，我国 GDP 为 722786 亿元，按不变价格计算，比 2019 年同期增长 0.7%，上半年下降 1.6%，累计增速年内首次实现由负转正。

随着经济基本面的向好，宏观经济对房地产市场退热或回落的承受能力也随之加大。房地产调控的空间增大，底气更足，"房住不炒"的方略能够得到更好的实施。房地产市场长效机制的建立也得以加快探索。

（二）房地产市场有结构性上涨的态势，需要有针对性加强调控

2020 年，虽然经济活动受到疫情的严重冲击，但是房价却未同步下跌。一线城市房价还出现结构性较快上涨，这与资金脱实入虚有一定关系。尽管金融政策支持主要是针对中小企业，但是实体经济资金吸纳能力有限，资金流入资本市场意愿强烈。

从市场表现看，房地产市场有结构性上涨的态势。一线城市中，除北京外，房价涨幅均扩大，深圳房价上涨对市场预期影响巨大；二线城市房价总体呈上涨态势，东莞、南通、宁波、无锡等二线城市房价涨速也相对较快；2020 年核心城市住房租金总体呈现下跌趋势，房价租金比总体仍呈扩大态势，房价上涨的基础并不牢固。

另外，如果房价上涨快于收入上升，意味着居民基本生活成本提升，这还将挤压实际消费能力，不利于国内大循环的实现。

因而，有必要有针对性地加大调控力度，抑制房地产市场的结构性过热，降低宏观经济风险，促进消费水平提升进而促进国内大循环的实现。

四　政策建议

推动形成以国内大循环为主体、国内国际双循环相互促进的新发展格局，化解宏观经济风险，促进房地产市场平稳健康发展，需要坚持"房住不炒"，抑制热点城市房地产泡沫进一步扩张。

（一）通过健康度分类评价管理，夯实城市政府稳定房地产市场的主体责任

虽然城市政府负有稳定当地房地产市场的主体责任已经十分明确，

但在具体落实时仍较为困难。当城市房价出现异常波动时，问责相关责任人并不常见。为进一步夯实城市政府稳定房地产市场的主体责任，可以考虑对房地产市场进行健康度评价和分类管理，作为主体责任问责制的补充。在对各城市房地产市场健康度作出科学评价的基础上，对其进行标签分类分级管理。根据不同的健康度等级，采取不同的土地、金融及税收政策。针对不同健康度城市采取不同的房地产相关政策，可以促使城市政府前瞻性地采取相关措施稳定住房市场。

（二）结合集体土地入市改革，促进住房用地制度改革的推进

新修订的《中华人民共和国土地管理法》已经为打破土地供应垄断、促进经营性集体建设用地直接入市创造了一定的法律条件。在此基础上，可进一步促进集体土地建设租赁性住房等集体土地利用项目的落地，加快探索宅基地等非经营性集体建设用地的有序流转途径，促进城乡统一建设用地市场的形成。

进一步完善住房供给体系。在统一规划的前提下，支持个人或机构购地自建自住性住房，并给予一定的金融税收政策支持。发展代建市场。严格限定棚改范围，避免将房地产开发项目纳入棚改范畴。

（三）深化住房金融改革

当前住房按揭贷款过度集中于商业银行，对居民住房的政策性金融支持度较低。存在风险集中、商业银行业绩高度依赖房地产市场、平均利率偏高等现象。组建非营利的政策性住房银行，支持居民家庭低成本提高住房水平，深化改革住房公积金制度。进一步降低商业性住房贷款杠杆。尝试以住房按揭贷款为基础发行房地产信托投资基金（REITs）等。

（四）强化住房预售制的改革与监管

住房预售制蕴含着较大的潜在风险。如果预售资金被开发企业挪用于其他项目，则购房者存在项目烂尾无法收房的风险，贷款金融机构则存在无法收回贷款的风险。如果房价下跌，金融机构同样面临断供风险。应深化住房预售改革，推进现房销售。加强预售资金使用监测，避免被挪作他用。

第八章

中国住房土地市场报告

沈　立

2020 年，我国住房土地市场整体呈现 "V" 形反弹态势，地方政府土地出让收入在经历年初的疫情冲击后逐步恢复到 2019 年同期水平，住宅用地市场持续回暖。其中，一线城市明显回暖，二线城市稳中有降，三四线城市小幅回升。与此同时，上半年住房土地市场一度出现局部过热现象，这主要与现有调控政策和土地制度的缺陷有很大关系。展望 2021 年，在没有新的重大外部冲击的情形下，住房土地市场将保持总体稳定。

一　2019—2020 年住房土地市场运行情况

（一）住房土地市场整体呈现 "V" 形反弹态势，重点城市一度出现过热趋势

2019 年第四季度以来，全国住房土地市场整体呈现 "V" 形走势。受新冠肺炎疫情影响，2020 年第一季度房地产市场出现剧烈下降，土地购置面积和成交价款同比分别下降 22.6% 和 18.1%。3 月以后，随着疫情得到有效控制，全国住房土地市场迎来快速反弹，出现量价齐升的态势，第二季度土地购置面积和成交价款同比分别增长 9.18% 和 16.84%，明显高于 2019 年第四季度增速。第三季度土地购置面积出现小幅下降，但是成交价款却出现 20.68% 的增幅，创近年来新高，说明土地市场出现反弹过快的问题。总体来看，2020 年全国住房土地市场出现一波典型的

"过山车"式行情。部分重点城市的住房土地市场一度出现过热趋势。2020 年 1—6 月，土地出让金排名前 50 位城市的土地出让收入出现过快增长，月同比平均增速依次为 540% 、742% 、773% 、224% 、317% 、249% ；与此同时，住宅用地楼面价也出现大幅攀升，月同比平均增速依次为 49% 、175% 、30% 、24% 、40% 、37% 。

表 8 - 1　　　　2019 年第四季度—2020 年第三季度房地产行业
土地购置面积与成交价款

	购置面积		成交价款	
	面积（万平方米）	同比增长（%）	价款（亿元）	同比增长（%）
2019 年第四季度	10368.3	6.06	6523.4	6.94
2020 年第一季度	1968.6	-22.60	977.5	-18.10
2020 年第二季度	5996.0	9.18	3058.6	16.84
2020 年第三季度	7046.0	-5.02	5279.4	20.68
合计	25378.9	0.59	15839.0	10.87

资料来源：根据国家统计局（http：//data.stats.gov.cn/）月度数据计算得到。

从历年前三季度房地产行业土地购置面积和成交价款的变化趋势看，2020 年中国住房土地市场呈现"量价分化、总体回暖"趋势。2020 年前三季度，全国房地产行业土地购置面积合计 15010.6 万平方米，同比下降 2.9% ；土地成交价款合计 9315.51 亿元，同比上升 13.8% ，两者呈现"分化"态势。从历年变化趋势来看，2020 年前三季度房地产行业扭转了 2019 年的降温趋势，出现明显回暖态势，在土地购置面积持续下降的情形下成交价款明显上升。

（二）地方政府土地出让收入在经历年初疫情冲击后逐步恢复到2019年同期水平

2020 年年初以来，地方政府土地出让收入受疫情冲击出现剧烈下降，之后逐步恢复至 2019 年同期水平。根据财政部统计数据，2020 年前两个月，受疫情冲击，土地出让市场遭遇短暂"冰封"，地方政府土地出让收入同比下降 16.4% 。3 月以后，随着疫情防控措施逐步解除，土地出让市

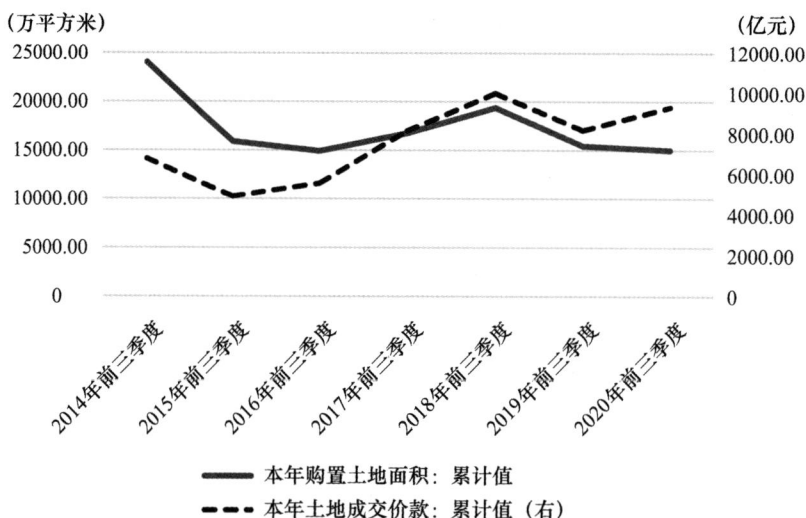

图 8-1 历年前三季度房地产业土地购置面积和土地成交价款

资料来源：中国房地产大数据信息平台（http：//creis. fang. com/）。

场逐渐恢复；5 月地方政府土地出让收入同比增速已经恢复至 21.49%，之后基本维持在 15% 以上。总的来看，地方政府土地出让收入反弹较为迅速，基本恢复至 2019 年同期水平。

表 8-2　　　　　2018—2020 年前三季度地方政府土地出让收入（单位：亿元，%）

	2020 年			2019 年			2018 年		
	收入	环比	同比	收入	环比	同比	收入	环比	同比
9 月	7343	6. 17	18. 67	6188	2. 50	17. 00	5289	-3. 10	8. 00
8 月	6916	-0. 80	14. 56	6037	4. 10	10. 50	5461	18. 50	44. 60
7 月	6972	-0. 94	20. 19	5801	-0. 10	25. 90	4607	-1. 80	1. 90
6 月	7038	34. 01	21. 16	5809	34. 40	23. 80	4690	9. 20	30. 80
5 月	5252	11. 22	21. 49	4323	-4. 60	0. 70	4293	-7. 30	72. 80
4 月	4722	7. 51	4. 19	4532	12. 90	-2. 10	4631	-4. 10	41. 10
3 月	4392		9. 42	4014		-16. 80	4828		46. 70
1—2 月	6725		-16. 40	8047		-5. 30	8499		37. 20

资料来源：财政部官网。

从历年变化趋势来看，全国土地出让市场进入"高原平台期"。根据2020年前三季度土地出让收入的增速，预计2020年全年土地出让收入将达到71389亿元（见图8-2）。进一步观察2011年以来全国土地出让收入的总体变化趋势，可以发现，2020年全国土地出让收入比2019年略有下降。可以预计，全国土地出让市场未来几年可能进入平稳期。

（亿元）

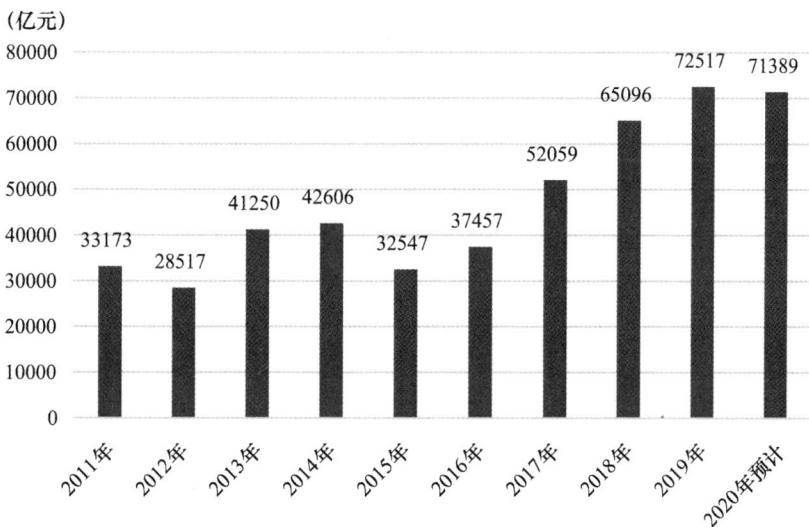

图8-2　2011—2020年全国土地出让收入

资料来源：财政部官网。

（三）住宅用地成交情况在经历年初的明显下降之后快速回暖

2020年，受疫情影响，住房土地市场总体成交面积有所下降，但成交比例持续提升。受疫情冲击，2020年第一季度成交土地宗数和面积都剧烈下降，第二、第三季度迅速反弹，基本恢复至疫情前水平。但从成交比例来看，无论是土地宗数成交比例还是土地面积成交比例，均呈现持续上升趋势，分别由2019年第四季度的80.75%和79.64%上升至2020年第三季度的92.62%和92.11%，这说明即使在疫情期间住房土地市场总体成交情况依然处于良好状态。

表 8 - 3   2019 年第四季度—2020 年第三季度土地推出和成交情况

	推出土地		成交土地		成交比例 = 成交/推出	
	宗数 （块）	面积 （万平方米）	宗数 （块）	面积 （万平方米）	宗数 比例（%）	面积 比例（%）
2019 年 第四季度	10823	44099.42	8740	35122.76	80.75	79.64
2020 年 第一季度	5694	22596.98	4796	18895.31	84.23	83.62
2020 年 第二季度	9064	36824.91	7646	31781.39	84.36	86.30
2020 年 第三季度	8053	34267.18	7459	31562.14	92.62	92.11
合计	33634	137788.49	28641	117361.60	85.15	85.18

资料来源：中国房地产大数据信息平台（http：//creis. fang. com/）。

2020 年，住宅用地成交情况同样呈现成交面积下降，但成交比例持续提升的情况。受疫情冲击，2020 年第一季度住宅用地成交宗数和面积都出现剧烈下降情形，第二、第三季度迅速反弹至疫情前水平，但总体有所下降。与此同时，从成交比例来看，住宅用地宗数和面积的成交比例均呈现持续上升趋势，分别由 2019 年第四季度的 76.93% 和 75.88% 上升至 2020 年第三季度的 87.8% 和 91.17%，这说明即使在疫情期间住宅用地市场总体成交情况依然处于相对较好状态。

表 8 - 4   2019 年第四季度—2020 年第三季度住宅用地推出和成交情况

	推出土地		成交土地		成交比例 = 成交/推出	
	宗数 （块）	面积 （万平方米）	宗数 （块）	面积 （万平方米）	宗数 比例（%）	面积 比例（%）
2019 年 第四季度	3975	18871.71	3058	14320.79	76.93	75.88
2020 年 第一季度	1683	8043.35	1327	6541.95	78.85	81.33

续表

	推出土地		成交土地		成交比例＝成交/推出	
	宗数 （块）	面积 （万平方米）	宗数 （块）	面积 （万平方米）	宗数 比例（%）	面积 比例（%）
2020 年 第二季度	3235	16197.43	2758	14143.70	85.26	87.32
2020 年 第三季度	2763	13799.80	2426	12581.62	87.80	91.17
合计	11656	56912.29	9569	47588.06	82.10	83.62

资料来源：中国房地产大数据信息平台（http://creis.fang.com/）。

从历年成交情况来看，住宅用地市场成交情况总体趋于回升。从成交比例来看，住宅用地成交比例持续上升。2020 年 1—9 月，住宅用地宗数和面积的成交比例分别为 84.8% 和 87.5%，较 2019 年有一定程度的上升，呈现持续回升态势，但总体处于正常波动区间。从绝对值来看，住

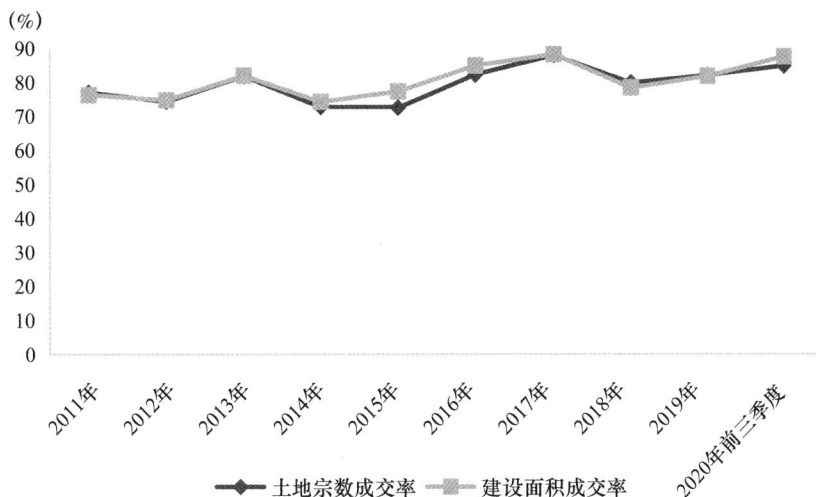

图 8 - 3　历年住宅用地成交比例的变化

资料来源：中国房地产大数据信息平台（http://creis.fang.com/）。

宅用地出让面积虽受疫情冲击，但依旧保持稳定增长。2020 年前三季度，住宅用地推出建设用地面积、规划建筑面积分别为 38040.58 万平方米、86628.32 万平方米，均为 2016 年以来的最高值，呈现逐步上升的趋势。同时，2020 年前三季度住宅用地成交建设用地面积、规划建筑面积分别为 33267.27 万平方米、75053.26 万平方米，也创下 2016 年以来的最高值（见表 8-5）。

表 8-5　　　　　　　历年前三季度住宅用地推出和成交情况

	推出土地			成交土地		
	宗数（块）	建设用地面积（万平方米）	规划建筑面积（万平方米）	宗数（块）	建设用地面积（万平方米）	规划建筑面积（万平方米）
2011 年前三季度	9589	45927.78	108705.32	7829	37364.55	88310.07
2012 年前三季度	8353	36020.05	86688.92	6265	27179.34	65418.02
2013 年前三季度	9709	41684.97	100839.27	8163	35752.35	86007.73
2014 年前三季度	7868	34260.62	84501.49	5886	26266.23	64356.03
2015 年前三季度	6484	23968.36	59220.23	4460	17802.62	44438.09
2016 年前三季度	5617	22539.90	54141.81	4595	19217.01	46437.84
2017 年前三季度	5999	26661.41	61957.53	5242	23474.63	54405.9
2018 年前三季度	7347	36187.96	82546.05	6092	29470.12	67333.49
2019 年前三季度	7703	36995.36	84413.53	6515	31341.61	71349.95
2020 年前三季度	7681	38040.58	86628.32	6511	33267.27	75053.26

资料来源：中国房地产大数据信息平台（http://creis.fang.com/）。

从历年流拍情况来看，住宅用地流拍情况减少也说明了住宅用地市场成交情况的持续好转。自 2018 年以来，住宅用地流拍比例持续下降，2020 年前三季度，流拍住宅用地宗数比例、流拍建设用地面积比例、流拍规划建筑面积比例分别为 7.99%、6.35%、6.75%，较 2019 年均有显著下降（见图 8-4）。从绝对值来看，2020 年前三季度，全国 300 个城市共流拍土地 614 宗，流拍建设用地面积 2416.9 万平方米，流拍规划建筑面积 5850.65 万平方米，均较 2019 年同期有所下降。

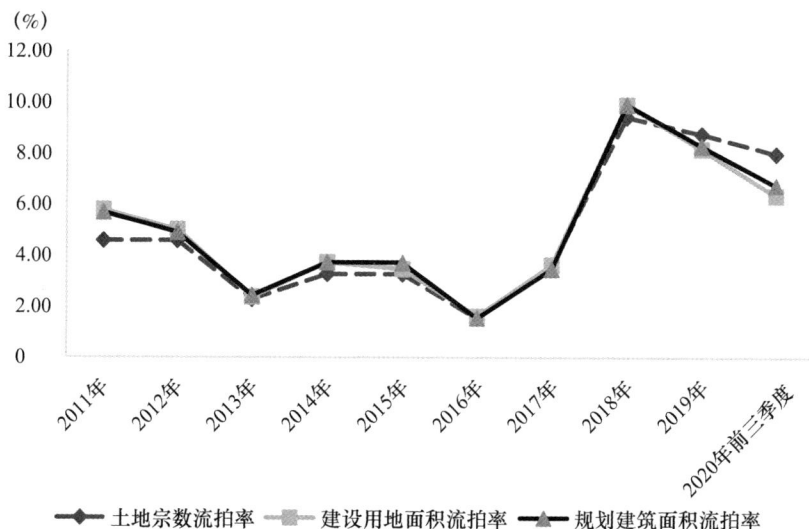

图8-4　历年住宅用地流拍比例的变化

资料来源：中国房地产大数据信息平台（http：//creis.fang.com/）。

表8-6　　　　　　　　　　　历年住宅用地流拍情况

	宗数（块）	建设用地面积（万平方米）	规划建筑面积（万平方米）
2011 年	628	3761.77	8719.80
2012 年	600	2846.95	6732.50
2013 年	347	1574.44	3894.88
2014 年	370	1787.94	4384.34
2015 年	314	1284.23	3349.64
2016 年	126	550.77	1239.24
2017 年	329	1508.23	3322.34
2018 年	1025	5208.28	11930.61
2019 年	1024	4571.84	10593.70
2020 年前三季度	614	2416.90	5850.65

资料来源：中国房地产大数据信息平台（http：//creis.fang.com/）。

（四）2020 年住宅用地成交价格出现"过山车"式波动，但总体来看并未受疫情太大影响

2020 年，受疫情影响，住宅用地成交楼面均价和成交土地均价出现

明显的"过山车"式波动。2019 年第四季度到 2020 年第三季度，住宅用地成交楼面均价分别为 3752.89 元/平方米、4564.68 元/平方米、5025.52元/平方米、4662.29 元/平方米，住宅用地成交土地均价分别为 8590.27元/平方米、10002.43 元/平方米、11386.85 元/平方米、10626.62 元/平方米，两个指标均呈现先降后升的态势，这说明疫情对住宅用地市场的冲击主要是短期的。另外，住宅用地成交溢价率则分别为 8.31%、12.64%、17.60%、16.32%，呈现持续上升的趋势，这也从侧面说明疫情对住宅用地市场的冲击相对较小（见表 8 - 7）。

表 8 - 7　　2019 年第四季度—2020 年第三季度住宅用地成交价格与溢价率

	成交楼面均价（元/平方米）	成交土地均价（元/平方米）	平均溢价率（%）
2019 年第四季度	3752.89	8590.27	8.31
2020 年第一季度	4564.68	10002.43	12.64
2020 年第二季度	5025.52	11386.85	17.60
2020 年第三季度	4662.29	10626.62	16.32

资料来源：中国房地产大数据信息平台（http：//creis. fang. com/）。

从历年成交均价看，住宅用地成交均价出现进一步回暖的趋势。观察历年住宅用地成交均价的变化趋势，可以发现，自 2011 年以来，住宅用地成交楼面均价和成交土地均价均不断上涨，仅在 2018 年有所下降，2019 年止跌回升。2020 年前三季度，成交楼面均价和成交土地均价分别进一步上升至 4751 元/平方米和 10672 元/平方米，显示住宅用地市场并未受疫情太大影响，反而出现进一步上涨的趋势。

从历年溢价率来看，住宅用地溢价率总体平稳。2018 年，住宅用地成交溢价率由 2016 年的 54.88% 下降至 15.68% 的正常水平，之后一直处于平稳状态。2020 年前三季度的住宅用地成交溢价率为 15.52%，总体保持平稳状态。这也说明虽然住宅用地成交均价有所上升，但是并未出现总体过热情况。

（元/平方米）

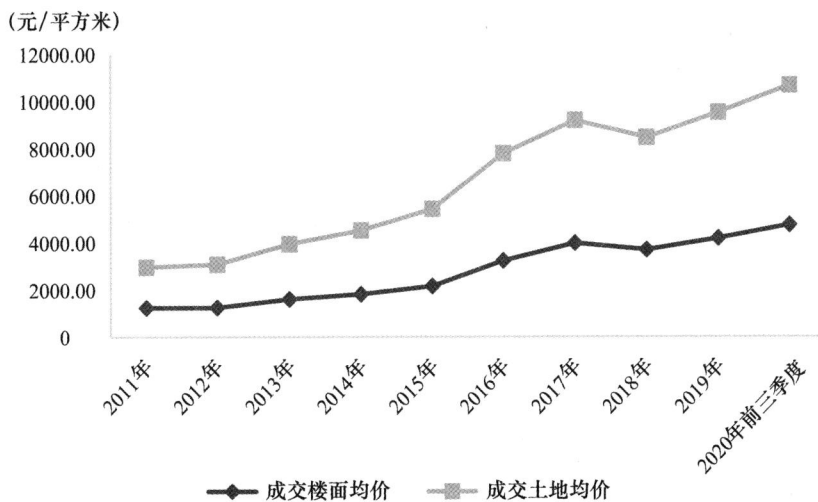

图 8 - 5　历年住宅用地成交均价的变化

资料来源：中国房地产大数据信息平台（http：//creis. fang. com/）。

（%）

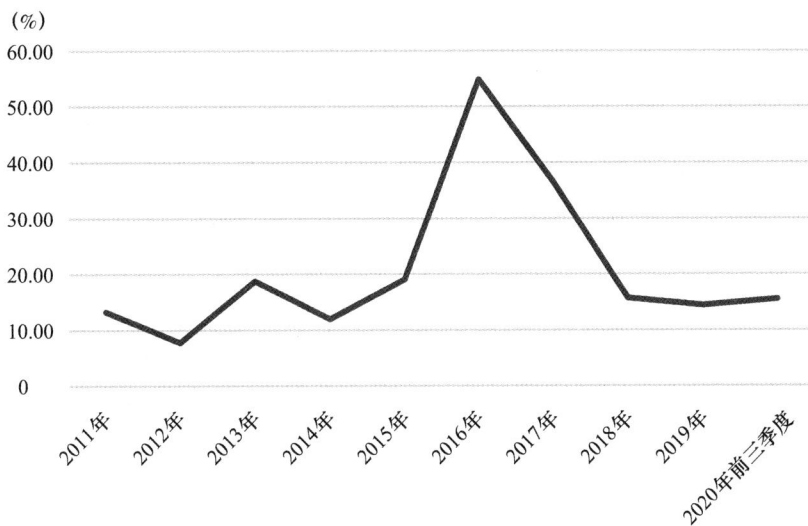

图 8 - 6　历年住宅用地成交溢价率的变化

资料来源：中国房地产大数据信息平台（http：//creis. fang. com/）。

（五）城市分化明显，一线城市明显回暖，二线城市稳中有降，三四线城市小幅回升

1. 一线城市住宅用地量价齐升，出让面积和价格双双回升

一线城市住宅用地出让面积明显回升。从住宅用地宗数来看，2020年前三季度，一线城市住宅用地推出宗数为259块，成交宗数为236块，比2019年前三季度分别增长53块和44块。从住宅建设用地面积来看，2020年前三季度，一线城市住宅用地推出面积为1332.80万平方米，成交1222.77万平方米，比2019年前三季度分别增长247.08万平方米和233.69万平方米。从规划建筑面积来看，2020年前三季度，一线城市住宅用地推出建筑面积为3261.60万平方米，成交2966.48万平方米，比2019年前三季度分别增长973.24万平方米和905.51万平方米（见表8-8）。由此可见，2020年前三季度一线城市住宅用地市场热度明显回升，受疫情影响相对较小。

表8-8　　　　　　　　一线城市推出和成交住宅用地情况

	推出土地			成交土地			成交比例=成交/推出		
	宗数（块）	建设用地面积（万平方米）	规划建筑面积（万平方米）	宗数（块）	建设用地面积（万平方米）	规划建筑面积（万平方米）	宗数比例（%）	建设面积比例（%）	规划建筑面积比例（%）
2011年前三季度	243	1678.31	3296.46	216	1445.79	2857.65	88.89	86.15	86.69
2012年前三季度	113	661.74	1399.14	104	622.64	1292.06	92.04	94.09	92.35
2013年前三季度	205	1406.58	2752.52	198	1329.87	2579.74	96.59	94.55	93.72
2014年前三季度	173	1047.20	2266.95	162	985.17	2124.76	93.64	94.08	93.73
2015年前三季度	135	927.35	1950.36	123	854.08	1801.07	91.11	92.10	92.35

	推出土地			成交土地			成交比例 = 成交/推出		
	宗数（块）	建设用地面积（万平方米）	规划建筑面积（万平方米）	宗数（块）	建设用地面积（万平方米）	规划建筑面积（万平方米）	宗数比例（%）	建设面积比例（%）	规划建筑面积比例（%）
2016 年前三季度	85	449.45	906.45	76	418.48	844.24	89.41	93.11	93.14
2017 年前三季度	152	921.34	1783.50	145	849.93	1677.88	95.39	92.25	94.08
2018 年前三季度	163	816.42	1679.29	134	696.30	1440.84	82.21	85.29	85.80
2019 年前三季度	206	1085.72	2288.36	192	989.08	2060.97	93.20	91.10	90.06
2020 年前三季度	259	1332.80	3261.60	236	1222.77	2966.48	91.12	91.74	90.95

资料来源：中国房地产大数据信息平台（http://creis.fang.com/）。

一线城市住宅用地出让价格和溢价率也明显回升。2020 年前三季度，一线城市住宅用地成交楼面均价和成交土地均价分别为 17756.96 元/平方米、42666.95 元/平方米，较 2019 年同期分别上涨 13.1% 和 29.1%。同时，2020 年前三季度，一线城市住宅用地出让平均溢价率为 12.43%，较 2019 年同期上升 2.26%（见表 8－9）。

表 8－9　　　　　　　一线城市成交住宅用地价格情况

	成交楼面均价（元/平方米）	成交土地均价（元/平方米）	平均溢价率（%）
2011 年前三季度	4078.04	7908.63	19.45
2012 年前三季度	4066.12	8430.42	13.21
2013 年前三季度	6877.89	13262.56	43.84
2014 年前三季度	10602.71	23132.57	30.37

	成交楼面均价 （元/平方米）	成交土地均价 （元/平方米）	平均溢价率（%）
2015 年前三季度	10605.37	22306.81	29.65
2016 年前三季度	20205.52	40532.03	93.54
2017 年前三季度	16061.02	31616.98	23.48
2018 年前三季度	13734.50	29063.24	9.02
2019 年前三季度	15696.46	33051.49	10.17
2020 年前三季度	17756.96	42666.95	12.43

资料来源：中国房地产大数据信息平台（http://creis.fang.com/）。

2. 二线城市住宅用地市场量升价降，总体稳中有降

二线城市住宅用地出让面积稳中有升。从住宅建设用地面积来看，2020 年前三季度，二线城市住宅用地推出面积为 15905.94 万平方米，成交 14691.68 万平方米，比 2019 年前三季度分别增长 3.7% 和 8.9%。从规划建筑面积来看，2020 年前三季度，二线城市住宅用地推出建筑面积为 35570.04 万平方米，成交 32855.87 万平方米，比 2019 年前三季度分别增长 0.9% 和 5.1%。从成交比例来看，2020 年前三季度，二线城市住宅用地宗数成交比例、建设面积成交比例、规划建筑面积成交比例分别为 92.05%、92.37%、92.37%，均较 2019 年同期有所提升（见表 8 - 10）。

表 8 - 10　　　　　　　　二线城市推出和成交住宅用地的情况

	推出土地			成交土地			成交比例 = 成交/推出		
	宗数 （块）	建设 用地 面积 （万平 方米）	规划 建筑 面积 （万平 方米）	宗数 （块）	建设 用地 面积 （万平 方米）	规划 建筑 面积 （万平 方米）	宗数 比例 （%）	建设 用地 面积 比例 （%）	规划 建筑 面积 比例 （%）
2011 年 前三季度	2946	16178.99	38255.22	2424	13783.87	32333.41	82.28	85.20	84.52
2012 年 前三季度	2556	12620.31	31168.27	2062	10113.29	25336.35	80.67	80.14	81.29

	推出土地			成交土地			成交比例＝成交/推出		
	宗数（块）	建设用地面积（万平方米）	规划建筑面积（万平方米）	宗数（块）	建设用地面积（万平方米）	规划建筑面积（万平方米）	宗数比例（%）	建设用地面积比例（%）	规划建筑面积比例（%）
2013 年前三季度	2858	15215.32	37075.31	2527	13682.99	33102.22	88.42	89.93	89.28
2014 年前三季度	2306	11902.31	30085.64	1953	10295.48	25615.78	84.69	86.50	85.14
2015 年前三季度	1842	8420.38	21614.37	1482	6917.27	17691.76	80.46	82.15	81.85
2016 年前三季度	1856	9019.41	22181.03	1671	8190.61	20204.61	90.03	90.81	91.09
2017 年前三季度	1920	10049.41	23881.87	1776	9280.67	22056.00	92.50	92.35	92.35
2018 年前三季度	2524	13397.77	30643.61	2170	11281.48	25894.48	85.97	84.20	84.50
2019 年前三季度	2860	15344.24	35260.36	2540	13494.16	31254.23	88.81	87.94	88.64
2020 年前三季度	2794	15905.94	35570.04	2572	14691.68	32855.87	92.05	92.37	92.37

资料来源：中国房地产大数据信息平台（http://creis.fang.com/）。

二线城市住宅用地出让价格和溢价率均有所下降。2020 年前三季度，二线城市住宅用地成交楼面均价和成交土地均价分别为 5621.89 元/平方米和 12571.43 元/平方米，较 2019 年前三季度分别上涨 1.3% 和 − 2%。同时，2020 年前三季度，一线城市住宅用地出让平均溢价率为 14.27%，较 2019 年同期下降 2.06%（见表 8 − 11）。

表 8 – 11 二线城市成交住宅用地价格情况

	成交楼面均价 （元/平方米）	成交土地均价 （元/平方米）	平均溢价率 （%）
2011 年前三季度	1686.71	3943.16	12.64
2012 年前三季度	1529.81	3896.10	5.35
2013 年前三季度	2179.36	5378.07	19.64
2014 年前三季度	2126.80	5423.86	10.15
2015 年前三季度	2661.84	6926.10	17.65
2016 年前三季度	4868.07	12192.08	64.31
2017 年前三季度	5445.04	12970.24	36.96
2018 年前三季度	5087.12	11689.75	15.63
2019 年前三季度	5550.25	12827.70	16.33
2020 年前三季度	5621.89	12571.43	14.27

资料来源：中国房地产大数据信息平台（http：//creis.fang.com/）。

3. 三四线城市住宅用地市场小幅回暖，出让面积和价格均有不同程度上升

三四线城市住宅用地出让面积和成交比例均小幅上升。从住宅建设用地面积来看，2020 年前三季度，三四线城市住宅用地推出面积为 20801.80 万平方米，成交 17352.83 万平方米，比 2019 年前三季度分别增长 1.1% 和 2.9%。从规划建筑面积来看，2020 年前三季度，三四线城市住宅用地推出建筑面积为 47796.68 万平方米，成交 39230.90 万平方米，比 2019 年前三季度分别增长 2% 和 3.1%。从成交比例来看，2020 年前三季度，三四线城市住宅用地建设面积成交比例、规划建筑面积成交比例分别为 83.42%、82.08%，较 2019 年同期有所回升（见表 8 – 12）。

表 8 - 12　　　　　　三四线城市推出和成交住宅用地情况

	推出土地			成交土地			成交比例 = 成交/推出		
	宗数（块）	建设用地面积（万平方米）	规划建筑面积（万平方米）	宗数（块）	建设用地面积（万平方米）	规划建筑面积（万平方米）	宗数比例（%）	建设用地面积比例（%）	规划建筑面积比例（%）
2011 年前三季度	6400	28070.50	67153.64	5189	22134.88	53119.00	81.08	78.85	79.10
2012 年前三季度	5684	22738.00	54121.50	4099	16443.42	38789.60	72.11	72.32	71.67
2013 年前三季度	6646	25063.10	61011.45	5438	20739.47	50325.80	81.82	82.75	82.49
2014 年前三季度	5389	21311.10	52148.92	3771	14985.58	36615.50	69.98	70.32	70.21
2015 年前三季度	4507	14620.60	35655.49	2855	10031.25	24945.30	63.35	68.61	69.96
2016 年前三季度	3676	13071.00	31054.32	2848	10607.94	25389.00	77.48	81.16	81.76
2017 年前三季度	3927	15690.70	36292.16	3321	13344.01	30672.00	84.57	85.04	84.51
2018 年前三季度	4660	21973.80	50223.14	3788	17492.34	39998.20	81.29	79.61	79.64
2019 年前三季度	4637	20565.40	46864.82	3783	16858.36	38034.80	81.58	81.97	81.16
2020 年前三季度	4628	20801.80	47796.68	3703	17352.83	39230.90	80.01	83.42	82.08

资料来源：中国房地产大数据信息平台（http://creis.fang.com/）。

三四线城市住宅用地出让价格和溢价率均有所上涨。2020 年前三季度，三四线城市住宅用地成交楼面均价和成交土地均价分别为 3001.41元/平方米和 6756.50 元/平方米，较 2019 年前三季度分别上涨 11% 和10.7%。与此同时，2020 年前三季度，三四线城市住宅用地出让平均溢价率为 19.06%，较 2019 年同期上涨 0.31%（见表 8 - 13）。

表 8 - 13　　　　　　　　三四线城市成交住宅用地价格的情况

	成交楼面均价 （元/平方米）	成交土地均价 （元/平方米）	平均溢价率 （%）
2011 年前三季度	852.44	2067.22	20.79
2012 年前三季度	838.70	1997.78	5.73
2013 年前三季度	951.45	2334.66	12.42
2014 年前三季度	980.28	2427.90	6.39
2015 年前三季度	1059.54	2648.85	6.11
2016 年前三季度	1311.16	3148.14	31.95
2017 年前三季度	2319.11	5328.15	55.18
2018 年前三季度	2551.30	5828.35	25.12
2019 年前三季度	2704.36	6104.72	18.75
2020 年前三季度	3001.41	6756.50	19.06

资料来源：中国房地产大数据信息平台（http：//creis.fang.com/）。

（六）租赁住房用地供应进一步提速

一方面，国家进一步出台鼓励住房租赁发展的法律法规。2020 年 9 月 7 日，住房和城乡建设部发布的《住房租赁条例（征求意见稿）》提出，设区的市级以上地方人民政府应当结合本地租赁住房供需状况等因素，将新建租赁住房纳入住房发展规划，合理确定租赁住房建设规模，并在年度住房建设计划和住房用地供应计划中予以安排。另一方面，各地继续加大租赁用地供应。2020 年，主要城市进一步加强了租赁用地供应，特别是北京、上海、广州、杭州、深圳、南京、武汉等租赁需求旺盛城市持续加大租赁用地供应。2020 年，上海呈现租赁用地项目入市的井喷状态，预计超过 10 万套全装修公寓上市；广州、武汉、深圳、北京、杭州、天津、南京的租赁用地或保障性住房用地分别达到 65710 万平方米、12 万平方米、168.2 万平方米、130 万平方米、507 万平方米、50 万平方米、230 万平方米。

二　当前住房土地市场存在的主要问题

2020 年上半年住房土地市场一度出现局部过热现象，这主要在于土地市场健康运行的长效机制还没有完全形成，突出表现出如下问题。

（一）住房土地市场监测还不够全面及时

由于尚未建立完善的全国性住房土地市场监测预警体系，相关决策部门无法全面掌握各地区住房用地储备、供地计划、供地结构、出让土地建设进展等重要信息，致使没有提前做出反应，及时采取有针对性的预防措施。比如，2020 年上半年深圳住房土地市场出现过热就与土地供应紧缺有很大关系。据统计，2019 年深圳常住人口增加 41.22 万人，略高于广州的 40.15 万人，但 2020 年深圳计划供应居住用地仅为 293.2 公顷，远低于广州的 547 公顷。如果有一套有效的住房用地市场监测预警系统，就能够及时预警，以便决策部门提前采取措施。

（二）对住房土地市场的监管有所放松

地方政府有意无意放松对住房土地市场的监管也是导致此轮土地市场过热的重要原因。疫情前，各地普遍采取较为严格的土地市场调控措施，主要包括限制地价、限制楼面价、竞自持、竞配建、现房销售等。比如，杭州采取限房价、限地价的"双限"政策；深圳采取限地价、限普通商品房均价、竞地价、竞无偿移交政府的只租不售的人才住房面积的"双限双竞"政策。但在疫情后，各地悄悄放松了调控措施，陆续推出无须"双限双竞"的地块，变相取消了原先的政策。

（三）对房地产企业的融资存在监管缺位

疫情发生之后，中央银行为应对突如其来的外生冲击，实施了宽松的货币政策，并且地方政府也放松了土地融资监管。地方政府对房地产企业的融资监管出现缺位加上流动性泛滥，从而导致大量资金流入土地市场。2020 年以来，受益于流动性宽松政策，房地产企业纷纷加大低成本债务融资规模。据统计，仅 2020 年 8 月，房地产企业境内外债券融资规模就高达 1247 亿元，同比大幅上升 44%。

（四）土地出让模式存在漏洞

现行土地出让模式主要采取招拍挂制度，其实质是地方政府在垄断土地供给前提下，按照"价高者得"原则出让住宅用地，这就为"地王现象"频发创造了条件。2020年上半年，由于许多重点城市取消限地价、限楼价、竞自持、竞配建等限制规则，恢复过去的招拍挂制度，导致"地王现象"卷土重来。比如，上海针对部分地块调整土地拍卖规则，取消住宅用地15%的自持比例要求，取消保证金冻结要求，放宽竞拍人数限制，导致土地溢价率明显上升，2020年上半年纯居住用地平均溢价率达10%，其中，万达拍得的临港地块溢价率更是高达53%。

（五）土地计划指标供给缺乏弹性

2020年3月，国务院印发《关于授权和委托用地审批权的决定》，将农用地转建设用地和征收土地审批权下放给省级政府，这有利于解决审批时间过长的难题。但是，土地利用总体规划和土地利用年度计划尚未松绑，用地指标的供应弹性依然过小，对市场需求的反应明显滞后，地方政府很难根据住房土地市场的实际需求及时调整土地供应数量，这就从供给端制约了住房土地市场的稳定发展。

三 2021年我国住房土地市场展望

（一）总体来看，在没有新的重大外部冲击的情形下，2021年住房土地市场将保持总体稳定

2016—2018年，全国土地购置需求一直处于上升走势，土地购置面积由2016年的22025万平方米上升到2018年的29142万平方米。进入2019年，土地市场开始去库存，土地购置面积明显下降，2019年全年土地购置面积仅为25822万平方米，较2018年下降11.4%。2020年，在新冠肺炎疫情冲击的大背景下，受货币宽松、需求释放、调控放松等多重因素的叠加影响，土地市场出现快速回暖趋势，预计2020年全年土地购置面积为24968万平方米，与2019年大致持平，土地购置价格则为6761元/平方米，较2019年上涨18.7%。预计2021年土地市场依然处于补仓期。但是，在新冠肺炎疫情得到有效控制以及经济复苏好于预期的大背景下，2021年货币政策总体将稳中趋紧，同时住房土地市场的调控措施将进一步趋严，特别是地方政府在疫情期间的政策放松特例将不复存在。

因此，2021 年，在没有新的重大冲击的前提下，住房土地市场总体将保持稳定。

（二）受强监管政策影响，住宅用地市场可能有所降温

2020 年，面对疫情的巨大压力，中央依旧坚持"房住不炒"定位，不把房地产作为短期刺激经济的手段，保持了房地产市场的总体稳定。随着经济形势的逐步好转，中央政府加大了对房地产市场的调控，银保监会等部门全面清查违规资金流入房地产情况，国家发改委也对海外债发行做出了严格限制。2020 年 8 月 20 日，央行更是明确了房企融资管理规则，该规则规定房企剔除预收款后的资产负债率不得大于 70%，净负债率不得大于 100%，"现金短债比"小于 1。受一系列严格监管政策的影响，住宅用地市场可能迎来一轮降温，特别是高负债企业将明显减缓拿地节奏。

（三）分不同城市看，一线、二线、三四线城市走势分化趋势或将延续

从成交土地均价来看，一线城市与二线、三四线城市的走势分化或将延续。受人口结构转变、城市化进入新阶段等长期因素以及新冠肺炎疫情加剧经济不确定性等短期因素的叠加影响，房地产企业加速向更为稳定的一线城市收缩，导致一线城市与二线、三四线城市的住房土地市场趋势出现进一步分化。2020 年第三季度，一线城市成交土地均价较第二季度上涨 17.4%，而二线城市和三四线城市则分别增长 0.2% 和 −15%（见图 8 - 7）。2021 年，一线城市的住房土地市场有可能继续保持较快增长态势，二线城市成交土地均价可能进一步回暖，但是三四线城市的成交土地均价则可能继续低迷。总的来看，一线、二线、三四线城市的分化趋势或将进一步凸显。

（四）租赁住房条例或将推动租赁用地供应的加速供给

2021 年，住房租赁条例有可能正式实施，如果该条例出台实施，将推动租赁用地的加速供给。住房租赁条例规定，设区的市级以上地方人民政府应当将新建租赁住房纳入住房发展规划，合理确定租赁住房建设

（元/平方米）

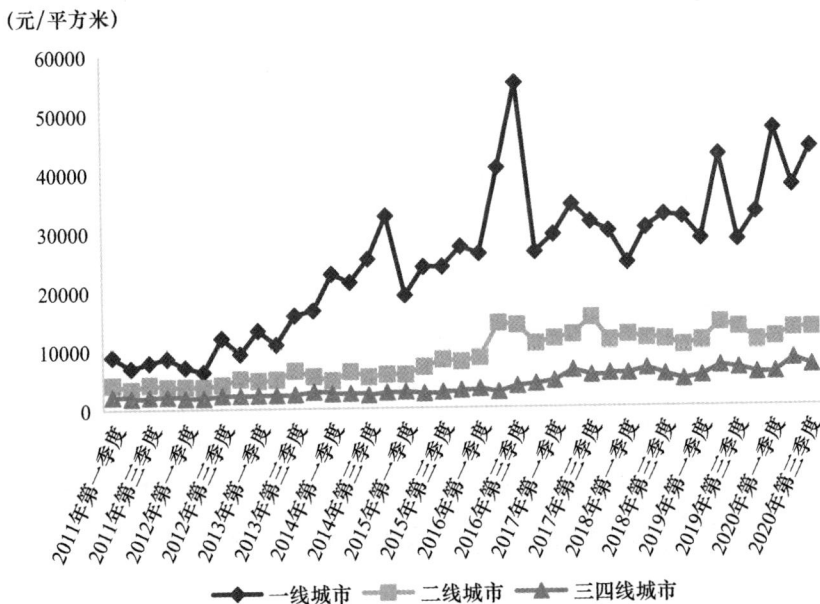

图 8 - 7　一线、二线、三四线城市住房用地市场的成交土地均价

资料来源：Wind 资讯。

规模，并在年度住房建设计划和住房用地供应计划中予以安排，鼓励通过新增用地专门建设租赁住房。另外，受蛋壳公寓"爆雷"事件的影响，租房问题再次引起舆论的广泛关注，这也将在一定程度上推动租赁住房用地的加速供给。因此，可以预计，未来一段时期，各地方政府将大大增加租赁用地的供应，租赁用地的供给将得到更好保障。

四　政策建议

（一）建立监测预警体系和自动响应机制

一方面，要建立监测指标框架体系。将住房存量、空置率、库存比例、建设用地供给、住房用地比例纳入供给端监测体系，将住房存销比、人口增长、人均住房面积纳入需求端监测体系，将商品住房价格、土地价格增长率、土地价格占住房价格比例、溢价率等纳入价格端监测体系。另一方面，要建立自动响应应急机制。将需求端、供给端和价格端的具体监测指标与土地、资金的供应挂钩，划定各指标允许区间、"红线"和底线，并根据不同指标表现自动微调相关行政、金融、财税、土地等政策，增减土地、资金、基础设施和公共服务数量。

（二）压实地方主体责任完善督导机制

一方面，要压实地方主体责任。坚决落实中央"房住不炒"定位，抓关键、抓总体、抓结果、抓"红线"，压实地方政府内部的领导责任、主体责任和主要责任。完善"监督考核，奖惩问责"的监管督查机制，健全房地产市场管理的考核、监督、约谈和问责制度。明确管放的责任划分，对于超出指标区间或"红线"以及违反决策规则的城市，自动启动约谈和问责机制。另一方面，要强化督导机制。要做好日常督察工作，对于下放的事项，实施决策的"飞检"、抽查和督导，及时纠正存在的问题。要根据土地市场实时监测预警结果，做好土地市场异常波动城市的督察工作，严格落实相关政策。要将督察扩展到前期规划、土地计划、市场预期、应急预案等各个环节。

（三）完善土地出让模式合理调整供地方式

一方面，要完善土地出让模式。围绕提升土地综合使用效益目标，可采取带方案出让、有竞价招标、综合评标、复合式出让等模式；围绕市场调控目标，可采取限房价竞地价、限地价竞房价、限地价竞配建、定配建竞地价等模式。针对重点城市推动上述措施长期化制度化。另一方面，要扩大地方土地权限。在现有基础上进一步下放土地审批权限至地级市。在条件成熟的情况下稳步推进土地利用计划权限的下放，同时明确决策规则和裁量区间。允许地方政府根据自身实际需求适当调整各类用地的比例。编制科学的国土空间规划，建立空间用途管制制度，加强土地使用情况督察，确保相关土地权限"放得下、接得住、管得好"。

第九章

中国住房金融发展报告

高广春

2019 年第四季度以来，特别是 2020 年年初的新冠肺炎疫情让世界和中国经济本现颓势的处境雪上加霜，本已处于强弩之末的货币政策不得不继续宽松，主要经济体纷纷祭出降息、撒钱等措施，中国货币政策实际上也难例外。房市层面似寒意频袭，相应的，相关房企融资（本章图表中简称房融）的紧缩政策也是持续加码。但房地产金融市场的现实运行路径是如何呢？本章聚焦房企融资总量、结构和诸融资板块的走势、问题和相应对策。

一 现状分析

（一）融资环境：新冠肺炎疫情下货币政策量价齐送暖

从房地产金融的运营环境看，货币政策和信贷环境可以说是暖风徐徐。首先是货币供应量 M2 同比，自 2017 年年底跌下 10% 后，三年多的时间里一直在 8% 徘徊，但 2020 年 3 月重新跨越 10% 的水平。其继续向上运行，2020 年 9 月升至 10.9%，比 2020 年 1 月高出近 3 个百分点（见图 9 - 1）。M2 的快速回暖显然与新冠肺炎疫情因素有直接关系。一般贷款利率则从 2019 年第四季度开始缓慢下行，新冠肺炎疫情以后继续下探，但步伐没有明显加快。本报告期该利率走低约 10 个百分点。

（二）房企融资总量与结构：杠杆首走软，结构再分化

房企融资似乎没有明显感受到货币政策和信贷环境的暖意。图 9 - 1

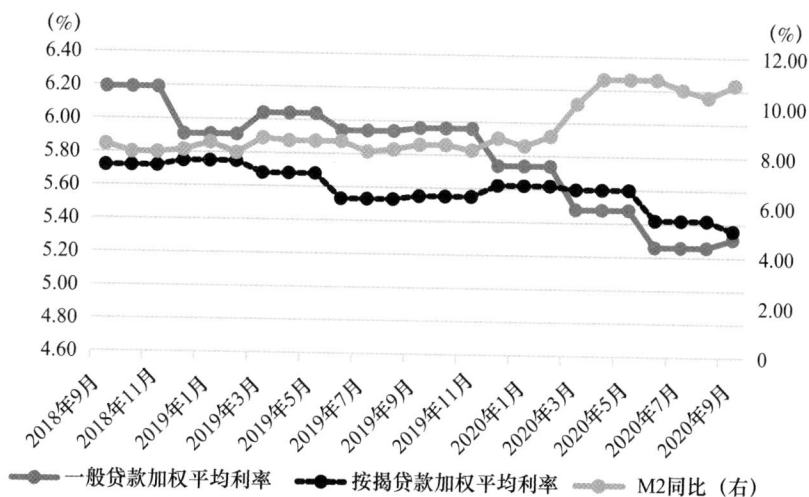

图 9 - 1 房企融资运行的货币政策与房贷利率环境

资料来源：依据 Wind 资讯相关数据整理。

显示，按揭贷款加权平均利率虽在本报告期内以及新冠肺炎疫情下趋于走低，但仅走低约 3 个百分点，远不及一般贷款加权平均利率 10% 的降幅。另外的两个因素进一步表明房企融资环境正在逆势趋冷。其一是所谓史上首个关于房企融资之最定量化的监控政策。该政策以控制房企有息负债为核心，提出"三道红线"并据此将房企划分为四个档次。"三道红线"：（1）扣除预收款后的资产负债率不能超过 70%；（2）净负债率不能高于 100%；（3）现金短债比不能小于 1 倍。四个档次则是依据"三道红线"划分：（1）均没有触碰"红线"的属于绿色档次；（2）触碰一道"红线"的属于黄色档次；（3）触碰两道"红线"的属于橙色档次；（4）触碰三道"红线"的则属于红色档次。该政策虽于 2021 年 1 月实施，但无疑已经给房企融资带来巨大压力。其二是关于个人住房抵押贷款利率重新定价的政策。该政策要求于 2019 年 10 月初开始以贷款市场报价利率为定价（即所谓 LPR）基准加点来确定按揭贷款利率，已经签约的按揭贷款还可以以此为标准进行重新定价。该政策意在推动商业性按揭贷款的利率市场化，稳定市场预期，因而有抑制住房投机之效。

以上关于房企融资的"冷"政策也是 2016 年"930"新政开启所谓史上最严、持续时间也最长的房市调控和监管政策的进一步延续。由此，

2019 年第四季度以来房企融资走冷背后的经济政策逻辑则是重实体、轻房市的结构性战略重构。

1. 融资总量走势：杠杆走软

图 9 - 2 给出的是房企融资在非金融业（包括住户 + 非金融企业及机关团体）融资中的占比指标曲线。该图显示，在非金融业融资（图表中简称非金融）总额中，房企融资总额[①]权重在 2019 年 6 月达到近几年来的高点（21.85%）后，缓步下行，在新冠肺炎疫情下继续走软，2020 年第三季度的权重降至 21.24%。本报告期即 2019 年第四季度至 2020 年第三季度净降幅（与 2019 年第三季度比较，下同）达 0.6 个百分点。降幅虽小，但这是自可借助公开数据考察以来的首次下降。这样的走势与增额权重在同期明显走低有关，本报告期净降幅近 8%。值得关注的是，2020 年第三季度，增额权重现小幅反弹，较第二季度反弹高度为 0.34 个百分点。这使得对房企融资权重走低的趋势性判断增加了变数。

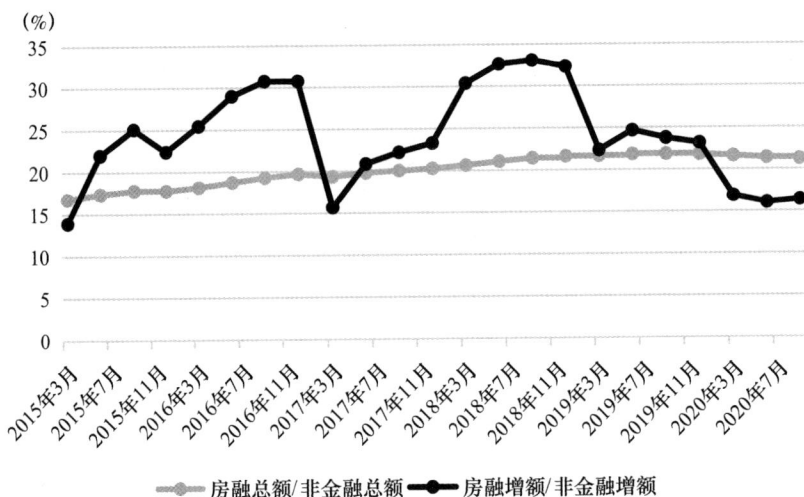

图 9 - 2　房企融资权重走势

资料来源：依据 Wind 资讯和中国人民银行网站相关数据整理。

① 通常一级资本市场融资存量称为总额，而信贷和信托存量称为余额，为简便计，本报告统一称为总额。

图9-3则为我们做趋势性判断提供了一个新的视角，就是两类权重净变化曲线。该图显示，房企融资总额权重净变化曲线走低的趋势相对明确，2020年第三季度继续走低并跌入负值区间。但房企融资增额权重净变化曲线呈大幅度波动特征，本报告期的波动幅度较小。这样的趋势组合进一步表明，至2020年第三季度，房企融资降杠杆的趋势依然没有明确显现的迹象。

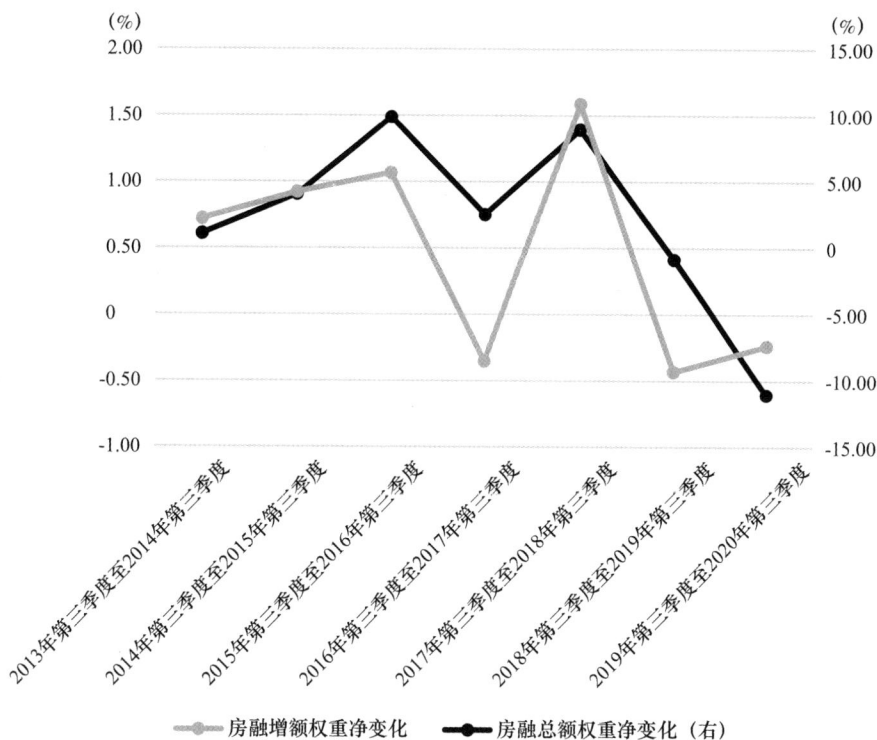

图9-3　房企融资权重净变化走势

资料来源：依据 Wind 资讯相关数据整理。

图9-4则是关于房企融资的同比趋势。该图显示，本报告期内金融资源配置呈现去房地产化的特点。相较于非金融业融资总额同比和增额同比，房企融资均呈劣势，劣势级别约6个百分点。这表明自2019年第四季度以来，政策和监管层面弱化房地产因素的导向有所显现，金融资源投向对实体领域的偏好度在增加。但这是否是趋势性的变化？回答是

难以断定。直接原因是房企融资同比在本报告期呈反弹态势，反弹级别近 2 个百分点。2019 年第四季度以来，相对于非金融业融资（图表中简称非金融）同比，房企融资相对走弱，但疫情因素下，房企融资同比似再现相对强势。

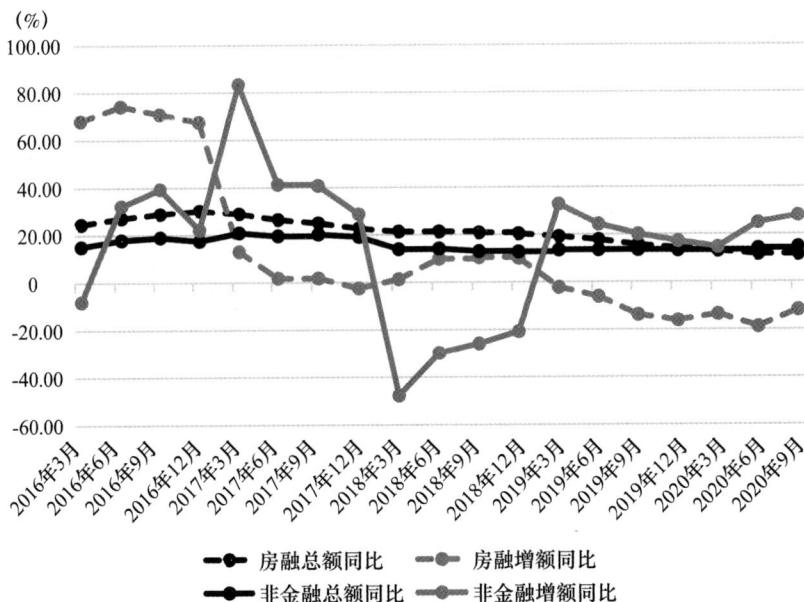

图 9-4 房企融资同比走势

资料来源：依据 Wind 资讯和中国人民银行网站相关数据整理。

同比净变化曲线也显示，金融资源去房地产化的趋势依然扑朔迷离。图 9-5 显示无论是房企融资同比净变化曲线还是非金融业融资净变化曲线均呈较强的波动性，如房企融资增额同比净变化在本报告期上扬，相反的，非金融业融资增额同比净变化则在本报告期内趋降。由此房企融资杠杆趋势性走低的特点依然不明朗。

2. 房企融资结构：非均衡再升级

本部分观察的是房企融资结构分布及其趋势。主要基于以下两个视角：其一是房企融资结构中直接融资（简称直融）和间接融资（简称间融）权重视角；其二是房企融资结构中各板块的权重视角。

房企直融和间融视角是将房企资金来源分为直接融资来源（主要包

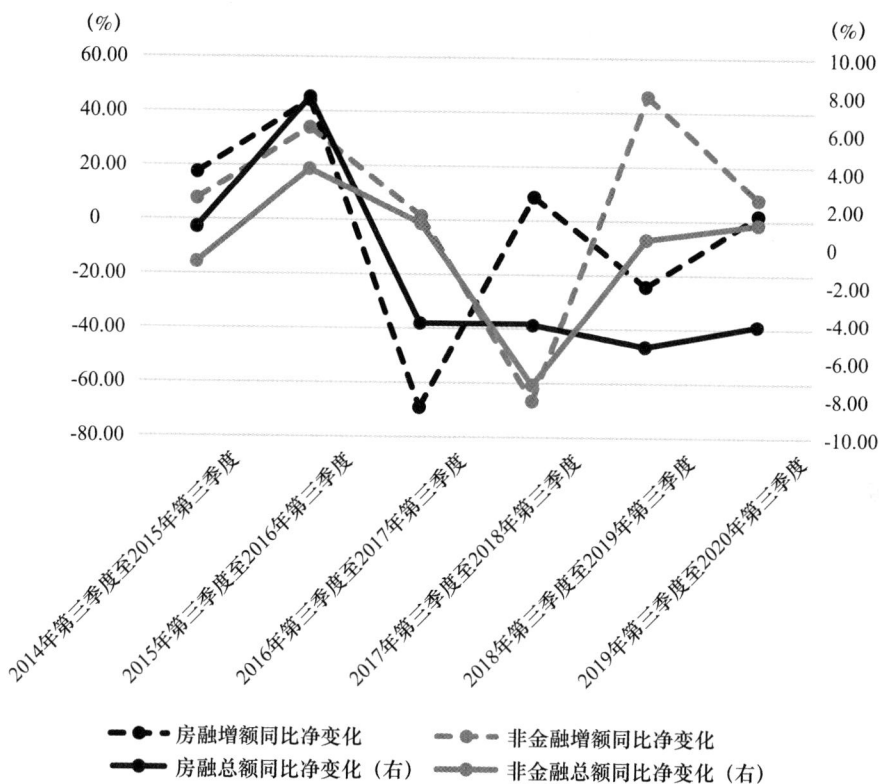

图 9 - 5 房企融资同比净变化走势

资料来源：依据 Wind 资讯相关数据整理。

括股票融资、债券融资和信托投资，约占信托资金房地产领域的 55%）和间接融资来源（主要包括银行贷款和信托贷款，约占信托资金房地产领域的 55%），并考察其相对于房企融资的权重关系和变化趋势。图 9 - 6 显示，本报告期末房间融权重和直融权重双降，分别下降 0.46 个百分点和 0.16 个百分点。这也是近几个报告期里的首次双降，并导致房企融资权重在近几个报告期首次下降。

图 9 - 7 则进一步显示，从板块结构走势看，四个板块中有三个板块（即信贷、信托、股票）权重走低，只有一个板块（即债券融资）走高。进一步观察，本报告期内房企融资权重趋降的主导因素是房贷权重的下降。在两大主要间融渠道（即信贷和债券）变化中，房企债券融资权重在本报告期末实际上是上升的，净升幅达 0.08 个百分点。而在所有的四

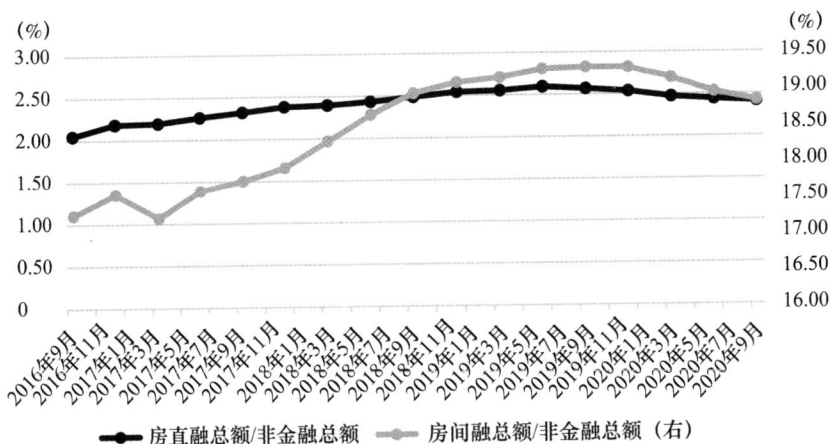

图9-6 房间融和直融结构分布走势

资料来源：依据 Wind 资讯相关数据整理。

大融资渠道中，房企信贷权重绝对居优，所以尽管房企股票融资和房企信托融资权重也下降，但房企融资整体下降的主力推手是房企信贷。

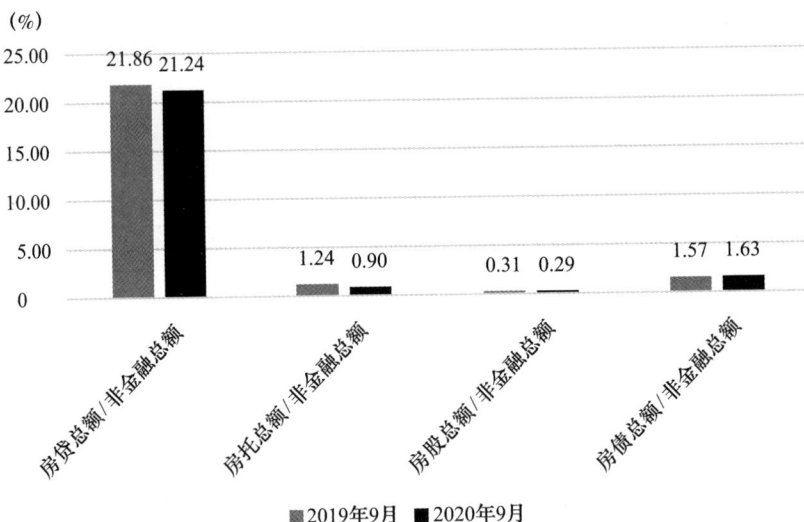

图9-7 房企融资渠道结构分布走势

资料来源：依据 Wind 资讯相关数据整理。

（三）房企融资板块趋势

在前述总量和结构分析的基础上，本部分聚焦房企融资的几个主要板块的变化情况。其一是房企信贷（即房贷）相对于信贷板块的变化趋势；其二是房企信托相对于信托融资的变化趋势；其三是房企融资一级资本市场，即房企一级资本市场融资相对于一级资本市场融资的变化趋势。

1. 房企信贷：总体趋降、期末反弹

本报告用两个指标，即权重和同比来观察房企信贷在2019年第四季度以来的变化情况。

从权重指标看，图9-8显示，相对于上个报告期，无论是房贷余额权重还是房贷增额权重在本报告期均现跌势，而且是近几个报告期内的首次下跌。但在本报告期内，两类权重在第二、第三季度先后止跌回升。增额权重自第二季度开始由跌转升，至第三季度回升幅度已达0.25个百分点，余额权重则是在第三季度反弹0.1个百分点。由此，由权重衡量的信贷板块中的房贷杠杆在2020年前三季度由降转升当是新冠肺炎疫情因

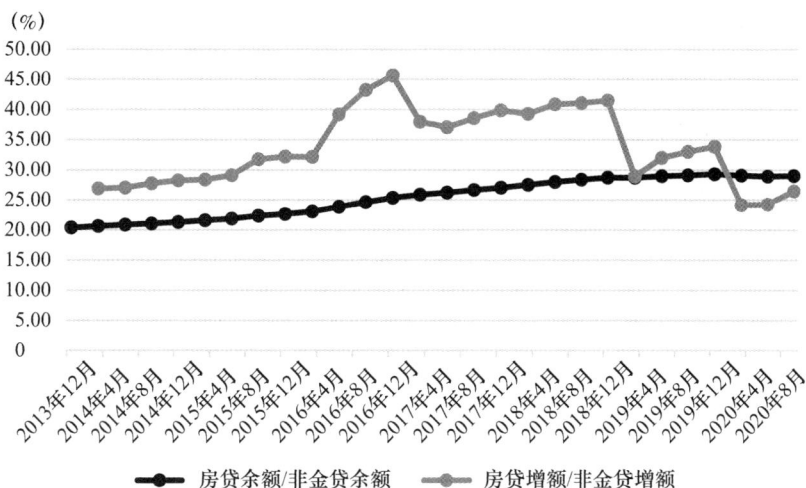

图9-8　房贷权重走势

资料来源：依据Wind资讯相关数据整理。

素加大稳增长的压力所致。近十几年来，房地产一直是稳增长和保增长中屡试不爽的利器。

图9-9则显示，房贷权重杠杆在2020年第二、第三季度的止跌反弹的主力推手是按揭贷款。2020年第二、第三季度无论是按揭贷款余额权重还是增额权重均现升势，但开发贷款余额和增额权重则呈相反的走低态势。由此可以推断，房地产这把稳增长的利器在2020年第二、第三季度重出江湖是因为按揭贷款。换言之，房企稳增长利器在2020年被再次启用的切入点是需求端。

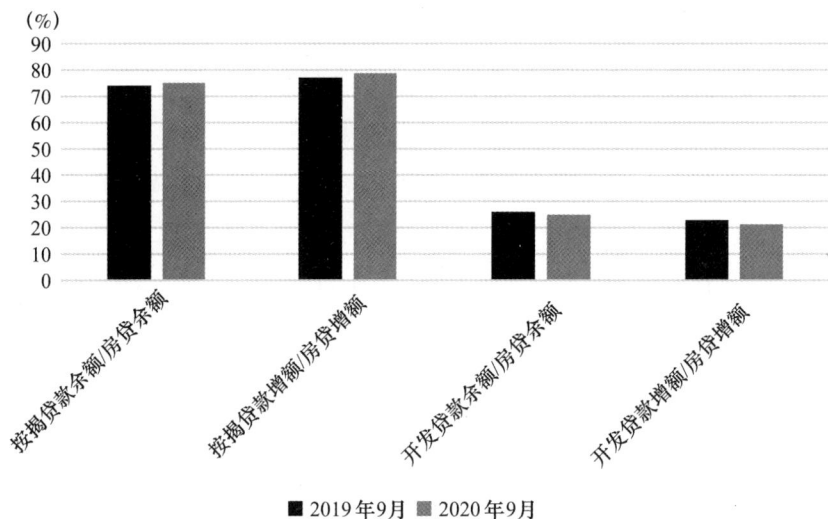

图9-9 房贷结构分布走势

资料来源：依据 Wind 资讯相关数据整理。

上述特点在同比指标中同样有清晰显现（见图9-10）。虽然在2020年前两个季度非房贷（＝非金融贷款－房贷）两类同比均现升势，但第三季度则走跌，增量指标尤为明显，2020年第三季度相对于第二季度的非房贷同比走低5.23个百分点，房贷增额同比则是反弹3.15个百分点，这意味着金融机构信贷资源有再次向房地产领域集结的迹象。

由此，2019年第四季度以来，相对于非金融业贷款，房贷（总额和增额）杠杆趋于双降，但疫情因素对稳增长压力的加大作用似乎正在扭

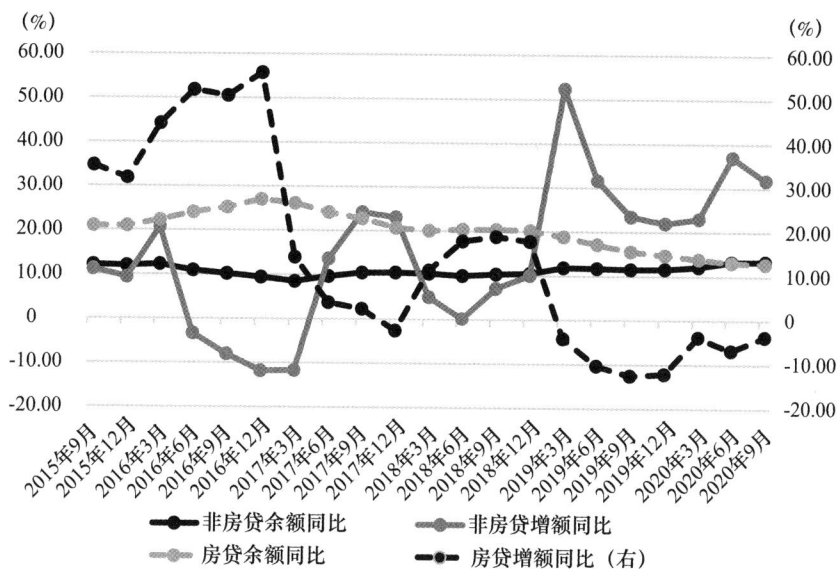

图 9-10 房贷同比走势

资料来源：依据 Wind 资讯相关数据整理。

转这一趋势，背后的逻辑似为疫情对经济的冲击凸显保增长的重要性，房地产这个传统利器自然可以再器重。

2. **房企信托：弱化态势明显**

首先看权重指标。图 9-11 显示，房企信托余额权重在 2019 年第二季度达到阶段性高点以后，呈明显走低态势，本报告期走低约 5 个百分点。进一步观察，房企信托月额权重持续走低四个季度，这也是近十年来的首次。尽管笔者了解到相关数据存在一定误差，但由于无从深究现有数据的真伪及其程度，只能据此判断，房地产信托的去化趋势或许正在形成。

增额权重则因房托增额持续净减少，该权重指标无法计算，也就无法用图表表示其走势。表 9-1 则清楚地显示出相对于非金融企业信托增额，房企信托增额呈现明显的走低趋势。

以上房托两类权重双双明显走低，增额权重甚至出现悬崖式下跌。这样的走势是因为近几年监管层对房地产信托的持续高压终于收到了成效。

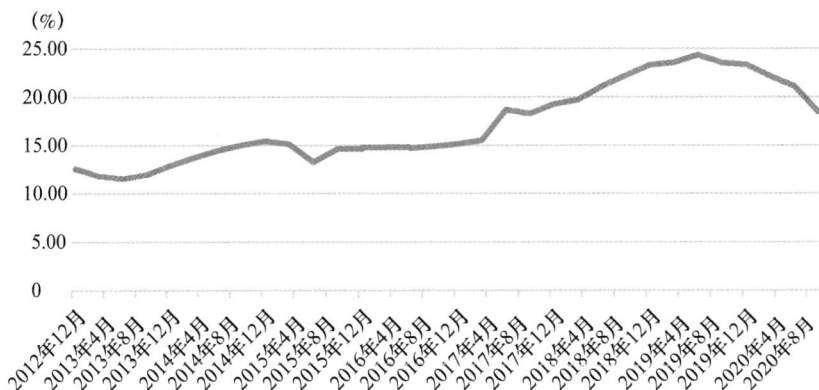

图9-11 非金融信托余额中的房企信托权重走势

资料来源：依据 Wind 资讯相关数据整理。

表9-1 非金融企业信托增量与房企信托增量累计值季度数据 （单位：亿元）

	非金信托增额	房托增额
2019 年 12 月	1004.84	282.96
2020 年 3 月	-442.32	-1541.31
2020 年 6 月	-192.32	-2688.66
2020 年 9 月	9996.31	-3918.45

资料来源：依据 Wind 资讯相关数据整理。

　　房托融资在本报告期的大幅走低，同时也可以见于其同比指标（见图9-12）。由于增额同比中负值因素较多，作图和比较均不方便，仅进行余额比较。房企信托余额同比在2020年第一季度被非金融信托同比超越后，在随后的两个季度中继续一蹶不振，走弱态势明显。这样的变化也是近四年来首次出现。这意味着房地产信托监管趋严和疫情因素叠加改变了房企信托持续近四年之久的相对强势，信托资金向实体领域配置相对增加的趋势开始显现。

　　3. 房企一级资本市场融资：去化趋势延续但期末微现反弹

　　首先看权重指标（见图9-13）。从增额权重看，房企一级资本市场在经历了2015年和2016年的飙涨之后，2017年第一季度断崖式回调，此后温和上行，2018年第三季度达到一个阶段性小高点，此后缓势走低，

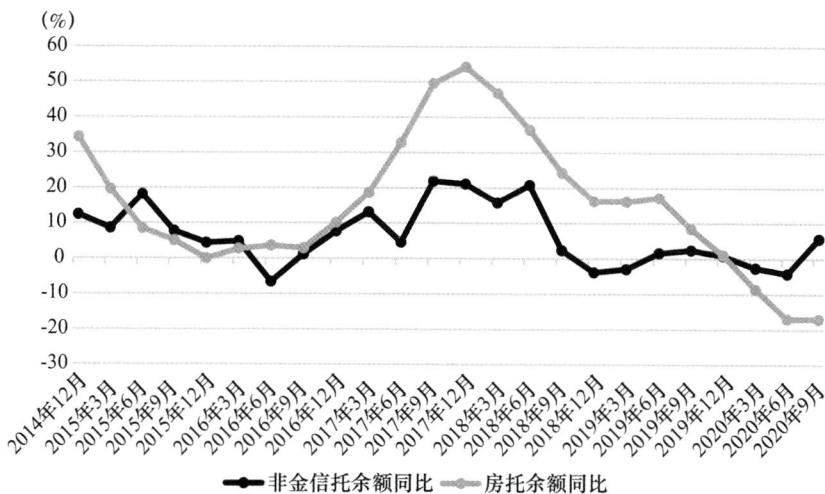

图 9 – 12 非金融业信托和房企信托同比走势

资料来源：依据 Wind 资讯相关数据整理。

本报告期基本延续降势，但 2020 年第三季度相对于第二季度现微幅反弹，其中总额权重微弹 0.003 个百分点，增额权重微弹 0.22 个百分点。

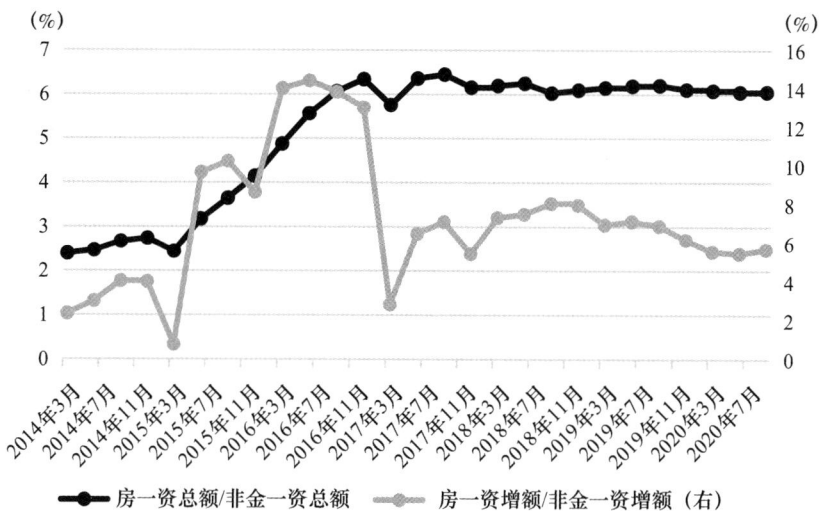

图 9 – 13 非金融业一级资本市场融资中房企一级资本市场融资权重走势

资料来源：依据 Wind 资讯相关数据整理。

　　进一步观察房企一级资本市场融资自身的结构分布及其变化情况，可得图 9 - 14。该图显示房企股融占比持续处于下降通道，而房企债融占比则是持续向上不断创出新高。2020 年第三季度房企股融占比跌至 14.93%，房企债融则升至 85.07%。由此房企一级资本市场融资主要依赖债券渠道，股融渠道则是持续萎缩。

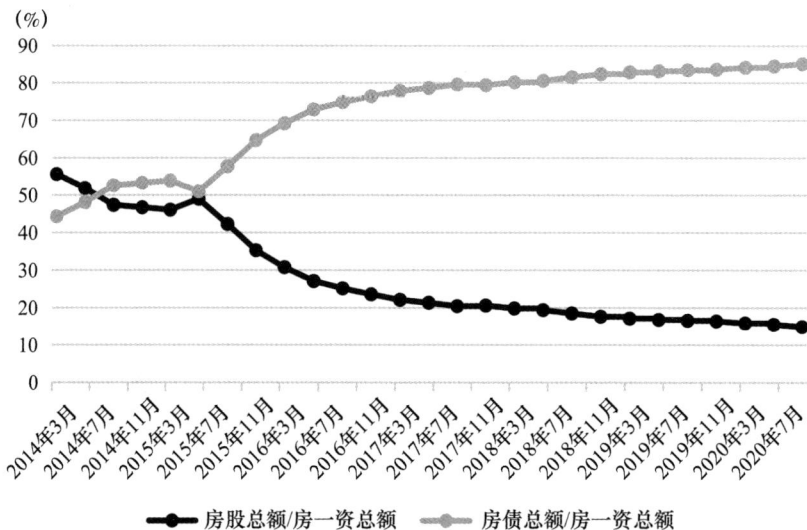

图 9 - 14　房企一级资本市场融资结构分布走势

资料来源：依据 Wind 资讯相关数据整理。

二　问题分析

（一）融资集中度风险在升级

　　在房企融资结构中，房企信贷集中度再升。图 9 - 15 显示，2020 年房贷在房企融资中的占比为 86.75%，较 2019 年同期上升 1.05 个百分点，其他三个渠道的融资占比不及 15%。其中房企信托占比为 4.22%，下降 1.44 个百分点；房企股票市场融资占比 1.35%，降 0.09 个百分点；房债融资占比 7.68%，上升 0.49 个百分点。

　　房企融资结构中的间接融资集中度风险再升。图 9 - 16 表明，房企间

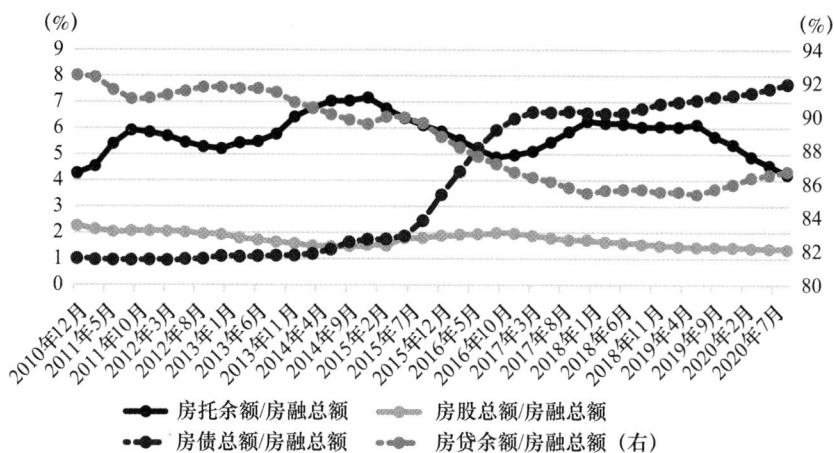

图 9 - 15　房企融资四大板块分布走势

资料来源：依据 Wind 资讯相关数据整理。

接融资和直接融资比重在经过几轮博弈以后，自 2019 年第三季度开始，间接融资权重由跌转升，2020 年以来继续延续升势，本报告期末升至 88.65%，净上升 0.4 个百分点。同期房企直接融资权重则由升转跌，本报告期末降至 11.35%，净下降 0.4 个百分点。

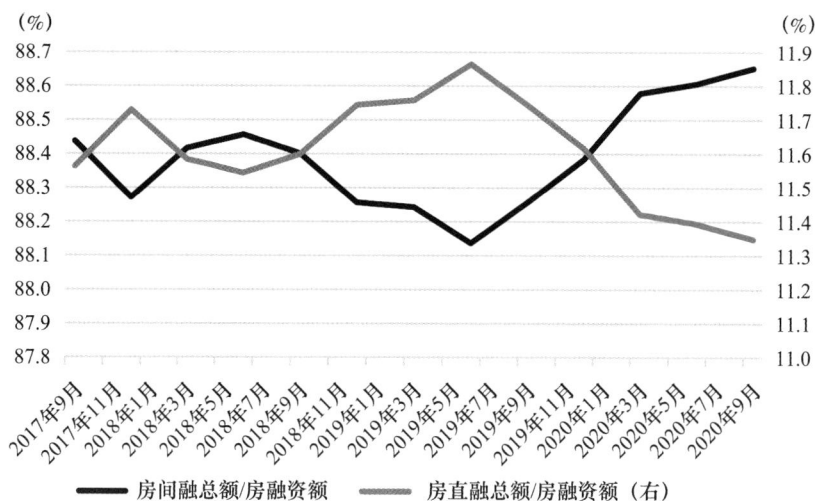

图 9 - 16　房融结构中直接融资和间接融资结构分布走势

资料来源：依据 Wind 资讯相关数据整理。

（二）居民债务偿付压力再升级

可以用两个指标来说明，其一是按揭可支配收入比。图 9 - 17 显示，按揭可支配收入比在近几年加速攀升，每年均以近 10 个百分点的速度走高，2020 年第三季度超过 100%，达到 108.71%。

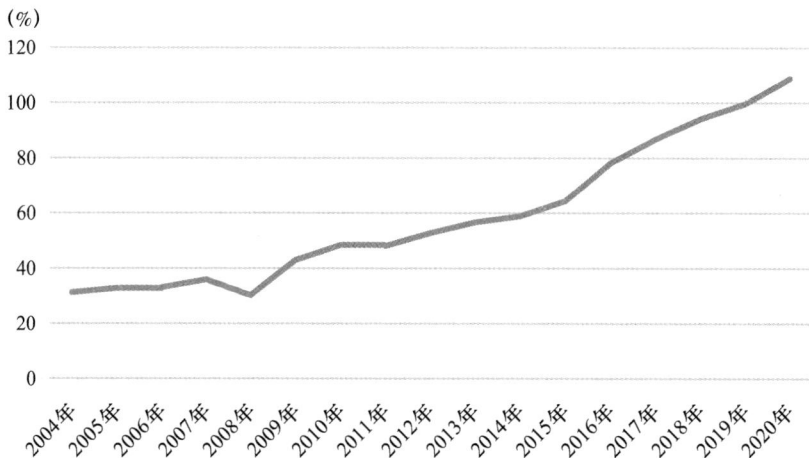

图 9 - 17 2004—2020 年按揭贷款余额与可支配收入比走势

资料来源：依据 Wind 资讯相关数据整理。

其二是按揭贷款偿付比。通常用月供比或季供比来表示。假如还款模式为定期等额偿付，那么在一些给定条件下可以估算出偿付比。如给定条件：居民家庭规模为 3 人，贷款期限为 20 年、利率为个人住房贷款加权利率、贷款首付比例 20%，房价为全国住宅销售额和住宅销售面积相除所得的均价，居民家庭收入是中位数，住房面积中位数估计为 100。测算结果表明，2020 年第三季度的债务偿付比为 53.96%，比 2019 年第三季度上升 1.75 个百分点。这意味着中位数下约 50% 的居民（主要是中等及以下收入居民）的住房债务偿付压力已经处于或接近较为严重的程度。

（三）房企投资结构失衡再加剧

图 9 - 19 显示，三类住宅投资曲线在本报告期进一步分化，其中 90

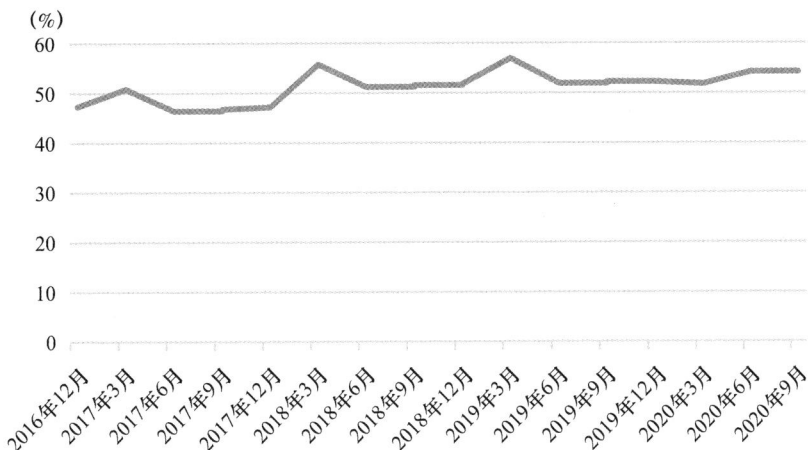

图 9 - 18　100 平方米住房季供与可支配收入比走势

资料来源：依据 Wind 资讯相关数据整理。

平方米以下住宅投资比例进一步下跌 0.57 个百分点，144 平方米以上住宅投资比例下跌 2.14 个百分点，90—144 平方米的住宅投资比例则上升 2.71 个百分点。在本报告期内，对刚需类或消费类中低价位住房投资进一步萎缩，对偏投机类住宅投资则进一步扩张。进一步观察，90 平方米以下住宅投资自 2015 年 5 月达到近 40% 的高点以后，持续走低运行，至

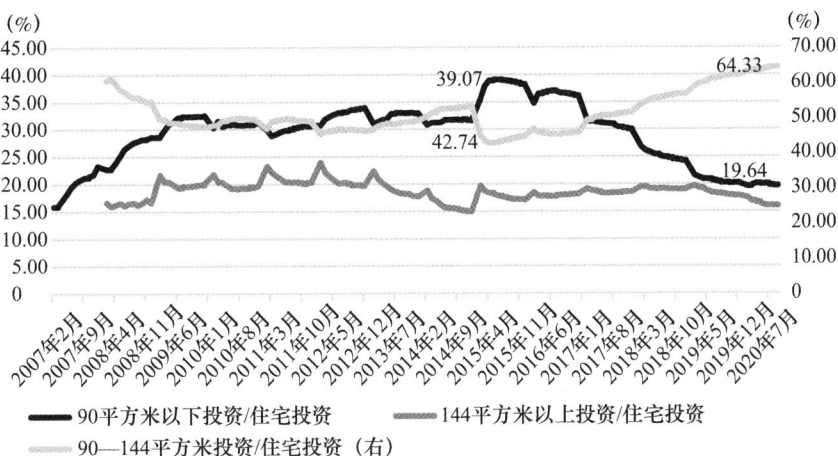

图 9 - 19　房企投资结构分布走势

资料来源：依据 Wind 资讯相关数据整理。

2020 年 9 月累计走低超过 20 个百分点，年均下降 4 个百分点。相反地，90—144 平方米住宅投资占比同期上升近 22 个百分点。这样的投资结构分布走势显然与"房住不炒"的最顶层设计初衷相悖，住房供给结构失衡状况加剧，适应于中低收入的住房供给不足，住房可支付和可偿付性压力加大。

三　政策建议

基于前述房地产金融领域目前所存在的诸多问题，本期报告给出如下政策建议。

（一）设房贷"红线"，促融资多元

设立房企融资结构中信贷占比的"红线"，同时促进房企融资多元化。前已述及，房企融资新规对房企有息债务设置了"三道红线"，鉴于有息债务中的绝大部分是房企信贷，应该进一步对房企信贷在房企融资中的占比设置"红线"。2020 年 9 月房企信贷在房企融资中的占比高达 86.75%，创下近四年来的最高点，这显然隐含着巨大的集中度风险，有必要匹配"三道红线"的监控节奏，设置房企信贷占比的监控"红线"及其逐步达标的时间表。相应地，绝对或相对减少房企融资中的信贷占比都是可以考虑的选项，房企融资多元化则是其中的一条相对路径，该路径的两个重要路标则是实质性地提升股票融资的比例和有效推进房企信贷资产证券化。

（二）聚焦"三可"，缓释居民房贷债务风险

"三可"即可支付交易、可偿付债务、可救助机制。所谓可支付交易主要指中等及以下收入居民消费或经营的可支付性，集中体现为住房消费或投资的可支付性。该策略旨在将居民负债保持在合理水平。居民债务水平过高的主要原因：居民所需要的物品的价格过高，导致居民只能通过背负过高的债务来实现所需的交易。由此，可支付交易就成为必要的应对选项。可落地路径包括（1）立法保障。即尽快推出《住房保障法》规范住房供给端的行为，使其提供中等及以下收入居民可支付的住

房。（2）政策激励与救济。即借助有效的政策性金融和财税手段，激励商业性房地产开发企业建构中等收入及以下居民可支付的住房，以促进可支付住房供给侧的商业可持续性。（3）多元参与。如慈善资金参与建设可支付住房，互助合作建设可支付住房，同时政策层面在税收、土地、监管等方面给予支持。所谓可偿付债务即居民可以承受的债务或债务负担，与居民偿付能力相匹配的债务，该策略旨在维持债务偿付的稳定性和持续性。可操作举措包括稳定居民收入，即稳定居民就业和财产价值，保证其收入的稳定性。适当的政策扶助包括减免收入税、物业税、财政贴息等。可救助机制即在负债居民无力偿付债务时可以借助公共救助机制改善其债务偿付能力或减免其所负债务，对个人实行破产立法保护则是落地该机制最有效之策。

（三）规定中低价位住房供应底线，刚性约束住房开发投资结构

前述 90 平方米以下住房投资比例持续萎缩的基本原因：住房供应特别是中低价位住房供应政策底线不清晰。有必要在顶层政策设计上给出中低价位住房供应底线，并配套有效落地措施。中低价位住房的数量、占比对应着三大收入群体，即中等、中低和部分低收入家庭，而这三大群体在整个收入结构分布中的占比在 50% 以上。由此这一部分的住房供应占比不能低于 50%，据此匹配相应的投资额。该底线有效落地的匹配措施：允许相关开发机构有合理的盈利空间。如果是国有或集体性质的开发机构，由于其实际上享有其他优渠，盈利空间可以在 3% 以内；如果是民营开发机构，可以考虑提高 3 个百分点，即盈利空间不超过 6%。由此引发的房价差额，以财政补贴和政策性金融利息优惠等方式在购房环节加以平衡。

第五部分 公共政策报告

第 十 章

中国住房市场监管报告

杨 杰

一 中国住房市场监管政策分析[①]

2020 年，在疫情冲击下，中国的住房市场监管政策保持了稳定的基调，因城施策进一步深入。土地市场和开发监管波澜不惊，融资监管进一步细化，销售监管和租赁市场监管最受重视，成为政府维持住房市场稳定的主要抓手。

（一）住房市场综合监管进展：监管总基调稳定，因城施策进一步深入

2020 年，政府对住房市场的监管呈总体稳定略有波动的态势。2020 年上半年在疫情的冲击下，政策宽松预期上升；在因城施策的框架下，许多地方政府监管基调偏向宽松。2020 年下半年总体的政策基调有所收紧，地方层面松紧互现，但总体上呈收紧态势。

"房住不炒"贯穿始终。2020 年，"房住不炒"总基调依旧，从年初的政府工作报告，到政治局会议，再到 7 月底的中央房地产工作座谈会，都一再强调"房住不炒"，稳定了社会预期。

因城施策进一步深入。2020 年，因城施策也是中央历次会议强调的

[①] 资料来自国务院住房与城乡建设部、自然资源部和地方住房与城乡建设委员会、规划和自然资源委员会等官方网站。

重点，各地方政府在"稳地价、稳房价、稳预期"的目标下，根据自身住房市场发展情况，进行了积极的有针对性的监管。2020年上半年，在疫情冲击下，不少地方政府在预售条件、预售资金监管、公积金和土地出让等方面对监管政策进行了边际放松，着力保持住房市场稳定。2020年下半年，随着宏观经济的企稳，一些地方的住房市场也开始出现升温的迹象，针对这一现象，这些地方又陆续出台了各种收紧监管的政策，为住房市场降温。与此同时，也有少数地方政府根据本地住房市场情况，在监管方面继续进行边际放松。总体上，因城施策在地方政府层面得到了较好的落实，较2019年有了进一步深入。

（二）住房市场销售监管进展：着力强化预售监管，限制政策微调方向不一

对于销售的监管是稳房价的主要抓手，因此各地都对此高度重视。一方面着力规范房地产企业和中介机构的销售行为，防止各种违法违规销售行为侵蚀各项限制政策的效果，确保各项限制政策得到落实；另一方面根据自身住房市场发展状况，对各种限制政策进行微调。

2020年，除通过各种专项行动对中介机构的违规销售行为进行打击外，各地着重规范了房地产企业的预售行为。其中特别是加强了对预售资金的监管，多地政府出台了加强预售资金监管的新政策，从专用账户、预售资金监管协议、差别化资金监管额度和预售资金使用等方面进行了规定，进一步规范了对预售资金的监管。

与此同时，各地在限制政策上，根据自身情况，进行了方向不一的微调。2020年上半年，多地通过缩小限购范围、部分取消限售等方式放松对销售的监管。2020年下半年，一些热点城市如深圳、东莞等，又进一步升级了限购、限售等政策，收紧了对销售的监管。

（三）住房租赁市场监管进展：制度建设逐步完善，长租公寓获关注

2020年，随着长租公寓市场的问题频出，住房租赁市场监管获得了政府的关注。从中央到地方都强化了对住房租赁市场的监管。

全国层面，住建部发布了《住房租赁条例（征求意见稿）》，标志着中央层面的住房市场监管制度建设取得了重要进展。地方层面，一些地方政府一方面就规范住房租赁企业行为发布通知，要求租赁企业开立资金监管账户，加强对长租公寓的监管；同时也不断完善住房租赁市场监管政策，制定和发布了住房租赁监管新规。另一方面针对公租房，不断完善监管政策，从公租房的租赁、使用和补贴等方面进行规范，出台了相应的管理办法。

（四）住房开发监管进展：主要依赖审批制度，进行了少量修补完善

2020 年，在住房开发监管方面，政府仍主要依赖审批制度，在用地、规划、施工、竣工等环节，采取许可或备案制度。进展方面，一方面一些地方政府逐步出台新的监管政策，加强对开发建设全过程或某一环节的监管。如 8 月长春印发通知，要求加强对房地产开发建设项目全过程监管；12 月日照出台管理办法，加强房地产开发项目竣工综合验收备案监管。另一方面在已有制度的基础上，一些地方政府建立了监管工作领导小组，负责领导房地产开发全过程监管。总体上，在开发监管方面，地方政府主要在现有的审批制度框架下进行，只有少量对现有制度框架的修补完善，进展有限。

（五）住房融资监管进展：下半年明显趋严，重点房企受到直接监管

2020 年，在流动性总体充裕的情势下，房地产行业融资仍然受到了较为严格的监管。在坚持不将房地产作为短期刺激经济的手段的原则下，房地产金融监管依然审慎，且下半年逐步趋于更加严格。

8 月，住建部和央行召开的重点房地产企业座谈会，为房企融资设置了"三道红线"，标志着长效机制进一步向房企等微观经济主体延伸。9 月，银保监会启动了对 30 多个重点城市房地产贷款的专项检查。10 月，央行表示，重点房地产企业资金监测和融资管理规则起步平稳，未来将继续监测重点房企资金情况，稳步扩大适用房企监管范围。12 月，中国人民银行党委书记、银保监会主席郭树清发文指出，房地产是现阶段我国金融风险方面最大的"灰犀牛"，预示着监管将持续维持偏紧状态。

（六）土地市场监管进展：中央着力提升效率，地方制度完善与政策微调并重

2020 年，土地市场监管方面：在中央层面，一方面着力提高土地利用效率，推动盘活存量建设用地，4 月，中共中央、国务院发布了《关于构建更加完善的要素市场化配置体制机制的意见》，提出推进土地要素市场化配置，鼓励盘活存量建设用地，随后多个省份也陆续发布了相应的实施措施；另一方面着力完善土地管理制度，3 月《土地管理法实施条例（修订草案）》征求意见，5 月发改委表示年内将改革土地计划管理的方式，赋予省级政府更大的用地自主权。

在地方层面，除陆续出台盘活存量建设用地相关政策外，一方面进一步完善土地交易管理制度，如 3 月重庆出台《土地出让预公告制度》，要求对符合要求的地块提前发布拟出让信息，重点针对地块规模、容积率等规划条件对外公告；5 月上海印发新的《上海市土地交易市场管理办法》；11 月浙江出台制度规范土地二级市场交易；12 月修订完善后的《上海市土地交易市场监督管理办法》开始施行，进一步强化了对土地交易行为的监管。另一方面对政策进行微调以稳定土地市场，苏州、深圳、广州等多城市陆续出台政策，对土地出让方式、土地出让款支付方式等进行调整。

二　中国住房市场监管现状与问题

2020 年，政府在对既有监管框架进行进一步优化的同时，着力稳定住房市场。在这一大的导向下，各地着力维护住房市场稳定，根据各自情况，对监管政策进行微调和完善。总体上，住房市场保持了平稳运行，但在这一过程中，既有的监管模式存在的一些问题仍继续存在，需要注意加以解决。

（一）因城施策尚需制度化

因城施策在提升地方政府主体责任和增加监管灵活性的同时，也带来了中央政府如何在因城施策的同时，加强对地方政府进行监管的问题。当前，在因城施策方面，中央政府缺乏对地方政府进行制约的制度化的手段，在监管地方政府因城施策行为时，缺乏制度依据。目前只能通过约谈的方式进行，且约谈提出的要求缺乏制度化的依据，如 8 月住建部约谈六城市，主要强调要提高政治站位。这种制度化的缺失，使得地方政府在因城施策时，一方面存在一定的短期化倾向，另一方面存在一定的随意性。一些政策发布后短时间内又被废止，增大了局部政策的波动性。

（二）销售监管难以执行到位

尽管政府在规范住房销售方面出台了许多政策，但在执行层面难以执行到位。各种销售乱象，其根源不仅在销售环节，许多是在开发甚至土地出让环节，如开发商未按规划施工、"五证"不全等。如果不加强从土地出让到开发各环节的监管，单靠销售环节的执法，很难执行到位。

（三）租赁市场监管缺乏有效抓手

当前，住房租赁市场的监管主要集中于对中介机构的监管，且监管手段有限，主要采取运动式的检查方式，可持续性差。在对住房租赁市场其他主体监管方面，一方面长租公寓等新形式迅速发展，监管手段没有完全跟上变化；另一方面面对以个人为主体的租赁市场，缺乏执行监管的手段。总体上，地方政府在住房租赁监管方面缺乏有效的抓手。

（四）开发过程事中和事后监管不足

住房开发方面仍然以审批为主要手段，注重事前监管，事中和事后监管不足。在各地住房市场发展形势各异的新形势下，单一的事前监管很难保证住房开发监管的有效性，需要加强事中和事后监管，这对监管队伍的建设提出了更高的要求，要求监管队伍在依法监管、专业知识和创新监管方式等方面不断提高，优化执法检查队伍的组织结构，以适应新形势的要求。

（五）融资监管有待进一步细化

当前，我国住房市场逐步趋于分化，与之相应的是融资的主体，房地产企业也在逐步分化中。针对这一分化的局面，需要更加精细化的监管措施与之相适应。2020 年，政府加强对重点房地产企业融资的直接监管，正是适应了这一形势的要求；但这仅是开始，未来在精细化方面还要继续推进。

（六）土地市场缺乏有效监管

在因城施策背景下，地方政府在土地出让方面的自主权趋于增加，但缺乏相应的有效监管。一些地方政府在短期目标导向下，倾向于违反土地市场监管要求，违规供地等行为屡见不鲜，主要原因在于地方政府既是"运动员"也是"裁判员"，缺乏有效监管。

三　中国城市住房市场监管指数分析

政府监管是政府行政机构依据法律授权，通过制定规章、行政许可、监督检查等行政处理行为对市场参与主体的行为实施的直接或间接监督和管理。政府监管主要针对微观经济层面上的外部性、自然垄断、信息不对称、不公平等，是政府对企业、产业或单个市场的监管，主要目的在于规范市场秩序，增进社会福利，减少个体经济决策对社会带来的损失。

从住房企业的设立到住房的形成以及管理的六大标准环节：企业开办、土地市场、住房开发、住房销售、住房租赁和物业管理。其分别从住房企业的设立、住房开发土地的获取、土地市场的开发过程、住房销售过程以及住房售出以后的住房租赁和物业管理过程来考察住房市场的监管。按照上述的理论框架，本部分构建一个中国城市住房市场监管指数，指标体系参照《中国住房发展报告（2011—2012）》，分为企业开办、土地市场、住房开发、住房销售、住房租赁和物业管理六大环节，包括一级指标 6 个，二级指标 15 个，三级指标 24 个。

鉴于大中城市的地位和样本数据的可得性，本章选择 34 个大中城市作为中国城市基本面的代表。指数所采用数据除 Z1 企业开办资料来源于《2018 年中国城市营商环境评价报告》，其余数据均来自该城市政府相关职能部门的网站。①

　　数据处理主要可分为两类：一是对相关网站上查到的原始数据的处理；二是对各级指标数值的合成，最终求得该城市的住房市场监管指数。指标体系中所有三级指标的数值均来自原始数据，利用原始数据在城市中的排位百分比得分。对于各级指标数值的合成，本部分主要采用层次分析法（AHP）的思想，在一级指标合成住房市场监管指数时，权重采用主客观相结合的方法。最终使用的合成权重是按主观权重和客观权重各占50%的比例计算。经计算，各一级指标的权重值如下：Z1 企业开办为 0.193，Z2 土地市场为 0.174，Z3 住房开发为 0.160，Z4 住房销售为 0.174，Z5 住房租赁为 0.143，Z6 物业管理为 0.155。

（一）总体分析：宏观监管态势稳定，因城施策各地微调

　　2020 年，全国房地产市场运行平稳，房地产市场监管在宏观上强调保持政策的稳定性；地方层面，各地坚持因城施策，根据自身房地产市场的发展情况，及时进行政策调整，松紧互现。就具体城市而言，从2020 年住房市场监管指数上看，2020 年排名前十的城市依次为：北京、天津、广州、南京、上海、南昌、深圳、重庆、沈阳和宁波。

　　房地产企业作为住房市场最主要的参与主体，一向是住房市场监管的主要对象。因此，在住房市场监管指数的六个一级指标中，前四个指标企业开办、土地市场、住房开发及住房销售，都是围绕着房地产企业的市场行为，分别从其设立、拿地、开发和销售这四个环节，衡量了政府的监管强度。

　　对房地产企业开办的监管，目的在于防止投机性的和实力不足的企业进入房地产业，从而规避由房地产企业自身原因带来的问题。因此，这方面监管越严格，整个房地产行业中企业的综合素质就越高，由企业自身原因所产生的市场风险就越小。2020 年企业开办监管指数排名前十位的城市为：深圳、上海、广州、北京、重庆、成都、南京、杭州、长沙和武汉。

――――――――――

　　① 城市数据查询时间为 2020 年 12 月 5 日前后，不同城市的数据可能在查询时间上相隔几天；但经比较，时间上细微的差别对结果影响极小，详细的数据处理方法可联系笔者。

对土地市场的有效监管对于提高土地这一重要资源的利用效率具有重要的作用，2020 年各地对土地市场的监管强度仍较大。加强土地市场监管，完善土地动态监管制度，仍是房地产市场监管的重点。2020 年土地市场监管指数排名前十的城市为：北京、天津、宁波、南昌、上海、昆明、南京、武汉、成都和杭州。

对住房开发的监管是对房地产企业生产行为及产品质量的监管，从而保证其合法及规范开发，向市场提供合格的住房产品。近几年来，人们除对住房价格高度关注外，对住房质量问题也越来越关注。这方面的监管更加受到政府部门的重视，在不断加强。2020 年住房开发监管指数排名前十的城市为：天津、合肥、北京、银川、南昌、深圳、哈尔滨、郑州、杭州和太原。

对住房销售的监管是调控房价的终端。2020 年，房地产市场的销售整体平稳，各地销售监管政策松紧互现。上半年一些城市有所放松；下半年一些城市进一步强化了限购、限贷和限售等调控政策，并强化了对预售资金的监管。2020 年住房销售监管指数排名前十的城市为：南京、天津、上海、郑州、南昌、北京、广州、西宁、沈阳和石家庄。

2020 年，长租公寓风险的暴露使得住房租赁市场受到了政府的关注，各地在强化长租公寓相关监管政策的同时，也加强了住房租赁市场监管政策的出台。在国家层面，住建部发布了住房租赁条例的征求意见稿，标志着住房租赁市场监管政策的完善取得重要进展。2020 年住房租赁监管指数排名前十的城市为：广州、北京、重庆、石家庄、南京、宁波、深圳、天津、福州和太原。

房地产市场进入以存量为主的时代，在监管上体现为对物业管理监管的逐步加强。2020 年，各地政府不断推进对物业管理的监管工作，加强物业管理信息的公开披露工作。2020 年物业管理监管指数排名前十的城市为：北京、济南、天津、南宁、沈阳、长沙、杭州、南昌、广州和兰州。

从住房市场监管指数各项指标总体来看，2020 年，34 个大中城市总体上在住房土地、物业管理和住房租赁三个一级指标上表现较好，而在住房开发、住房销售和企业开办上有待加强。相对于增量监管，对存量的监管有所加强。从二级指标来看，各个环节总体上仍呈现审批强于服务、服务强于监督的态势，且表现出从审批、服务到监督各城市之间差异程度越来越大的态势（见表 10 - 1）。

表 10 - 1　34 个大中城市住房市场监管指数一级、二级指标得分均值、标准差及排名

	均值	排名	均值	排名	标准差	排名	标准差	排名
Z1 企业开办	0.3511	6			0.0887	1		
Z2 住房土地	0.5467	1			0.1544	4		
Z2.1 审批			0.6266	1			0.1581	1
Z2.2 监督			0.4399	3			0.3508	3
Z2.3 服务			0.4937	2			0.2528	2
Z3 住房开发	0.5097	4			0.1114	2		
Z3.1 审批			0.6526	1			0.1580	1
Z3.2 监督			0.2439	3			0.2315	3
Z3.3 服务			0.4896	2			0.2272	2
Z4 住房销售	0.4419	5			0.1229	3		
Z4.1 审批			0.6110	1			0.1342	1
Z4.2 监督			0.3015	2			0.4022	3
Z4.3 服务			0.2442	3			0.1495	2
Z5 住房租赁	0.5292	3			0.1877	6		
Z5.1 审批			0.6031	1			0.2146	1
Z5.2 监督			0.4207	3			0.3645	3
Z5.3 服务			0.4897	2			0.2953	2
Z6 物业管理	0.5443	2			0.1721	5		
Z6.1 审批			0.6866	1			0.1771	1
Z6.2 监督			0.3100	3			0.4066	3
Z6.3 服务			0.4942	2			0.3100	2

（二）比较分析：监管强度区域格局稳定，直辖市间监管差异明显增大

表 10 - 2 为各城市住房市场监管指数的均值和排名。对其分析可知，2020 年住房市场监管指数：环渤海地区排名较 2019 年上升或不变的城市比例最高，比重为 80.0%，环渤海地区 5 个城市中，仅济南排名下降；东南地区排名上升或不变的城市比重为 75.0%；其次是西北地区和西南地区，排名上升或不变的城市占比分别为 66.7% 和 50.0%；

最后是东北地区和中部地区，排名上升或不变的城市比重分别为25.0% 和 20.0% 。

表 10 - 2　　　　　　34 个大中城市住房市场监管指数及排名

	住房市场监管指数	排名	Z1 企业开办	排名	Z2 土地市场	排名	Z3 住房开发	排名	Z4 住房销售	排名	Z5 住房租赁	排名	Z6 物业管理	排名
北京	0.729	1	0.510	4	0.862	1	0.673	3	0.595	6	0.848	2	0.951	1
天津	0.665	2	0.322	18	0.856	2	0.719	1	0.665	2	0.693	8	0.799	3
广州	0.612	3	0.512	3	0.570	16	0.515	19	0.580	7	0.894	1	0.659	9
南京	0.591	4	0.398	7	0.684	7	0.460	24	0.686	1	0.769	5	0.595	14
上海	0.586	5	0.524	2	0.699	5	0.483	22	0.638	3	0.568	13	0.602	13
南昌	0.580	6	0.313	20	0.742	4	0.640	5	0.606	5	0.553	14	0.663	8
深圳	0.541	7	0.611	1	0.572	15	0.624	6	0.243	33	0.739	7	0.485	22
重庆	0.522	8	0.478	5	0.555	19	0.430	27	0.432	18	0.818	3	0.462	23
沈阳	0.521	9	0.298	25	0.593	11	0.523	17	0.517	9	0.534	15	0.708	5
宁波	0.512	10	0.331	15	0.797	3	0.531	15	0.352	25	0.746	6	0.360	29
杭州	0.509	11	0.397	8	0.642	10	0.584	9	0.383	23	0.367	28	0.693	6
济南	0.505	12	0.294	27	0.534	22	0.534	13	0.485	12	0.413	24	0.815	2
昆明	0.501	13	0.359	13	0.686	6	0.471	23	0.440	14	0.432	23	0.636	12
成都	0.493	14	0.405	6	0.644	9	0.421	28	0.346	27	0.643	11	0.534	18
武汉	0.489	15	0.388	10	0.652	8	0.492	21	0.402	22	0.531	16	0.489	21
郑州	0.483	16	0.324	17	0.492	23	0.603	8	0.617	4	0.436	22	0.439	26
长沙	0.478	17	0.391	9	0.377	28	0.457	25	0.377	24	0.633	12	0.693	6
合肥	0.469	18	0.303	23	0.587	13	0.689	2	0.438	16	0.459	21	0.360	30
石家庄	0.460	19	0.237	34	0.305	33	0.554	12	0.508	10	0.815	4	0.432	27
长春	0.458	20	0.301	24	0.538	21	0.562	11	0.423	20	0.390	27	0.561	15
厦门	0.453	21	0.330	16	0.583	14	0.493	20	0.309	29	0.489	19	0.545	17
太原	0.450	22	0.265	30	0.593	12	0.568	10	0.284	32	0.652	10	0.398	28
大连	0.443	23	0.318	19	0.441	24	0.534	14	0.434	17	0.409	25	0.549	16
南宁	0.438	24	0.312	21	0.311	32	0.451	26	0.341	28	0.493	17	0.784	4
哈尔滨	0.421	25	0.261	31	0.559	18	0.603	7	0.432	19	0.212	33	0.458	24

	住房市场监管指数	排名	Z1企业开办	排名	Z2土地市场	排名	Z3住房开发	排名	Z4住房销售	排名	Z5住房租赁	排名	Z6物业管理	排名
福州	0.418	26	0.313	20	0.551	20	0.326	32	0.349	26	0.671	9	0.341	31
呼和浩特	0.408	27	0.255	32	0.407	27	0.517	18	0.449	13	0.194	34	0.640	11
兰州	0.408	28	0.248	33	0.333	30	0.524	16	0.415	21	0.307	31	0.655	10
银川	0.401	29	0.268	29	0.562	17	0.668	4	0.440	15	0.330	29	0.133	34
青岛	0.389	30	0.375	12	0.439	25	0.304	33	0.226	34	0.489	18	0.527	19
海口	0.384	31	0.297	26	0.436	26	0.397	29	0.508	11	0.394	26	0.273	33
西宁	0.378	32	0.271	28	0.301	34	0.370	30	0.540	8	0.292	32	0.504	20
贵阳	0.362	33	0.350	14	0.318	31	0.327	31	0.286	30	0.466	20	0.451	25
西安	0.326	34	0.377	11	0.367	29	0.282	34	0.284	31	0.318	30	0.315	32

从区域住房市场监管指数均值来看，各区域排名仍依次为环渤海地区、东南地区、中部地区、东北地区、西南地区和西北地区。与2019年相比，各地区排名未变（见表10-3）。

表10-3　　　　　分区域住房市场监管指数均值及排名

	总排名均值	排名	Z1企业开办	排名	Z2住房土地	排名	Z3住房开发	排名	Z4住房销售	排名	Z5住房租赁	排名	Z6物业管理	排名
环渤海	0.550	1	0.348	3	0.599	2	0.557	2	0.496	1	0.652	2	0.705	1
东南	0.528	2	0.427	1	0.637	1	0.502	4	0.442	4	0.655	1	0.535	3
中部	0.500	3	0.344	4	0.570	3	0.576	1	0.488	2	0.522	4	0.529	4
东北	0.461	4	0.295	5	0.533	4	0.556	3	0.451	3	0.386	5	0.569	2
西南	0.450	5	0.367	2	0.491	5	0.416	6	0.392	6	0.541	3	0.523	5
西北	0.395	6	0.281	6	0.427	6	0.488	5	0.402	5	0.349	6	0.441	6
全国	0.482	—	0.351	—	0.547	—	0.510	—	0.442	—	0.529	—	0.544	—

从区域住房市场监管指数标准差来看，与2019年相比，全国城市住房市场监管指数标准差增大了0.003，显示出总体上城市间监管强度差异有所

扩大。从具体区域来看，除中部地区和西南地区住房市场监管指数标准差有所缩小外，其余地区住房市场监管指数标准差均有所增大，其中，指数标准差增大幅度最大的是环渤海地区，为 0.009（见表 10-4）。

表 10-4　　　　　　　分区域住房市场监管指数标准差及排名

	总排名标准差	排名	Z1 企业开办	排名	Z2 住房土地	排名	Z3 住房开发	排名	Z4 住房销售	排名	Z5 住房租赁	排名	Z6 物业管理	排名
西北	0.041	1	0.048	3	0.122	3	0.139	5	0.100	3	0.156	3	0.201	5
东北	0.043	2	0.024	1	0.065	1	0.036	1	0.044	1	0.132	2	0.103	1
中部	0.045	3	0.042	2	0.141	4	0.099	4	0.115	4	0.079	1	0.144	3
西南	0.066	4	0.066	4	0.162	5	0.050	2	0.081	2	0.160	4	0.175	4
东南	0.069	5	0.109	6	0.085	2	0.089	3	0.167	5	0.171	5	0.131	2
环渤海	0.143	6	0.104	5	0.251	6	0.162	6	0.167	6	0.194	6	0.217	6
全国	0.088	—	0.089	—	0.154	—	0.111	—	0.123	—	0.188	—	0.172	—

从行政级别住房市场监管指数均值来看，排名依次仍为直辖市、副省级市和地级市，仅在住房开发和住房销售环节，地级市排名在副省级市之前，在其他环节的排名均与住房市场监管指数均值排名相同（见表10-5）。

表 10-5　　　　　　　分行政级别住房市场监管指数均值及排名

	总排名均值	排名	Z1 企业开办	排名	Z2 住房土地	排名	Z3 住房开发	排名	Z4 住房销售	排名	Z5 住房租赁	排名	Z6 物业管理	排名
直辖市	0.626	1	0.459	1	0.743	1	0.576	1	0.582	1	0.732	1	0.704	1
副省级市	0.484	2	0.373	2	0.574	2	0.498	3	0.407	3	0.529	2	0.553	2
地级市	0.441	3	0.300	3	0.467	3	0.504	2	0.440	2	0.475	3	0.493	3

从行政级别住房市场监管指数标准差来看，与 2019 年相比，地级市的住房市场监管指数标准差增大了 0.001，但仍排第一位；副省级市的住房市场监管指数标准差增大了 0.001，排第二位；直辖市的住房市场监管指数标准差增大了 0.019，排第三位。相比 2019 年，直辖市间监管差异有较明显的扩大（见表 10 -6）。

表 10 -6　　　　分行政级别住房市场监管指数标准差及排名

	总排名标准差	排名	Z1 企业开办	排名	Z2 住房土地	排名	Z3 住房开发	排名	Z4 住房销售	排名	Z5 住房租赁	排名	Z6 物业管理	排名
地级市	0.057	1	0.044	1	0.147	3	0.118	2	0.103	1	0.167	2	0.181	2
副省级市	0.074	2	0.091	2	0.107	1	0.098	1	0.125	3	0.192	3	0.130	1
直辖市	0.090	3	0.093	3	0.146	2	0.141	3	0.104	2	0.128	1	0.215	3

（三）领先城市分析：东南地区领先城市较多，南京和宁波进入前十

2020 年，住房市场监管指数排名前十位的城市中，除南昌为地级市外，其余均为副省级市和直辖市，四大直辖市均在十名之内。从区域来看，进入前十名城市最多的是东南地区，有 5 城入围；其次是环渤海地区，有 2 城进入前十；中部地区、西南地区和东北地区各有 1 城入围；西北地区没有城市进入前十。

企业开办环节，东南地区入围 5 城，西南地区和中部地区各有 2 城进入前十，环渤海地区入围 1 城，长沙是进入前十的唯一地级市，而作为直辖市的天津则未进入前十。

土地市场环节，有 2 个地级市进入前十，分别是南昌和昆明。从区域来看，东南地区有 4 城进入前十，环渤海地区、中部地区和西南地区则各有 2 城入围，东北地区和西北地区无城市进入前十。

住房开发环节，中部地区有 3 城入围前十，环渤海地区、东南地区和西北地区各有 2 城进入前十，东北地区有 1 城进入前十，共有 5 个地级市进入了前十，四大直辖市中只有北京和天津在此环节进入了前十。

住房销售环节，有 4 个地级市进入了前十，直辖市中仅重庆未能入围。从区域来看，环渤海地区和东南地区各有 3 城进入前十，中部地区有 2 城进入前十，东北地区和西北地区各有 1 城入围。

住房租赁环节，东南地区占据了半壁江山，有 5 城进入前十，环渤海地区有 3 城进入前十，西南地区和西北地区各有 1 城入围。在这一环节进入前十的地级市有 3 个，而作为直辖市的上海在这一环节未能进入前十。

物业管理环节，有 4 个地级市进入了前十，直辖市中的上海和重庆均未能入围。从区域来看，在这一环节进入前十城市最多的区域是环渤海地区，有 3 城入围，中部地区和东南地区各有 2 城入围，西南地区、东北地区和西北地区则各有 1 城进入前十。

四　政策建议

当前，我国的住房监管体系已进入一个基本稳定的时期，未来需进一步完善和细化。据前文分析，对既有监管框架的完善，至少应采取三个方面的政策措施。

（一）因城市施策和房地产金融审慎监管进一步精细化

在宏观层面，因区域住房市场和房地产开发企业的分化趋势，需要更加精细化的政策，以实现有针对性的监管。这其中，一是要进一步精细化因城施策，通过出台专门的制度，将这一政策制度化和透明化，为地方政府在因城施策的框架下的行动划出明确的合理界限，防止短期倾向和随意性；二是要进一步精细化房地产金融审慎监管，通过对房地产开发企业等微观主体进行更加有针对性的差别化的金融监管，防范和化解金融风险。

（二）从监管信息的整合入手构建从土地、开发到销售各环节的全过程监管体系

住房市场监管从土地、开发到销售的各环节涉及自然资源、住建、发改委、公安、市场监管、金融监管、网络监管等多个政府部门，要实

现良好的监管，需要这些部门之间进行良好的协同，实现全过程监管。当前，这些部门之间在监管上还比较缺乏协调性，存在各自为政的情况。为构建全过程监管体系，可以从监管信息整合入手。通过构建部门间监管信息共享机制作为切入点，将住房市场监管工作信息集成到一个平台上，使得各相关部门都能通过该平台及时获取其他监管部门的监管信息动态。在此基础上，根据自身的监管职责，明确自身在其中的监管任务，进行相互配合和监督，从而达到全过程监管的目的。

（三）加强土地交易信息披露

针对在土地交易方面地方政府既是运动员又是裁判员的问题，要加强相关信息的披露。有必要制定统一的土地交易信息披露标准和流程，一方面通过这一规则的制定，规范地方政府的行为；另一方面通过信息披露，实现社会公众的监督。

第十一章

中国住房社会保障报告

姜雪梅

我国已经建立多渠道、多元化的住房保障制度体系，但是随着房价和房租的快速上涨，面临住房问题的阶层日益增加，住房问题仍然是义不容辞的社会课题。在突发的公共卫生事件情况下政府抓紧落实"六稳""六保"。良好的住房保障非常有利于"六稳""六保"，尤其是新市民可承受的居住保障。在"房住不炒"的定位下，我国加快建立多主体供给、多渠道保障、租购并举的住房制度，让全体人民住有所居。为此，加快老旧小区改造和共有产权房建设，发展公租房制度和集体用地租赁房市场，推进产权多元化、"租售同权"，建设租售并举的新时代住房保障制度。

一 2020 年中国住房保障的主要措施现状分析

（一）大规模棚户区改造圆满收官

"十三五"时期，全国各类棚户区改造计划持续推进，超额完成目标任务。根据"十三五"规划纲要，全国城镇棚户区住房将改造 2000 万套，实际上预计开工 2300 多万套，将帮助 5000 多万居民"出棚进楼"，预计完成投资约 7 万亿元。[①]

2020 年稳步推进棚户区改造工作，全国开工 100 多万套。根据 2017

[①] 数据来源于住房和城乡建设部网站。

年 5 月国务院常务会议确定的《2018—2020 年 3 年棚改攻坚计划》和
2014 年 3 月发布的《国家新型城镇化规划（2014—2020 年)》，2020 年是
大规模棚户区改造的收官之年。但是，由于公共卫生事件影响了部分计
划，棚户区改造开工量小于预期值。

　　尽管如此，近十几年全国各类棚户区改造规模非常大，大规模棚户
区改造任务顺利结束。我国从 2005 年开始在全国范围内启动棚户区改造，
从 2009 年开始加大棚户区改造力度，从 2013 年开始进一步加强棚户区改
造任务和考核力度。在 2013 年国务院发布的《关于加快棚户区改造工作
的意见》中确定 "2013—2017 年改造各类棚户区 1000 万户" 的目标；在
2015 年国务院印发的《关于进一步做好城镇棚户区和城乡危房改造及配
套基础设施建设有关工作的意见》中明确 "2015—2017 年改造包括城市
危房、城中村在内的各类棚户区住房 1800 万套"；国务院常务会议的
《2018—2020 年 3 年棚改攻坚计划》确定 "再改造各类棚户区 1500 万
套"。实际上，2008—2020 年的十三年间我国进行了 4992 万套的棚户区
改造。

（二）老旧小区改造成为住房保障的重要任务

　　由于住宅的老化和城市更新发展需求，住宅社区改造始终贯穿城市
的发展过程，从 2019 年开始大规模实施的旧城改造、社区改造也是棚户
区改造的延伸和升级。2019 年我国各地改造城镇老旧小区 1.9 万个（涉
及居民 352 万户）。

　　2020 年全国住房保障主要任务从棚户区改造转移到老旧小区改造。
2020 年 7 月国务院办公厅印发《关于全面推进城镇老旧小区改造工作的
指导意见》，指出工作目标：2020 年新开工改造城镇老旧小区 3.9 万个，
涉及居民近 700 万户；到 2022 年，基本形成城镇老旧小区改造制度框架、
政策体系和工作机制；到 "十四五" 时期末，结合各地实际，力争基本
完成 2000 年年底前建成的需改造城镇老旧小区的改造任务。2020 年 1—
10 月全国新开工改造城镇老旧小区 3.7 万个（涉及居民 687.35 万户），
完成年度计划任务的 94.6%。①

---

①　数据来源于住房和城乡建设部网站。

老旧小区改造不仅改善了住房条件，还完善了小区配套和市政基础设施、环境，提升社区养老、托育、医疗等社会服务水平。城镇老旧小区改造内容可分为基础类、完善类、提升类 3 类：基础类为满足居民安全需要和基本生活需求的内容，完善类为满足居民生活便利需要和改善型生活需求的内容，提升类为丰富社区服务供给。[①]

（三）继续发展共有产权房制度，满足多元化需求

共有产权房制度的发展可以满足先租后售、先买部分产权后租、先买后住等多元化需求。2014 年 12 月住房和城乡建设部印发《关于试点城市发展共有产权性质政策性商品住房的指导意见》（建保〔2014〕174 号），在北京、上海、深圳、成都、淮安、黄石 6 个城市推进共有产权住房试点。各城市的共有产权房制度的实施有所差异，各有创新。例如，上海市把共有产权房纳入保障房体系，只针对户籍人口开放，北京市的共有产权房未被纳入保障房体系且向户籍、非户籍居民开放，成都市将经济适用住房和限价商品住房等并轨为共有产权住房并纳入购置型保障房体系。

2017 年 9 月住房和城乡建设部印发《关于支持北京市、上海市开展共有产权住房试点的意见》，支持北京市、上海市深化发展共有产权住房试点工作。2017 年 7 月和 9 月北京市分别出台《北京市共有产权住房规划设计宜居建设导则（试行）》和《北京市共有产权住房管理暂行办法》。2018 年 9 月上海市出台《关于进一步完善本市共有产权保障住房工作的实施意见》，进一步规范共有产权房的规划、建设、使用、交易、退出管理。北京市 2017 年 7 月开始推广"共有产权住房"，计划在 2017—2021 年提供 25 万套共有产权房。北京中原统计数据显示，2017 年北京成交 8 宗共有产权房用地，合计 126.52 万平方米，2018 年成交 11 宗共有产权房用地，合计 130.22 万平方米，2019 年成交 32 宗共有产权住宅地块。截至 2020 年 9 月 30 日，北京已供应共有产权住房项目 74 个，总房源数约 7.8 万套。其中，已开工共有产权房项目 52 个（房源数 56733 套），启动申购共有产权房项目 52 个（房源数 51933 套），已启动选房项

---

① 资料来源于《关于全面推进城镇老旧小区改造工作的指导意见》。

目 51 个（房源 50784 套）。上海市共有产权保障住房从 2010 年开始启动试点，开展了 8 个批次的申请供应工作，截至 2020 年 4 月底已累计完成签约 11.5 万套。

（四）加快公共租赁房制度建设，促进租购并举的住房保障制度体系建设

2010 年 6 月住房和城乡建设部等七部门联合出台《关于加快发展公共租赁住房的指导意见》，要求大力发展公共租赁住房，完善住房供应体系，培育住房租赁市场，满足城市中等偏下收入家庭的基本住房需求。2013 年 12 月住房和城乡建设部等三部门联合公布《关于公共租赁住房和廉租住房并轨运行的通知》，从 2014 年起各地公共租赁住房和廉租住房并轨运行，整合政府资金渠道，健全公共租赁住房分配管理制度，合理确定轮候排序规则，统一轮候配租。从 2017 年开始，公共租赁住房分配工作已纳入国家住房保障工作目标责任书，实行目标责任管理。2019 年住房和城乡建设部、国家发改委、财政部、自然资源部共同印发《关于进一步规范发展公租房的意见》，要以政府为主提供基本住房保障，因地制宜加大公租房发展力度，不断增强困难群众对住房保障的获得感、幸福感和安全感。"十二五"时期，全国累计开工建设了公共租赁住房（含廉租住房）1359 万套，截至 2018 年年底全国 5900 多万困难居民享受了公租房制度的优惠，其中，3700 多万居民住进公租房，累计近 2200 万居民领取公租房租赁补贴。

2020 年各地频繁发布公租房政策，加快公租房制度建设，加强住房保障功能。

第一，采取公租房的租金减免等短期调整政策。广州、深圳、佛山、韶关、惠州、西安、宝鸡等地出台政策在疫情防控期间减免公租房租金，杭州、南宁、东营等地选择公租房租金的"定向减免"，疫情期间减免参加疫情防控一线的医护、环卫、公交、物业 4 类行业市级公租房保障对象的租金。

第二，采取公租房的长期改革调整政策。上海、西安、武汉等地陆续发布公租房长期改革的调整政策，涉及公租房保障群体、收费模式、资金来源等多个领域。上海则提出"宿舍型"公租房，为家政员、快递

小哥精准提供增加"一间房""一张床"的租赁供给。截至 2020 年 5 月底，上海全市公租房累计建设筹措房源 17.7 万套，入住保障对象 19.2 万户，累计享受保障 62.7 万户。

第三，采取公租房配建政策，增加租赁房屋供给量。2020 年 9 月西安市发布《关于进一步规范商品住宅项目配建公共租赁住房有关事项的通知》，规定新建商品住房项目必须配建一定比例的公租房，以此构建合理的公共租赁住房保障体系，解决中低收入居民和新市民的住房问题。

（五）发展集体建设用地的租赁房市场，扩大租赁性住房保障范围

为实现城镇居民住有所居的目标，利用集体建设用地有效增加租赁住房供应，缓解住房供需矛盾，构建购租并举的住房制度体系。集体土地租赁住房不同于公租房，没有收入、轮候条件等准入门槛限制，可惠及更多的收入阶层，从而发挥缓解住房租赁市场供需矛盾的作用。"十四五"规划建议中明确，"有效增加保障性住房供给，完善土地出让收入分配机制，探索支持利用集体建设用地按照规划建设租赁住房"。

2016 年国务院办公厅印发《关于加快培育和发展住房租赁市场的若干意见》，提出要积极培育和发展住房租赁市场。2017 年 8 月国土资源部、住房和城乡建设部联合印发《利用集体建设用地建设租赁住房试点方案》，推进第一批在北京、上海、沈阳、南京、杭州、合肥、厦门、郑州、武汉、广州、佛山、肇庆、成都 13 个城市开展利用集体建设用地建设租赁住房试点。2019 年新增福州、南昌、青岛、海口和贵阳 5 个试点城市，扩容到 18 个城市。

2017 年以来，全国 18 个集体土地租赁住房试点城市推出超过 150 个试点项目地块。其中，北京市已有 39 个集体土地租赁住房项目开工，可提供房源 5.3 万余套，户型以 90 平方米以下的中小套型和职工宿舍类为主，有两个项目已投入运营。北京市首个集体土地租赁房项目——丰台区南苑乡成寿寺村集体土地租赁房项目，2018 年 8 月正式开工建设，首批 235 套公寓在 2020 年 5 月全部完成租赁并于 2020 年 7 月 6 日正式开放。2020 年 10 月底合肥首个集体建设用地租赁住房公寓项目（514 套租赁住房）开业运营。

二　2021 年中国住房保障的预测

（一）租赁服务业将成为新热点

由于租金的快速上涨和租赁房屋供给的波动性问题，新市民面临"租房难"。因此，"租赁房屋的有效供给"将成为住房保障的新课题。公共租赁住房和集体建设用地上的租赁型住房运营机制将有新的创新。

2020 年的重点工作中，住房和城乡建设部明确"着力培育和发展租赁住房，促进解决新市民等群体的住房问题，重点发展政策性租赁住房，探索政策性租赁住房的规范标准和运行机制"。2019 年年底住房和城乡建设部部署在沈阳、南京、苏州、杭州、合肥、福州、济南、青岛等 13 个城市开展完善住房保障体系试点工作，重点是大力发展政策性租赁住房。政策性租赁住房是由政府给予政策支持、企业和其他机构投资建设，小户型、低租金，面向城镇无房常住人口供应，主要是非户籍常住人口和新落户的新就业大学生等新市民群体。以福州市为例，2019 年获得中央财政奖补资金 24 亿元用于培育和发展住房租赁市场，构建多主体供给、多渠道保障和租购并举的住宅制度。《2019 年福州市四城区基准地价更新成果》已印发执行，首次确定租赁住房用地基准地价参照住宅用地基准地价的 50% 确定，促进租赁租房的新建供给。

2020 年 5 月中国建设银行与广州、杭州、济南、郑州、福州、苏州 6 个城市签订《发展政策性租赁住房战略合作协议》，预计在未来三年内提供不少于 1900 亿元的贷款，合计筹集约 80 万套（间）政策性租赁住房，解决上百万名新市民的安居问题。

2020 年 6 月深圳市政府和中国平安保险（集团）股份有限公司签署《公共住房投资建设运营战略合作框架协议》。平安集团将从协议生效起至 2035 年，持续投入资金参与深圳公共住房建设，由平安集团投资建设的公共住房以长期租赁为主，并优先满足政府的租赁需求。根据规划，深圳市到 2035 年计划建设筹集公共住房不少于 100 万套。

（二）历史街区保护、生态环境修复等有机更新将成为保障房项目的新亮点

城镇老旧小区改造秉承"坚持保护优先，注重历史传承"原则，在改善居住条件、提高环境品质的同时，展现城市特色，延续历史文脉。2020 年 10 月的《北京市历史文化名城保护条例（修订草案）》强调整体保护与重点保护相结合，将保护范围确定为全市域，并突出老城、三山五园地区等重点保护区域。以老城和三山五园地区为例，东城区和西城区政府应禁止破坏各类保护对象及成片传统平房区，实现应保尽保，推动有机更新；海淀区政府应严格控制三山五园地区建设规模和建筑高度，保护景观视廊和空间格局，逐步开展环境整治、生态修复。

三　问题与挑战

我国的住房保障制度建设取得显著进展，不仅改善居民的居住环境，也促进城市建设发展。作为长期制度，住房保障制度需要长远规划和与时俱进的动态调整。下面指出在短期内亟须解决的问题。

（一）保障房制度管理滞后，没有形成良性的循环利用机制

在保障房项目管理方面，存在违规、不规范的现象。比如，棚户区改造资金使用绩效不高，棚户区改造项目的界定也不规范，存在借着棚户区改造的名义进行土地储备的问题。资产管理滞后，缺乏动态监管机制，可能出现信用风险、资产流失风险等。比如，保障房建设的社会融资资金的还款违约、保障房房源的错配和流失等问题。

（二）新市民面临租赁市场失灵和政策失灵，公共服务与房产证挂钩，阻挠租购同权、租购并举的住房制度建设

随着房租的快速上涨，面临租赁市场失灵和政策失灵的居民增加，尤其是新市民。一方面，随着棚户区改造、旧城区改造和城中村改造项目的加码，市场中的廉价租赁房源逐步减少，市场租金的上涨降低居民的租金可支付能力；另一方面，公租房制度存在漏洞，向非户籍人口开放的公租房制度在执行过程中倾向于人才。根据《审计署的 2018 年保障

性安居工程资金投入和使用绩效审计结果》，1.25 万套公租房被违规销售、转租或被挪用于办公、经营等，18.41 万套公租房因位置偏远、需求不足等建成后空置 1 年以上。因此，出现租赁市场和租赁型保障的夹心层。

义务教育与房产证挂钩，房产证不但将大部分新市民排斥在城市政府公共服务供应体系之外，而且将相当一部分拥有城市户籍但无自有住宅的城市居民农民工化。调研发现，不少城市的义务教育服务与房产证、户籍挂钩，小学入学的优先顺序依次为拥有房产证和户籍的家庭、拥有房产证的家庭、拥有户籍的家庭。甚至，有的县级城市严格执行以房产证为优先的入学政策，出现留守儿童的返乡上学潮。居高不下的城市房价意味着以工资为主要收入的新市民都难以购买商品房，与房产证挂钩的代际义务教育将加大教育的不均等化。这不仅不利于租购同权、租购并举的住房制度建设，还不利于整体国民素质的提升，将导致社会阶层的不稳定发展。

（三）保障房房源结构失衡，租赁型保障房少，增加长期住房保障压力

产权式保障性住房只发挥一次性住房保障功能，而租赁型保障房发挥长期、多次住房保障功能。在近十年建设的大量的保障性住房中，产权式保障性住房的占比较大，租赁型保障房的比重较少，这隐埋了今后的住房保障压力。2008—2018 年，全国开工保障性安居工程约 7000 万套。其中，棚户区改造开工 4533 万套，约占 64.75%。此外，还有两限房、共有产权房等其他产权式保障性住房。加之，大部分产权式保障性住房尚未进行封闭式运营，再次上市时转化为普通商品住宅，直接降低保障房覆盖率。由此可见，长效性保障房、租赁型保障房的比重失调，这将增加长期住房的保障压力。

四　政策建议

为实现"住有所居"的目标，应积极建设新时代租售并举的住房保障制度。

第一，建立保障房追溯监管管理制度，积极发展保障房二级市场，提高保障房的资金效用和利用效率。

建立保障房项目追溯监管制度和保障房消费者信用体系，促进自律和监督管理，严惩违规行为。此外，建立封闭的保障房二级市场和租赁市场，盘活错配、闲置的保障房，提高保障房的利用效率。根据业主的就业、就学等需求，在保障房二级市场上进行自由交易。在石家庄市，业主可以申请互换公共保障房，但必须遵守自行协商、主动申请、责任自负和互不经济补偿原则。政府租赁服务平台可以筹集已销售的、空置的保障房作为公租房出租，同时提供人性化的服务，满足消费者的实际需求。

第二，通过两个路径解决新市民的住房问题，通过国民义务教育的均等化促进租购同权、租售并举的住房制度建设，促进社会的稳定发展。

两个路径，即市场化路径和保障路径，市场和保障相结合，促进梯度消费，逐步改善居住环境。新市民出现分层分化，住房需求也多元化。不同类型的新市民在年龄、技能等方面存在较大差异，可分为高收入、中等收入、低收入阶层，他们的住房需求也不同。高收入阶层可以通过市场自主解决住房问题，对他们实施广义的住房保障，比如公积金制度。真正面临住房困难的是中、低收入阶层的新市民。我们应积极确保中、低端住宅供给，发展租赁市场，以市场化手段为主、以住房保障为辅解决大部分新市民的住房问题。首先，住房保障向新市民逐步开放。其次，充分利用城市旧房和正规小产权房，解决部分新市民的住房问题。最后，积极发展保障房二级市场，加强保障房的循环利用。

同时，国民义务教育应与房产证脱钩，建立全国统一的新市民子女义务教育国民待遇标准，促进新市民的举家安居乐业。中央财政统一安排支持国民义务教育，保障所有适龄儿童平等接受义务教育，让更多的群体分享经济增长的成果和获得感。

第三，发展政策性租赁住房政策，促进"六稳""六保"。

首先，完善公租房制度，着重发展租赁保障。实施公租房的租金多档位、租金补贴标准多元化和房源多元化，继续完善公租房制度，确保"兜底"的基本保障。中央政府和地方政府应该明确公租房供给目标，并依据职住平衡原则布局公租房的选址和租金补贴标准。

其次，加快建立政府主导的住房租赁管理服务平台，打破房地产中介的垄断地位，规范租赁市场，促进租赁市场的有序发展。住房租赁保障必须依托于住房租赁市场，因此必须先规范住房租赁市场。在政府主管的租赁平台上，只允许房东发布真实的房源信息，严禁中介人员的介入，严惩违规的中介人员和中介机构。以此发挥住房租赁市场的导航作用，促进租赁市场的有序发展。根据实际情况，对平台中实现的租赁交易实施税收减免和租赁补贴，提升住房保障政策效率。

再次，鼓励发展增量的长租公寓。（1）严管长租公寓贷款审批、利用制度，保证长租公寓贷款用于租赁房源的增量供给，以此避免扰乱存量租赁市场。（2）采取土地供给、金融政策优惠等措施鼓励民间资本进入长租公寓建设和经营，增加租赁房屋供给，有效解决租赁市场的供需矛盾。（3）严禁中介的"二房东"式长租公寓，整顿长租公寓发展市场。2019年6月住房和城乡建设部等6部门发布《关于整顿规范住房租赁市场秩序意见》，在全国范围内开展整治住房租赁中介机构乱象工作，取得了初步成效，但需要继续整顿。北京市对转租住房10套（间）以上的单位或个人依法办理市场主体登记，堵住了个人"二房东"的口子，但是尚未对中介的"二房东"行为开刀。实际上，中介的"二房东"行为的负面影响远大于个人的"二房东"行为，必须加以整顿。

最后，放慢拆迁速度，充分利用城市旧房和正规小产权房，解决部分新市民的住房问题。在房价高企的背景下，全面性的住房保障将成为无底洞。政府不可能通过住房保障解决大部分新市民的住房问题，只能利用低端住宅市场自主解决。上海则提出"宿舍型"公租房，为家政员、快递小哥精准提供增加"一间房""一张床"的租赁供给，由此可见低端住宅市场的重要性。因此，在城市化进程中我国政府应培育和发展低端住宅市场，节约住房保障的财政成本支出。

此外，加强住房租赁市场的监管力度，促进租赁市场的有序发展。严禁在市场租赁平台上发布虚假信息，保护租赁客户的权益，严惩中介的违规行为，进一步规范租赁市场。

第十二章

中国住房宏观调控报告

彭旭辉

一　2019—2020 年住房宏观调控政策及效果

（一）中央层面政策及总基调：新冠肺炎疫情冲击下维持平稳主基调

2020 年，中国经济及楼市经历了一次百年不遇的新冠肺炎疫情冲击，此次疫情给国民经济及房地产都带来了较大的负面影响。2020 年年初的冲击极其巨大，第一季度 GDP 同比下降 6.8%，其中，房地产业生产总值同比下降 6.1%，房地产开发投资增速创历史新低，商品房销售增速跌破负值。面对经济的下行压力，中央加大逆周期调节力度，强调积极的财政政策要更加积极有为，稳健的货币政策要更加灵活适度，保持流动性合理充裕。多次降准降息下，货币环境整体表现较为宽松。中国在控制疫情和恢复生产方面走在全球前列，展现了巨大的体制优势和经济韧性。在积极的政策干预下，2020 年第一季度至第三季度 GDP 增速分别为 -6.8%、3.2%、4.9%，2020 年全年我国成为全球唯一实现经济正增长的主要经济体。

面对疫情的冲击，中央在房地产政策方面坚持"房住不炒"的主基调。2019 年 12 月的中央经济工作会议提出要坚持房子是用来住的、不是用来炒的定位，全面落实因城施策，稳地价、稳房价、稳预期的长效管理调控机制，促进房地产市场平稳健康发展。本次会议重申坚持"房住不炒"的定位，落实因城施策、"三稳"的长效机制，稳定将是下一阶段调控政策的主基调。疫情冲击下，中央一直保持着房地产调控的定力。

2020 年 2 月以来，财政部、央行、银保监会、统计局等部门多次强调坚持"房住不炒"定位不变，保持房地产金融政策的连续性、一致性和稳定性，继续"因城施策"，落实好房地产长效管理机制，促进市场平稳运行。2020 年 4 月，中央政治局会议强调要坚持房子是用来住的、不是用来炒的定位，促进房地产市场的平稳健康发展；2020 年 5 月，政府工作报告再次提到坚持房子是用来住的、不是用来炒的定位，因城施策，促进房地产市场平稳健康发展。

从 2020 年下半年开始，房地产调控政策有所转向，中央多次召开会议强调"房住不炒"定位不变，不将房地产作为短期刺激经济的手段，措辞更加严厉，并从多个方面部署调控举措。2020 年 7 月韩正副总理主持召开的房地产工作座谈会为下半年调控政策起到关键性指导作用，会议强调牢牢坚持房子是用来住的、不是用来炒的定位，坚持不将房地产作为短期刺激经济的手段，坚持稳地价、稳房价、稳预期，因城施策、一城一策，从各地实际出发，采取差异化调控措施，及时科学精准调控，确保房地产市场平稳健康发展。2020 年 7 月以来，多个热点城市先后收紧调控政策，以稳定市场预期。2020 年 12 月的中央经济工作会议强调要解决好大城市的住房问题。住房问题关系民生福祉。要坚持房子是用来住的、不是用来炒的定位，因地制宜、多策并举，促进房地产市场平稳健康发展。要高度重视保障性租赁住房建设，加快完善长租房政策，逐步使租购住房在享受公共服务上具有同等权利，规范发展长租房市场。土地供应要向租赁住房建设倾斜，单列租赁住房用地计划，探索利用集体建设用地和企事业单位自有闲置土地建设租赁住房，国有和民营企业都要发挥功能作用。要降低租赁住房税费负担，整顿租赁市场秩序，规范市场行为，对租金水平进行合理调控。从此次会议来看，住房调控的"房住不炒"总基调将延续下去，发展租赁市场的重要性也将进一步提升。

为了充分释放国内消费潜能，新型城镇化与区域发展战略推进力度加大，下放土地审批权、完善生产要素市场化配置以及加快老旧小区改造等，释放房地产行业中长期利好。"十四五"规划提出，坚持房子是用来住的、不是用来炒的定位，租购并举、因城施策，促进房地产市场平稳健康发展。有效增加保障性住房供给，完善土地出让收入分配机制，探索支持利用集体建设用地按照规划建设租赁住房，完善长租房政策，扩大保障性租赁住房供给。深化户籍制度改革，完善财政转移支付和城镇新增建设用地规模与农业转移人口市民化挂钩政策，强化基本公共服务保障，加快农业转移人口市民化。优化行政区划设置，发挥中心城市和城市群带动作用，建设现代化都市圈。刘鹤副总理在《加快构建以国内大循环为主体、国内国际双循环相互促进的新发展格局》中指出：房地产业影响投资和消费，事关民生和发展。要坚持房子是用来住的、不是用来炒的定位，坚持租购并举、因城施策，完善长租房政策，促进房地产市场平稳健康发展。

整体上，2020 年的房地产调控政策随着房地产市场的"V"形反转而发生逆转。在 2020 年上半年，为抵抗疫情冲击，各地频繁出台房地产相关纾困政策，市场快速恢复。进入 2020 年下半年，房地产调控政策有所转向，中央强调不将房地产作为短期刺激经济的手段，行业金融监管持续强化，多个房价、地价上涨的热点城市先后升级调控政策，力促市场理性回归。

（二）地方层面住房调控政策：前期供给端纾困，后期需求端收紧

地方层面，为了降低疫情对房地产行业的影响，在一季度各地政府坚持"房住不炒"定位，集中出台了房地产相关纾困政策以扶持房地产企业发展。在 2020 年上半年，地方政府因城施策更加灵活，多地从供需两端出台房地产纾困政策。调控政策虽然整体呈边际改善态势，但政府仍保持调控定力。纾困政策以供给端为主导，坚守"限购""限贷"等主体调控底线；需求端更多地从放宽人口落户、降低人才引进门槛、加大购房补贴等方面落实。在疫情冲击下，"因城施策"仍在铺开，但"因城施策"的底线仍是"房住不炒"，政策调控的约束是房地产市场要"稳"。

新冠肺炎疫情以来，各地政府充分结合受疫情影响的程度出台针对房地产市场应对疫情负面影响的相关纾困政策。由于需求端的刺激容易引起市场恐慌，政策的重心在于供给端。在供给端的政策主要包括延期或分期缴纳土地出让金、办理开竣工延期、调整商品房预售条件和预售资金监管、调整土地出让竞买保证金比例、加大对企业的信贷支持、对

企业实施税费支持政策以及加大土地供应等方面，政策的出台对缓解企业资金压力、提振企业投资信心等起到积极的带动作用，将进一步促进房地产行业的稳定发展。其中，大部分城市对房企拿地缴纳出让金的时限适度放宽，如上海、杭州、南京、无锡、成都等，缓解了房企拿地的资金压力；福州、湖州、天津等城市出台项目开竣工期可顺延；焦作、莆田、徐州、东莞等城市调整商品房预售条件；南昌、济南、无锡、西安等城市出台下调资金监管要求，如降低土拍保证金、降低监管资金留存比例等；厦门、贵阳、深圳、广州等城市增加信贷额度；多省份或城市出台政策加快经营土地出让的进度，如江苏省、广州花都区出台完成土地交付手续当天颁发不动产权证书。

在需求端，政策更多聚焦在加大住房公积金支持力度、发放购房补贴、放宽公积金贷款条件、支持人才购房和降低人才落户门槛等方面。值得注意的是，在 2020 年 3 月，驻马店、广州、宝鸡、济南、海宁等城市出台的涉及限购、限贷等方面的政策均被撤回，地方政府在需求端的刺激政策表现出"一日游"现象，充分体现了中央保持房地产调控的定力。

2020 年 7 月以来，全国多个重点城市从限购、限贷、限售等方面收紧调控政策，深圳、杭州、南京、宁波、东莞等楼市较热的城市采取多种措施限制投资投机资金，打击借机炒房的行为，保障城市新市民和年轻人的住房。从调控内容上看，各地出台的政策主要表现在限购、限贷升级，限售年限增加，增值税免征年限提升，强化土地市场管控，加强市场监管，明确高层次人才及无房家庭优先购房等，更多的聚焦在保障刚需群体的住房需求，抑制投资投机需求。

热点城市的调控中，深圳最为严厉。2020 年 7 月深圳市住房和建设局等八部门联合出台《关于进一步促进我市房地产市场平稳健康发展的通知》，要点包括：调整商品住房限购年限，深户购房需落户满 3 年并提供连续 36 个月及以上的社保或个税证明，夫妻离异三年以内，拥有住房套数按照离异前家庭套数计算；完善差别化住房信贷措施，已有一套住房的购买非普通住宅，首付八成起；个人住房转让增值税征免年限由 2 年调整到 5 年，同时也细化了普通住宅的认证标准——容积率 1.0 以上或套内面积 120 平方米以下或建筑面积 144 平方米以下或成交价低于 750 万元。2020 年 7 月，深圳市住房和建设局出台"新八条"细则，对社保、离婚和新政执行节点等具体细节进行了解读。

整体上地方因城施策，调控政策先松后紧。在"房住不炒"基调指导下，地方政府因城施策更加灵活。2020 年上半年，为了减弱疫情防控对房地产市场的干扰，各地更加灵活地因城施策，多地从供需两端陆续出台房地产相关纾困政策。2020 年下半年政策环境趋紧，多地又升级楼市调控政策。但整体来看，除深圳等个别城市外，多数城市出台的调控政策较为温和。

（三）金融财税政策："三道红线"倒逼房企去杠杆

为对抗疫情的冲击，在货币政策上，国内 2020 年上半年三次降准，全面降准与定向降准结合，释放大量流动性，引导市场利率下行，降低企业融资成本。同时针对小微企业出台贷款延期支持工具和信用贷款支持计划两项直达实体经济的货币政策工具，解决小微企业融资难的问题。2020 年 1 月，央行全面降准 0.5 个百分点，释放 8000 亿元。2020 年 3 月，央行实施普惠金融定向降准，释放 5500 亿元长期资金。2020 年 4 月，央行决定对农村信用社、农村商业银行、农村合作银行、村镇银行和仅在省级行政区域内经营的城市商业银行定向下调降准 1 个百分点，释放约 4000 亿元长期资金。自 2019 年 8 月 LPR 报价机制改革以来，贷款利率整体呈明显下行趋势，2020 年 4 月，1 年期与 5 年期 LPR 报价均创下最大降幅纪录，5—6 月继续维持历史低位数值。对于楼市而言，由于购房贷款利率主要基于 5 年期 LPR 报价加点形成，LPR 的下调意味着购房成本有所降低。在财政政策上，政府也更加积极主动，为对抗疫情新增减税降费近 5000 亿元、新增专项债券超 2 万亿元，专项债发行明显提速扩容。

房地产金融监管受到极大关注。从 2020 年下半年开始，房地产金融监管持续强化，企业端与个人端均有加强。2020 年 8 月，住房和城乡建设部、中国人民银行在北京召开重点房地产企业座谈会，形成了重点房地产企业资金监测和融资管理规则。央行对房企融资进行"三道红线"管理，"红线"1：剔除预收款后的资产负债率大于 70%；"红线"2：净负债率大于 100%；"红线"3：现金短债比小于 1 倍。根据"三道红线"

触线情况不同，试点房地产企业分为"红、橙、黄、绿"四档。以有息负债规模为融资管理操作目标，分档设定为有息负债规模增速阈值，每降低一档，上限增加5%。以"三道红线"为纲，房企融资环境整体趋紧，倒逼房企去杠杆、降负债。这有利于防范化解房地产的金融风险，推动行业健康发展；同时，行业中杠杆水平不高、财务稳健的企业的优势也将进一步凸显。

金融问题已经成为房地产的核心问题。2020年8月，银保监会主席在《求是》杂志发表《坚定不移打好防范化解金融风险攻坚战》，指出房地产金融化、泡沫化势头得到遏制，房地产泡沫是威胁金融安全的最大"灰犀牛"。目前，我国房地产相关贷款占银行业贷款的39%，还有大量债券、股本、信托等资金进入房地产行业。我国居民杠杆率（居民债务/GDP）已经超过60%，正在赶超发达国家。当前，居民部门仍需稳杠杆，确保居民杠杆率和负债率不再继续上升，这对于维护金融安全至关重要。

（四）土地政策：审批权下放，强化土地管理灵活性

为了各地更好地因地制宜、因城施策解决用地问题，中央继续推进土地管理制度改革。2020年3月，国务院印发《关于授权和委托用地审批权的决定》。一方面，将国务院可以授权的永久基本农田以外的农用地转为建设用地审批事项授权各省、自治区、直辖市人民政府批准；另一方面，试点将永久基本农田转为建设用地和国务院批准土地征收审批事项委托部分省、自治区、直辖市人民政府批准，试点期限为1年。永久基本农田转为建设用地审批事项，以及永久基本农田、永久基本农田以外的耕地超过35公顷的、其他土地超过70公顷的土地征收审批事项，国务院委托部分试点省、自治区、直辖市人民政府批准。首批试点省市为北京、天津、上海、江苏、浙江、安徽、广东、重庆，试点期限为1年，具体实施方案由试点省市人民政府制定并报自然资源部备案。各省、自治区、直辖市人民政府不得将承接的用地审批权进一步授权或委托。

土地审批权的下放，使得中央政府可以从具体用地审查等微观事务中解脱出来，将更多精力放在宏观政策的制定和事中事后监管上。同时，下放用地审批权，可以赋予省级人民政府更大的用地自主权，提升用地保障能力，可以自主调整土地利用空间布局，提高项目审批效率、项目

落地效率和土地利用效率。但值得注意的是，此次国家并没有对建设用地规模进行"松绑"，仍将从严从紧控制建设用地总规模。另外，试点省市均为经济发展较快或人地矛盾较为突出的地区，土地审批权的试点将有望缓解项目"落地难"的问题。

从土地改革方面来看，2020 年 4 月，国家发改委印发《2020 年新型城镇化建设和城乡融合发展重点任务》的通知，提出要改革建设用地计划管理方式，推动建设用地资源向中心城市和重点城市群倾斜；鼓励盘活低效存量建设用地，控制人均城市建设用地面积；修改土地管理法实施条例并完善配套制度，分步实现城乡建设用地指标使用更多由省级政府负责，由国务院行使的部分用地审批权授权省级政府或委托试点地区的省级政府实施；探索建立全国性的建设用地、补充耕地指标跨区域交易机制。2020 年 4 月，中共中央、国务院发布《关于构建更加完善的要素市场化配置体制机制的意见》，提出建立健全城乡统一的建设用地市场。加快修改完善土地管理法实施条例，完善相关配套制度，制定出台农村集体经营性建设用地入市指导意见。全面推开农村土地征收制度改革，扩大国有土地有偿使用范围。建立公平合理的集体经营性建设用地入市增值收益分配制度。建立公共利益征地的相关制度规定，深化产业用地市场化配置改革。在符合国土空间规划和用途管制要求的前提下，调整完善产业用地政策，创新使用方式，推动不同产业用地类型合理转换，探索增加混合产业用地供给；鼓励盘活存量建设用地。充分运用市场机制盘活存量土地和低效用地，研究完善促进盘活存量建设用地的税费制度。以多种方式推进国有企业存量用地盘活利用；完善土地管理体制。完善土地利用计划，实施年度建设用地总量调控，增强土地管理的灵活性，推动土地计划指标更加合理化，城乡建设用地指标的使用应更多由省级政府负责等。

鼓励盘活低效存量建设用地、制定出台农村集体经营性建设用地入市指导意见、扩大国有土地的有偿使用范围，有利于增加可供应土地的总量，提高土地资源的利用效率。同时，城乡建设用地指标的使用更多由省级政府负责，建设用地资源向中心城市及重点城市群倾斜，将提高土地管理的灵活性，缓解热点城市土地供应不足的情况。

（五）住房保障政策：老旧小区改造持续发力

中央加大城镇老旧小区改造力度，地方积极改善居民居住条件。2020 年 4 月，国务院常务会议指出推进城镇老旧小区改造是改善居民居住条件、扩大内需的重要举措。2020 年各地计划改造城镇老旧小区 3.9 万个，涉及居民近 700 万户，比 2019 年增加一倍，重点是 2000 年年底前建成的住宅区。各地要统筹负责，按照居民意愿，重点改造完善小区配套和市政基础设施，提升社区养老、托育、医疗等公共服务水平。建立政府与居民、社会力量合理共担改造资金的机制，中央财政给予补助，地方政府专项债给予倾斜，鼓励社会资本参与改造运营。2020 年 4 月，中共中央政治局会议提出要积极扩大有效投资，实施老旧小区改造，加强传统基础设施和新兴基础设施投资。与此同时，地方政府也进一步具体落实老旧小区改造，多地公布了 2020 年老旧小区改造计划。

2020 年 7 月，国务院办公厅印发《关于全面推进城镇老旧小区改造工作的指导意见》（以下简称《意见》）。《意见》提出，大力改造提升城镇老旧小区，改善居民居住条件，推动构建"纵向到底、横向到边、共建共治共享"的社区治理体系，让人民群众生活更方便、更舒心、更美好。《意见》的发布对于推进城市更新和开发建设方式转型、促进经济高质量发展具有十分重要的意义。城镇老旧小区改造作为保障性安居工程，能够改善困难群众的居住条件，满足人民群众对美好生活的需求；同时，老旧小区改造具有很强的带动作用，除了本身产生的更新改造投资以外，还会带动行业上下游多个行业的产业发展，带动居民户内改造、装饰装修、家电更新。在 2020 年经济下行压力较大的背景下，老旧小区改造对于稳定投资起到重要的支撑作用。

（六）人才政策：放松落户与购房补贴双管齐下

2019 年 12 月，中共中央办公厅、国务院办公厅印发《关于促进劳动力和人才社会性流动体制机制改革的意见》，提出全面取消城区常住人口 300 万人以下的城市落户限制，全面放宽城区常住人口 300 万—500 万人的大城市落户条件。2020 年 4 月，国家发改委印发《2020 年新型城镇化建设和城乡融合发展重点任务》，督促城区常住人口 300 万人以下的城市全面取消落户限制，推动城区常住人口 300 万人以上的城市基本取消重点人群落户限制。

各个地方遵循中央的政策导向，不断放宽人才落户条件。苏州市下发《市政府关于调整人才落户相关政策的通知》，具有全日制本科学历及学士学位以上人员、具有高级专业技术职称的人员等可直接落户；具有大专学历或国家职业资格（职业技能等级）三级，年龄不超过 35 周岁，在苏稳定就业并在申报单位连续缴纳（不含补缴）社会保险 6 个月以上的人员，在人事档案转入后可申请办理落户。南京市发布《关于支持促进高校毕业生在宁就业创业十项措施》，提出研究生及以上学历、45 周岁以下本科学历人员（含留学回国人员、非全日制研究生，下同）凭学历证书即可落户南京，40 周岁以下大专学历人员在宁就业参保半年即可落户。南昌市人民政府办公厅印发《关于全面放开我市城镇落户限制的实施意见的通知》，全面取消在南昌市城镇地域落户的参保年限、居住年限、学历要求等迁入条件限制，实行以群众申请为主、不附加其他条件、同户人员可以随迁的"零门槛"准入政策。济南市出台《关于深化户籍制度改革加快人才集聚的若干措施》（以下简称《措施》），在降低落户门槛方面，《措施》提出，对有在济南从业、居住意愿的外地人员，全面取消在城区、镇区落户迁入条件限制，实行以群众申请为主、按户口迁入途径分类登记备案的迁入政策。从各地放松落户政策的情况来看，二三线城市之间的竞争变得更大，趋于白热化，越来越多的城市加入"零门槛"落户行列，这对普通群众的吸引力很大，可能间接带动住房投机行为。

2020 年的人才政策发布呈现"井喷"之势。多地人才政策密集出台，从天津技能型人才落户放宽，到广州完善人才政策，再到苏州调整人才落户，城市引才力度不断加大，对当前的房地产市场起到一定提振作用。当然也应该看到，地方政府的人才新政其实是变相松绑限购，并支持人才购房消费。一方面，调降人才落户门槛，青岛、无锡等"先落户、后就业"，人才只要有来本地就业意愿便能落户；另一方面，南京、江门等优化人才购房资格，已落户人才可享受户籍居民待遇，变相取消了社保缴纳年限等硬性要求。对于部分城市"先落户、后就业"的政策，其实与住房调控政策有些背道而驰，落户先于就业是在本末倒置，不以就业为导向的人员更可能成为住房投机者，这有点变相纵容住房投机。

购房补贴成为人才政策的重要补充，且主要针对高学历等高端人才。2020 年 9 月以来，部分城市发布加大人才住房补贴力度、放宽人才住房补贴范围等相关政策。南京人力资源和社会保障局发布了《南京市人才安居办法适用对象（目录）》2020 年修订版。郑州市委、市政府共同印发《关于实施"黄河人才计划"加快建设人才强市的意见》，该项政策对于不同类型的人才引进给予不同程度的补贴，并对一些科技、创新型企业的落地给予了一定的补贴：最高首次购房补贴达 300 万元，对符合条件的博士、硕士和"双一流"高校本科毕业生，分别给予 10 万元、5 万元、2 万元的首次购房补贴。

总体来看，城市之间的人才争夺战愈发激烈，尤其对于高学历等高端人才，在放松落户的基础上提供购房补贴成为各大城市的重要手段。而普通群众也成为很多城市抢夺人口的重点对象，不断放松落户以及"零门槛"落户成为众多城市的标配。

值得指出的是，上海也加入到抢人大战之中。2020 年 9 月，上海发布人才新政，降低人才落户门槛，上海交大、复旦、同济、华东师大四所高校的应届本科毕业生符合基本申报条件即可直接落户，博士、"双一流"硕士符合基本申报条件即可落户。根据发布的《2020 年非上海生源应届普通高校毕业生进沪就业申请本市户籍评分办法》，可直接落户毕业生由清华、北大两所高校扩展至上海的四所一流大学。

2020 年，在宏观经济不确定性增加的背景下，多个城市发布人才引进政策，用以优化人才结构及增加人口红利，吸引能为经济社会发展做出贡献的相关人才，进而推动城市经济长期健康发展。给予购房补贴、放宽买房限制等手段均是引进人才的配套措施。各地人才政策的发布，使得城市间的人才争夺更加激烈。从房地产方面来看，引进的人才在投入到城市建设中的同时，也将增加对房屋住宅的购买需求，对当地房地产市场起到带动作用。

二　住房宏观调控存在的问题与未来挑战

2019—2020 年，我国住房市场在调控和制度建设方面仍然存在一些问题。

（一）地方政府负有主体责任，但金融、税收甚至土地手段不在地方

目前的房地产调控政策逐渐过渡到以地方政府为主导的阶段，地方政府在中央调控政策基调的指导下，具有更大的调控自主权，也将负有更为主要的调控责任，这是因城施策的必然结果。房地产调控是一个综合性的经济行为，其调控过程涉及众多部门，不仅有地方政府能控制的行政性调控措施，如限购、限售等，也涉及金融、税收甚至土地等方面的政策。然而金融及税收政策的调整权力在中央政府手里，地方政府在金融及税收等方面的政策上只是执行者，如货币的投放规模，信贷政策、贷款利率等的调整主要在中央层面的央行手上，而税收政策通常也是由国家层面来制定的，地方政府调整的权限比较小。对于土地这个关键因素来说也有类似制约，地方政府虽然可以部分地控制土地的供应状况，但在执行上仍然需要以中央统一制定的土地规划及相关政策为基准，各地方变动的空间也很有限。地方政府虽然在房地产调控中负有主体责任，但很多影响房地产市场的政策因素却不在地方政府的权限范围之内，这会大大削弱地方政府的调控政策效果。由此可见，地方政府调控权力与责任不匹配会极大地影响房地产宏观调控的效果。

（二）地方政府"一城一策"调控效果的全国监管体系有待加强

在中央政府"因城施策、分类指导"的原则下，房地产调控进一步升级到"一城一策"，而且"一城一策"试点城市还在增加，这意味着房地产调控任务更多地下放地方。在整个房地产调控过程中，中央的相关负责部门如住建部、自然资源部等密切关注各地的房地产市场调控情况，对房地产调控效果进行全局性的监管以维护住房市场的稳定。各个中央部门在监管各个城市的房地产市场调控效果方面，虽然建立了一些监管的制度体系，但由于分散的城市政府在信息方面更具有优势和控制权，中央政府与地方政府在信息方面具有很大的不对称性，由此会使得中央相关部门在房地产调控监管中处于信息劣势地位，甚至会获得一些有偏误的信息，这些因素会严重制约中央部委对全国房地产调控效果的监管。因此，如何进一步减少中央与地方政府之间的信息不对称，以便获取各个城市调控效果更真实的信息就尤为重要。另外，中央各个部门如央行、住建部、财政部、国土部等对各个地方房地产调控的监管目前还处于比较分割的状态，信息共享及监管的联动性方面存在很多障碍，而房地产的调控与监管是涉及多个相关部门的。因此，需要进一步加强和完善各个部委在房地产调控及监管方面的合作以及联合监管，这样才能取得更有效的调控效果。

（三）"一城一策"与财税政策全国统一性存在矛盾和对立

房地产的调控中涉及众多财税相关的政策，直接相关的是土地及房产交易相关的税费，间接相关的则有房地产商的营业税及增值税等。目前我国的税制主要由国家层面统一立法制定，税费的调整也需要由中央相关机构审议和批准，对于地方政府尤其是城市政府来说，通常只有少数计划单列市具有一定立法权和调整税费的权利，但权限仍然很有限。在"一城一策"的调控思路下，各个城市一方面要遵从国家层面统一的财税政策；另一方面又要根据本地情况实行差异化调控政策，这样会使得城市政府在因地制宜执行调控政策时受到极大制约，甚至在实际实施过程中，地方政府为了增加调控的自主性，可能会执行与国家统一税收政策相背离的政策。对于地方政府具有更大支配权的房地产交易税费，地方政府可能以此作为调节工具放松对房地产市场的调控。土地及房地产相关的税费更多的属于一种地方性税收，而税收政策的制定权力在国家层面的机构，这样税收政策的制定主体和执行主体之间就存在矛盾和对立。地方政府在房地产调控中自主调整相关税费的行为其实是在钻空子，且与国家统一的财税政策是对立的。另外，正在研究和推进中的房产税也存在类似问题，房产税的立法实施需要由国家层面来统一推进，然而各地的房地产市场发展状况不一样，房产税的收入及实施影响更多地体现在各个城市身上，这其中的矛盾和对立都是不小的挑战。

（四）把握局部不发生系统性风险与持续调控不动摇的挑战

2019年以来，中央对房地产调控的底线是不发生系统性金融风险，在金融信贷政策方面对房地产全面收紧。金融政策具有全国统一性，政策制定源于中国人民银行等机构。在当下的政策形势下，局部地区的城市房地产市场面对的压力和挑战比较大，可能有迫切放松调控政策的意愿。然而房地产调控政策要求保持稳定性和持续性，不可随意放松调控政策，以免调控政策流于形式而失效，坚持调控政策不动摇才能给社会大众一个稳定的预期。面对持续的调控和局部风险的增加，地方政府需要应对的挑战会有所增加，如何把握调控政策的稳定性和风险管理的可控性就很考验地方政府的管理能力。在持续的调控政策之下，防范局部地区的风险进一步扩散也很重要。然而目前在房地产调控及风险防控方面还没有形成城市政府之间的协同保障机制，各个城市基本都是各自为政，只注重本地房地产市场的发展。若一旦发生局部系统性风险，将不利于形成强有力的协同应对机制。

（五）住房市场供需状况信息需要进一步完善

住房市场调控的一个基本前提是对住房市场的基本情况有清晰的了解，包括住房的总量、空间分布、户均套数，以及房地产市场总值等。从目前我国住房市场的发展水平来看，由于 1998 年才开始房地产的市场化，市场化发育较晚，加上住房供给体系的不断调整和变化，存在大量未能计入统计体系的福利性住房、政策性住房等，造成了我国住房市场基础数据的不完整。虽然相关部门构建了房价波动的监测体系和数据库，但对于住房存量数据这个关键性的基础信息，目前还未能做出准确的统计。

不少学者、研究人员开始对我国住房存量、资产总量等进行研究，但都由于缺乏住房市场的基础数据支撑，得出的数据差距较大，无法评判真伪和合理性。而且，这些研究结果无论正确与否都会对市场预期产生较强的舆论影响。此外，掌握准确的住房供求信息，对于合理制定房地产调控政策、及时纠正政策调控偏差等具有重要的指导意义。

三　政策建议

从 2019—2020 年我国住房市场的整体走势来看，全国房地产市场表现超预期，疫情影响下成交量价短暂回调后快速恢复。整体上价格稳中有升，分化格局有所强化，局部城市过热触发 2020 年下半年调控收紧。从住房调控的角度来看，中央政府依然坚持"房住不炒"的总基调，同时房地产金融监管进一步强化，调控政策实现了很好的稳定性和持续性，取得了较好的调控效果。未来一段时期，保持房地产市场平稳健康发展仍然是主基调。

（一）坚持房地产调控不动摇，把握好调控的节奏

在房地产调控政策上，中央应该从政策到舆论都不放松，保持市场和预期稳定，坚持"房住不炒"总基调，实现住房调控机制化和制度化。面对住房市场的短期波动，要提高对住房市场长期变化趋势的判断能力，在"房住不炒"总基调下，短期内仍然要坚持从严、从紧的调控策略，继续保持对住房炒作、投机等行为的严厉打击，同时要从供给和需求两端发力化解住房市场上的不理智行为。中央已经明确不再把房地产作为短期刺激经济的手段，所以，未来政策调控应该保持这一基调，避免将房地产作为经济增长的工具。

地方政府也应该保持调控不放松，同时完善各种行政手段和经济手段。地方政府要提高政治站位，从全国整体形势和长期经济稳定增长、人口增长的角度来认识住房调控的长期性，加快住房调控能力建设和住房长效调节机制建设，不能因为短期市场波动就放松，不能因为经济短期下滑就懈怠。地方经济的发展也应该降低对房地产的依赖，逐步弱化房地产的主导产业地位。另外，为了防止局部的系统性风险，调控政策执行中也可以因地制宜，把握各自政策实施的节奏，保持一定的调控张力。

（二）完善"一城一策"的全国市场监管体系

一方面，要完善住建部牵头的各部委对全国市场监管的预警、约谈和问责体系。现有的房地产监管体系主要是由住建部牵头，初步构建起全国性的监测预警系统，对全国主要城市的房地产市场状况及调控情况进行监测。然而，由于被监测的相关住房市场信息是由各个城市上报到系统里面，不同城市调控目标取向有所差异，存在瞒报或误报信息的可能，这些会影响到监测预警系统的准确性。所以，进一步完善预警系统信息上报的准确性，加强监督就很重要。基于预警系统监测各个城市的房地产调控效果，并适时的对调控不力的城市进行约谈甚至问责，这种

约谈及问责机制应该进一步制度化，以对地方政府的房地产调控形成有力的约束，提升调控效果。另一方面，要完善部门之间的协同监管机制，包括信息共享、分工负责、政策搭配、定期会商、应急决策等。房地产的调控工作及监管体系的建立，往往涉及多个不同的部门，如住建、国土、工商及税务等，应该让这些部门充分的协调分工、信息共享，不同部门的政策应该形成合力，最好能组成房地产调控的协调组织，这样才能获得更好的调控效果。

（三）探索土地、财税与金融的"一城一策"

"一城一策"调控原则的实施过程中，应该进一步探索差异化的调控政策和措施。土地政策方面，完善住房去化周期与土地供应差异化的机制。不同城市可以结合自身房地产市场发展状况来制定土地供应的规模和速度，制定明确的住房用地供应比例。具体可以根据各地住房存量规模、人口增量规模、房地产去化周期等来决定未来的土地供给计划，以及年度的供应规模，供应土地的节奏，还有土地成交竞价规则等，要让住房用地供应形成稳定的常态化机制。财税政策方面，可以探索将部分税收立法权下放地方，使地方政府根据房地产市场状况，调整税收政策。对于房地产直接相关的土地及相关税费，收入更多的归于地方政府，可以加大地方政府调整税费的权力。这样不仅有利于地方政府根据房地产市场发展情况适时调控，同时也可部分增加地方财政收入。金融信贷政策方面，也可以尝试适度的"一城一策"。在信贷额度管理和窗口指导的基础上，探索地方性金融监管机构对商业银行等金融机构实行差异化的金融监管。

（四）确定各级金融监管当局也负有房地产调控的责任

房地产市场的发展与金融密不可分，各级金融监管机构都应该参与到房地产调控工作中来。无论是住房的需求端居民购房的信贷需求，还是住房的供给端房地产开发商的信贷需求，房地产市场资金需求量巨大，几乎每个环节都会涉及金融市场，由此金融市场监管的变化就会对房价及整个市场产生重要影响。现有的金融方面的监管措施主要是限制居民购房贷款以及开发商贷款等，侧重控制信贷供给。未来的调控工作中还应该进一步明确各级地方金融监管机构参与房地产调控的责任，如中国人民银行地方分支机构及银监局等，应该在房地产调控中强化责任机制，从金融层面维护房地产的平稳发展和调控目标的实现，同时确保局部地区不发生系统性风险。为此，应该将各级金融监管机构纳入"一城一策"问责的范围之中，对调控不力及效果不佳的城市，也要对地方政府和地方金融监管部门一并约谈、问责。

（五）完善全国住房、土地、金融等数据库以及监测制度

未来的房地产调控工作中，应该逐步建立系统而完备的全国住房、土地、金融等数据库，这对于监测各地房地产调控效果以及调控政策的制定具有重大意义。其中全国住房数据库的构建难度最大，也最为重要。住房数据库不仅要记录和监测各地住房交易及房价波动情况，还应该尽快尝试构建各地住房存量的相关数据库，并与不动产登记系统相关信息进行匹配，同时将数据库信息适时进行全国联网和共享。应该充分利用大数据等现代技术汇集多方数据资料，构建更为完善的住房信息数据库，这对于各地实施房地产市场的精准调控将大有裨益，同时也为未来进一步征收房产税提供重要的信息和基础资料。对于土地数据库，应该构建和完善各地土地供应情况及土地成交价格等相关信息的全国性数据库，这个将有利于地方及中央把握土地市场状况，有效监测土地市场波动情况。对于房地产金融信贷领域，也应该尝试构建全国性的房地产金融数据库，系统跟踪记录居民住房贷款及房地产开发商等贷款信息，及时监测房地产金融发展状况，适时进行调控，这有利于更好地跟踪房地产金融信贷存量，监测和防范局部系统性金融风险的发生。总之，构建完善的房地产数据库系统并实时进行跟踪监测，将能极大地提升房地产调控的效果，维护房地产市场的平稳健康发展。

（六）构建省内一体化联网调控体系，强化省级监管责任

目前，因城施策的住房调控模式成为主导趋势，各个城市具有相当的调控灵活性，并对各自地区的房地产市场稳定负主要责任，但城市之间的协同和配合依然做得很不到位，使得调控效果大打折扣。为了充分发挥省级层面的调控作用，一方面应该构建省内一体化的调控体系，实

现省内协同化调控稳定楼市。鉴于房地产市场具有典型的区域化特征，短期内建立全国性协同调控系统不太现实，可以先以省为单位构建省内协同化调控机制，将全省城市住房及户籍等信息联网共享，实行一体化的限购限贷等，在此基础上逐步尝试构建跨区域的协同调控。在住房联网系统的基础上，省域内的部分城市可以尝试对住房与户口分离的情况征收一定住房闲置税，以此打击住房投机及炒作行为，这也有利于闲置住房更积极地走向租赁或销售市场。另一方面要强化省级政府及相关机构参与调控的监管责任。省级政府具有承上启下的衔接作用，并且其更具有能力协调省内各个城市之间的协同配合。很多城市政府无法实施的政策手段，例如土地审批权限方面，省级政府能更直接地参与调控和干预。省级层面的金融、税务、住建及国土等相关部门，应该更多的参与到省内各个城市的调控中去，积极协调和监督各个城市的住房调控，如此才能在省域内实现更有效的住房调控，维护省域内房地产市场的平稳健康发展。